KB263605

내 방의 불을 꺼야
세상의 어둠이 보인다

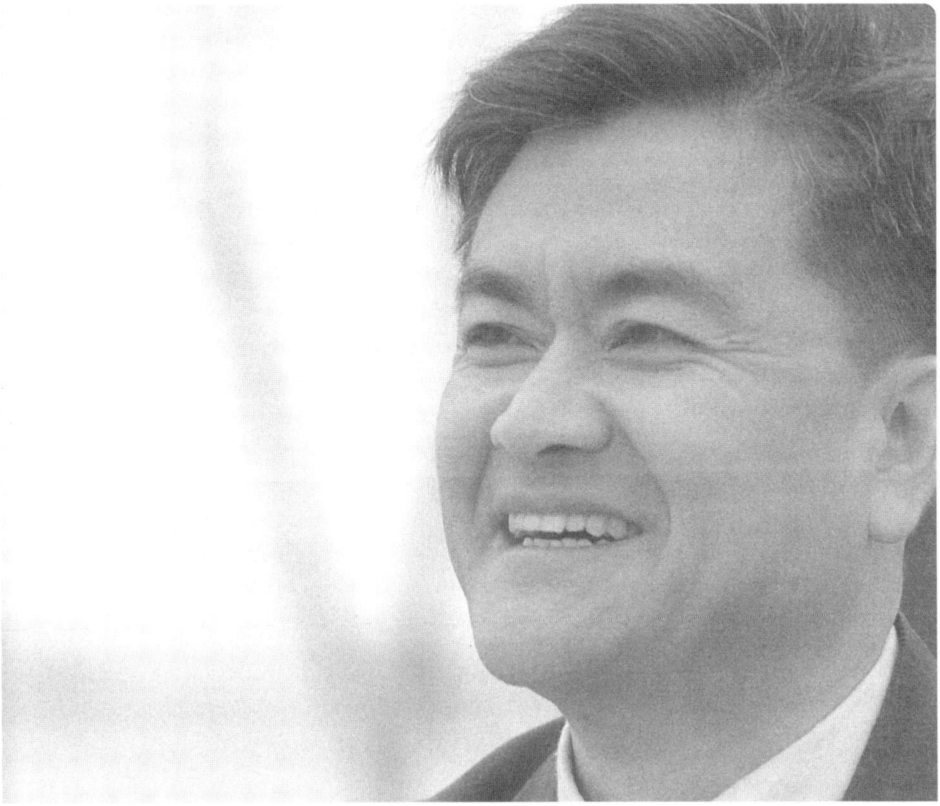

정 범 구 의 희 망 편 지

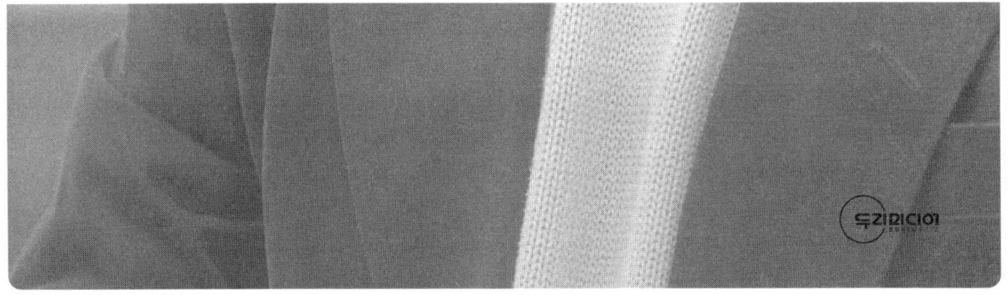

내 방의 불을 꺼야 세상의 어둠이 보인다

정범구 지음

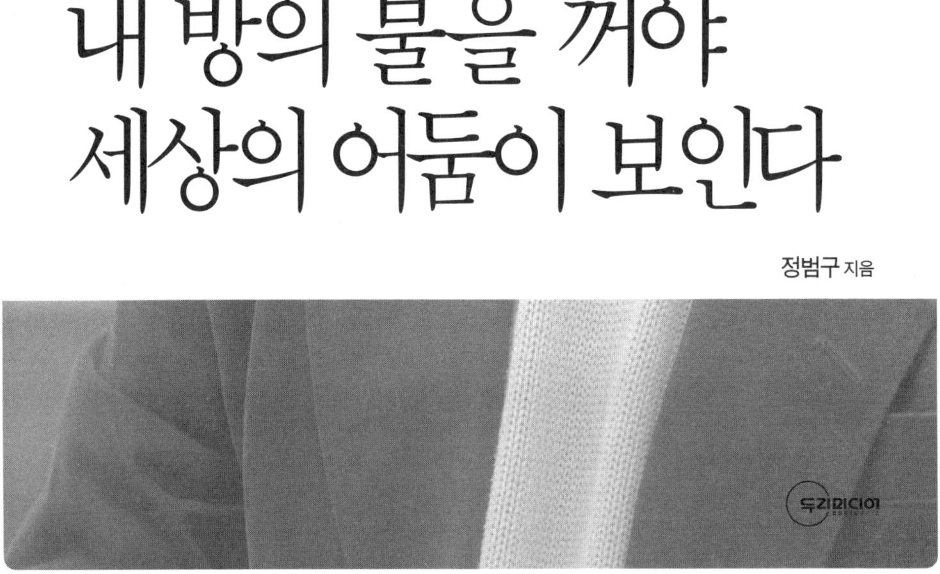

두리미디어

우리들의 행복한 시간을 위하여

10년 만에 책을 다시 냅니다.

정치에 들어서기 전인 1998년 《정범구의 세상읽기》를 세상에 내놓은 지 10년 만입니다. 그 10년 사이, 과연 세상은 얼마나 변했을까요?

《정범구의 세상읽기》를 다시 읽어 보니 변한 것도 많고 여전한 것도 많군요. IMF를 맞아 갈팡질팡하던 그 때로부터 10년, 이젠 '세계화' 대신 '양극화'란 말이 시대적 화두가 되어 있습니다.

그런가 하면 정치, 사회는 여전히 동어반복同語反復이 계속되고 있습니다.

패거리 정치, 온갖 격투기가 난무하는 동물 국회, 승자 독식의 대통령제, 정치권력과 경제 권력으로부터 자유롭지 못한 사법, 더욱 기득권화하고 있는 언론 권력 등등….

정치인이 되어 처음 내어 놓는 책입니다. 어떤 이는 생각할 것입니다.

"선거 때가 되니 홍보용 책 하나 만들어 내는구나."

그럴지도 모르겠습니다. 그러나 정치인은 별종의 인간일까요?

저는 누구이고 이 책을 읽는 여러분은 누구십니까?

제 이름 앞에 붙는 수식어는 때에 따라 여러 가지로 바뀌어 왔습니다. 시사평론가, 정치학자, 국회의원, 당 대변인, 방송인, 당 최고위원….

그러나 동시에 저는 여전히 한이와 한길이 아빠이고 세경이 신랑이며 해룡이 친구이고 지선이의 외삼촌입니다. 가까운 선배들에게는 만만한 동생이지만 저를 따르는 후배들에게는 또한 하늘 같은 선배이기도 한 것입니다. 운전 중에 옆 차가 끼어들면 화가 나고, 채소 몇 다발 앞에 놓고 늦은 저녁까지 앉아 있는, 신촌 지하철역 계단의 할머니를 보면 그때까지 마신 술이 미안해지는 겁니다.

그런 여러 가지의 나, 또는 여러분 중의 하나인 제가 그 동안 세상을 보고 읽은 기록으로 보아 주시기 바랍니다.

"내가 하면 차선 변경, 남이 하면 끼어들기"라는 말이 있습니다. 세상은 누구의 입장에 서서 보는가에 따라 달라진다는 말이겠지요. 정치인은 약자의 입장에서 세상을 보아야 합니다. 그래야 세상의 균형이 그나마 유지될 것이기 때문입니다. 강자들은 어차피 모든 것을 갖고 있지 않습니까?

내 방이 밝다고 해서 세상 모두가 밝은 것은 아닙니다. 밖의 어둠을 제대로 볼 수 있기 위해서는 먼저 내 방의 불을 꺼 봐야 합니다. 그래야 어둠 속의 존재들이 눈에 들어옵니다. 그들의 존재를 동등하게 인정해 주는 것. 거기에서부터 상생이 가능하고 통합이 가능해지는 것 아닐까요?

그런 마음가짐으로 지나 온 시간들 속에서 제가 느끼고 겪었던 이야기들, 함께 나누고 싶은 이야기들을 한 권의 책으로 묶어 세상에 내어 놓습니다.

촉박한 일정에도 불구하고 기꺼이 모든 번거로운 일을 떠맡으셨던 두리미디어 최용철 사장님께 각별한 감사를 드립니다. 저를 오랫동안 옆에서 지켜 본 죄(?)로 기꺼이 글을 써 주셨던 이장호 감독님, 김민웅 목사님, 이수호 위원장님, 이금희 님, 서명숙 님, 오창익 님께도 빚이 많습니다. 원고 정리와 출판 작업을 도와 준 이호형, 김용수 두 분의 노고도 잊지 않겠습니다. 그 외에도 이 책이 나오기까지 많은 분들께 빚을 졌습니다. 그런 빚들은 살아가면서 갚아 나가겠습니다.

모쪼록 이 한 권의 책을 통해서 같은 시대를 살아가는 '우리들' 간에 보다 넓은 소통이 가능해지길 빕니다.

2008년 1월 아침

와우산 밑자락에서 정범구

CONTENTS

PART 1

나라를 구한 것은
의병義兵이지 관군官軍이 아니었다

새벽을 깨우는 함성을 그리며

국민의 닫힌 마음의 문을 열 수 있다면…

문국현이 대통령이 되었으면 좋겠습니다

승리의 첫걸음은 승리의 확신이다

우리의 열정 속에 우리의 미소가 있습니다

여러분이 자랑스럽습니다

다시, 희망을 속삭이자

새벽을 깨우는 함성을 그리며

2007년 12월 12일

꼭 1주일 남았다.

출근 시간에 맞춰 아침 일찍 현대중공업 정문 앞에 도착했다.

김수환 울산시당 위원장과 여러 간부들, 그리고 열성적인 문함대원들이 속속 모여 들었다.

여섯시 반, 어둠이 가시지 않은 새벽 거리는 출근자들로 이미 분주하다.

하청업체까지 합하면 4만 5천명의 근로자가 일한다는 거대한 작업장 안으로 마치 거대한 파도처럼 인파가 밀려들고 있다.

"무능한 것보다는 부패한 것이 차라리 낫다고 해서 이명박 후보를 찍습니까? 아니면 부패한 자의 집권은 막아야 하니까, 무능하더라도 이게 낫다고 해서 정동영 후보를 찍습니까? 여기 부패하지도 않으면서 유능한 후보 문국현이 있습니다!" 라고 외친다.

횡단보도에서 신호를 기다리던 출근자들이 말하는 내 쪽으로 고개를 돌린다.

신호를 기다리던 운전자들도 창문을 내리고 내 이야기를 듣는다.

"성장이 있으면 일자리가 있어야 한다"는 사람 중심 진짜 경제, 비정규직의 부당한 차별을 조장하는 비정규 악법 철폐, 청년 실업, 중장년 실업을 줄이고 비정규직을 줄이자는 500만 개 일자리 이야기. 문국현의 헌신과 솔선수범.

사람들은 바쁜 출근길에도, 관심 없는 척하면서도 귀를 기울인다.

현대자동차 아침 교대조 출퇴근 시간에 맞춰 자동차 공장으로 이동하는 차 안에서 옆에 있는 울산시당 황원철 사무처장이 한마디 한다.

"오늘 현대 중공업에서는 우리가 아침에 유세한 내용이 화제가 될 겁니다. 여기 비정규직 비율이 전체의 3분의 1이 넘거든요."

현대중공업 앞에 가니 민주노동당 유세팀이 먼저 와 있다.

자동차 야간 근무조가 퇴근하고 아침반이 출근하는 시간대를 잡아 왔는데 물 좋은 곳은 역시 이곳 '터줏대감' 민노당이 선점하고 있는 것이다. 마침내 '볼일'을 다 보고 철수하는 민노당원들을 보다 보니 낯익은 얼굴이 있다.

현대자동차 노조 위원장 출신으로 지금 민노당 울산시당 위원장을 맡고 있는 김광식 씨다.

"이제 사람들 다 들어갔을 건데요…."

장사 먼저 끝내고 가는 이의 여유로움과 남의 장사 지장 준 것에 대한 미안함이 섞여 있는 인사말이다.

아침 6시 반부터 시작했던 유세가 9시쯤 되어 마무리가 됐다.

새벽부터 수고한 문함대원, 울산시당 간부들과 함께 근처 해장국집에서 함께 아침식사를 하는데 하나같이 정겹고 믿음이 가는 얼굴들이다.

문득 어젯밤 빈소에서 영정으로 다시 만났던 이상윤 동지의 얼굴이 떠오른다.

경북 선대위 유세기획단장을 맡아 새벽부터 밤늦게까지 강행군하던 그가 저녁 유세일정을 마치고 안동의 당 사무소로 돌아오다가 음주 차량에 희생됐던 것이다. 사진 속에서 웃고 있는 그를 나는 불과 며칠 전인 12월 8일 광주에서 만났었다. 전국 문함대가 광주로 집결해 한바탕 유세를 벌이던 당시, 경북 문함대와 함께 온 그는 유세의 흥을 돋우기 위해 누구보다 앞장 서 움직였다. 무척 추운 날이었다. 안동 지역의 유명한 시민 운동가였던 그가 남기고 간 고등학생 딸과 중학생 아들을 우리 당이 끝까지 책임지고 키워줘야겠다는 다짐을 하며 밤길을 달려 울산으로 내려 왔다.

국민의 닫힌 마음의 문을 열 수 있다면…

2007년 12월 13일

아침부터 흐리던 날씨가 점심 무렵 화순장터에서 유세를 할 때는 끝내 비를 뿌리기 시작했다. 빗속에 손님도 많지 않은 화순 장터를 둘러보면서 텃밭에서 키운 듯한 상추 등속을 갖고 나와 비를 간신히 피하고 앉아 계신, 주름투성이의 할머님을 뵈니 가슴이 아팠다.

보리·좁쌀·찹쌀 등의 잡곡 몇 봉지를 앞에 두고 오지 않는 손님을 기다리는 할머님도 내 가슴을 아프게 했다.

장날, 오라는 손님은 오지 않고, 제각기 다른 어깨띠를 두르고 찾아오는 유세객들을 그분들은 어떤 심정으로 바라보고 계실까? 국민소득 2만 불이 됐다고 외쳐대는 언론의 뒷 그늘에 자리 잡은, 여전히 가난한 우리 농촌 현실이 참으로 가슴 아프다.

우울한 기분으로 다시 광주로 나와 이런 저런 일을 하고 있는데 동행

한 곽광혜 대변인이 소식을 전해 준다. YTN 여론 조사에서 우리 후보가 8.7% 지지율을 얻었고 문화일보 조사에서는 지난번 조사 때보다 4.6 포인트 오른 9.5% 지지율이 나왔다고 한다. 평소 우리 후보에 대해서는 짠 (?) 평가를 하던 문화일보 조사라 더 의미가 크다. 이제 '단일화의 덫'에서 서서히 벗어나고 있는 것 같다. 우울하던 기분이 금세 맑아진다.

엊저녁에 여러 차례 전화를 주셨던 해인사의 한 스님은 우리 후보가 KBS '추적 60분'에서 조사한 후보 공약에 대한 지지도 여론 조사에서 종합 1위를 했다는 낭보를 전해 주신다. 5개 부문으로 나눠 조사한 결과 3개 부문에서는 1위, 2개 부문에서는 2위로 종합 1위를 차지했다고 한다. 아침에 다시 전화를 주서서는 왜 이 결과를 홈페이지에서 대대적으로 전파하지 않느냐고 책망하신다. 이런 분들의 열정이 우리를 끌어가는 힘일 것이다.

오늘 아침엔 광주 송정리 시장에서부터 유세를 시작했다.

유세차를 대 놓게 된 한 과일가게에 들어가 양해를 구하니 흔쾌히 허락하신다.

목청 높여 유세를 끝나고 내려오니 그새 생강차를 끓여 오서서 나와 운동원들에게 한 잔씩 권하신다. 자신의 건강한 노동으로 가족을 지키고 이 나라를 지켜온, 그리고 이웃에 대한 믿음과 정을 잃지 않고 살아가는 이 땅의 서민들을 만나면 늘 새로운 힘을 얻는다.

꽤 넓은 송정리 시장을 도는데 30대 후반, 또는 40대 초반으로 보이는 한 남자분이 일부러 다가오더니 내 손을 꼭 쥐면서 꼭 승리하길 바란다는 말씀을 하신다. 그 분의 표정이 너무도 간절하여 갑자기 눈물이 핑 돌았다.

엊저녁 전북대 정문과 객사 거리 일대에서 벌였던 전주 유세도 감동적이었다.

특히 후보님을 보고 열광하는 젊은 학생들, 서로 먼저 악수를 나누려는 수많은 젊은이들을 보면서, 평소 자신의 정치적 의사 표현을 잘 하지 않던 이들의 가슴 속에 어떤 열망과 기대가 있는지를 새삼 깨닫게 되었다.

요새 젊은이들, 정치에 관심 없다든가 이기적이고 보수화되었다는 세간의 평을 믿지 않는다. 누가 이들로 하여금 정치에 등을 돌리게 하였던가? 젊은이들에게 아무런 꿈도, 희망도 제시하지 못하는 기존 정치, 아니 이들의 고민이 무엇이고 희망이 무엇인지에 대해 관심조차 기울이지 않던 정치에 대해 과연 어떤 젊은이들이 관심을 가질 것인가?

꿈 많아야 할 10대 시절을 입시 지옥에 가두고, 새로운 삶을 설계해야 할 20대에 청년 실업의 어두운 현실을 방치하고 있는 기존 정치에 누가 관심을 가질 수 있을 것인가 말이다.

광주에는 비가 오락가락하고 있었다.

유세 현장에 모여드는 이들에게 어떻게 문국현의 꿈과 희망을 전할 수 있을 것인지?

문국현과 함께 어떻게 내일의 희망을 함께 만들어 가야 할 것인지?

어떻게 그들의 닫힌 마음의 문을 열고 그들을 움직이게 할 수 있을 것인지?

문을 나서면서 고민은 여전히 계속된다.

문국현이 대통령이 되었으면 좋겠습니다

2007년 12월 14일

1

어제 비가 내리더니 아침 기온이 뚝 떨어졌다. 하늘이 여전히 흐린 가운데 나주 장터에서부터 유세를 시작했다.

수 천년을 두고 사람들이 모여 들던 장터. 장터에는 사람이 있고, 삶이 있고, 동네들의 역사가 묻어 있다.

나주시 인근에서 몰려 든 인파들로 북적대는 장터에는 고단한 삶을 특유의 건강함으로 이겨내 온 우리 민중들의 꿋꿋함이 배어 나온다. 나주 장터에서 유세 중 재미있는 일이 있었다.

유세를 시작하자마자 마이크가 나가 버렸다. 인사를 하고 막 본론으로 들어가려 하는데 마이크가 삑삑거리더니 꺼져 버린다. 마이크를 포기하고 육성으로 시도해 봤다. 그러나 버스와 각종 차량이 지나 다니는 대로 변이라 내 목소리는 곧 소음에 묻혀 버렸다.

그런데 우리 유세차량 옆에 서 있던 민주당 유세차량의 기사 아저씨가 자기 차 마이크를 쓰라고 건네준다. 마이크를 잡았다.

"존경하는 나주 시민 여러분! 지금 한국 선거 역사상 전무후무한 일이 일어나고 있습니다. 저는 문국현 후보의 당선을 위해 뛰고 있는 사람입니다. 그런데 제가 쓰고 있는 이 마이크는 민주당의 마이크입니다. 이 지역이 사랑하고 키워 준 민주당에 감사드립니다."

유세차 건너편에 서 있던 노란 유니폼의 민주당 선거 운동원들이 박수를 친다.

2

나주 장터를 떠나 강진에 들어섰다. 역시 5일장이 열리는 날이라 장터는 사람들로 북적인다. 시장 골목을 누비며 만나는 사람마다에게 "깨끗한 후보, 기호 6번 문국현!"을 부탁하고 다닌다. 시장에서 만났던, 70대 중반쯤 돼 보이는 한 할머니가 인상적이다.

"난 누가 대통령이 되던 내 이를 해 주는 사람이 나오면 찍을 테야."

말씀하시는 모습을 보니 치아의 절반이 없다. 몇 개 붙어 있는 치아들이 아슬아슬하다.

저 이로 식사나 제대로 하실지 걱정이다. 치과 치료에는 의료보험이 안 되는 것이 많아서 아직도 많은 노인들이 저런 불편한 이로 세상을 살고 있는 것이다. 이게 국민소득 2만 불을 이야기하고 외환 보유고 세계 5위를 자랑하는 대한민국의 현실이다.

3

오늘은 정신없이 돌아 다녔다. 광주에서 출발하여 나주, 강진, 장흥으로, 다시 벌교 시장을 거쳐 광양으로, 광양에서 다시 순천으로, 전라남도의 서남부 지역을 누비고 다녔다.

전남 선대위 상임위원장을 맡고 계시는 60대의 서창호 교수님, 지난 7월 허리 수술을 받아 조심해야 한다는데도 종횡무진으로 바람부는 거리를 누비시면서 목청껏 '문국현!'을 외쳐 대신다.

나주의 박종주 위원장님, 전남도당의 박석면 사무처장님, 순천의 서정분 여성위원장님, 장흥의 '천관산' 님, 강진의 '들불처럼' 님…. 이외에도 많은 분들이 오늘 전남의 곳곳에서 문국현의 주장과 그가 꿈꾸는 대한민국을 설파하고 다녔다.

바람 부는 을씨년스런 겨울 거리에서 문득 어제 광주 충장로 유세에서 만났던 '겨울꽃' 님의 유세 장면이 떠올랐다.

전남대 4학년생인 '겨울꽃' 님의 가냘픈 몸매 어디에 그런 열정이 숨어 있는 것일까?

저녁도 거른 채 겨울 저녁 거리를 총총히 지나는 시민들을 향해 호소하는 그녀의 이야기는 너무도 진솔하고 담백하다.

한나라당 분위기가 지배하는 부산에서 태어나, 그만큼 보수적인 부모님 밑에서 커 나오다가 대학생으로 청년 실업의 공포에 떠는 이야기부터, 이명박 후보의 여러 가지 허구적 모습, 문국현의 순정과 진실 등에 대해 또박또박 이야기한다.

그러면서 덧붙인다.

"저도 여기 이렇게 서 있으면 추워 죽겠습니다. 쪽 팔리기도 합니다. 엄

마가 보실까 겁나기도 합니다. 빨리 집에 갔으면 좋겠다는 생각도 합니다. 그러나 한 사람에게라도 더 문국현의 꿈과 진실을 알리기 위해 저는 이 자리를 떠나지 못합니다. 문국현이 대통령이 되었으면 좋겠습니다."

승리의 첫걸음은 승리의 확신이다

2007년 12월 15일

지난 화요일 오후 서울을 떠난 이후 오늘이 가장 힘겨운 날이었던 것 같다.

아침에 여수를 떠나 사천읍 5일장에서부터 시작한 유세는 진주 광미 사거리, 마산 경남대 앞 로터리, 마산 어시장 입구, 김해 내외동 시장을 거쳐 양산 버스 터미널 앞과 근처 중앙시장을 거쳐서야 끝났다. 몸은 매우 피곤하지만 우리 이야기를 귀 기울여 들어주는 시민들과 시장 상인들, 그리고 무엇보다 일당백의 투혼으로 뭉친 문함대원들과 당원들의 열정이 우리를 끝없이 고무, 격려하였다.

전남 일부 지역 유세에서 "단일화하라"는 압력(?)에 시달리느라 몸뿐만 아니라 마음까지 피곤했던 것에 비해, 경남 지역으로 나오니 비로소 '단일화의 덫'에서 빠져 나온 느낌이다.

내일 유세를 위해 부산시당에서 해운대에 숙소를 잡아 주었다.

늦은 저녁까지 우리 일행이 오기를 기다리던 김창호 부산시 선대위원 장 등 몇 분은 "정동영과 단일화하면 우리는 창조한국당 안 하겠다"는 분위기가 이곳 지지자들 정서라고 전해준다.

양산에서 저녁 9시 가까이 되어 유세가 끝나고 종일 함께 한 이봉수 경남 선대위원장, 김기태 본부장, 정석만 종합상황실장 등 선대위 간부들과 문함대원들끼리 저녁자리가 이어졌다. 우리 유세차를 몰던 남자 분은 미국에서 공학박사를 취득하고 온 분이었는데 봉사를 자원했고 경남도당의 LED 차량을 맡아 도내 곳곳을 누비고 있었다.

그는 문국현 후보님뿐만이 아니라 창조한국당이 한국 정치를 혁신하는 중심세력으로 발전하기를 바란다고 말했다.

진해에서 오신 한 여성 문함대원은 사천에서부터 시작해 양산에서 끝난 유세 전과정에 참여하였는데 신혼 1개월째라고 한다. 남편도 뜻이 같아 부부가 함께 열심히 뛰고 있는데 자신은 문 후보님이 대통령 되실 때까지 아이를 갖지 않을 것이라고 한다.(그 부부의 사랑스러운 2세를 위해서는 이번에 반드시 당선되어야 할 텐데‥)

사천과 진주 지역 유세에는 올해 고2 3이라는 두 학생이 자원봉사자로 참여하고 있었다. 이○○이라는 남학생과 구○○라는 여학생인데 둘다 문국현 후보님께 전해 달라고 내게 편지를 내민다. 그런데 구 모 학생의 편지 봉투가 밀봉되어 있지 않아 보게 되었다.

그 내용을 후보님 보시기 전에 일부 미리 공개해도 크게 문제 삼지 않겠다는(?) 구 모양의 양해를 얻어 일부 인용한다.

"이번에 고23으로서 수능도 치고 문 선장님의 대선 활동을 진주에서 돕고 있어요. 도움이라고는 하지만 크지는 않고 유세 현장을 찾아가며 문국현 후보의 따뜻한 마음과 바른 정치에 대한 생각을 많은 사람들에게 알리는 일이에요. 선거 전까지 8일 동안 매일 서부 경남 지역을 돌고 있어요.”

그녀의 편지 마지막은 이렇게 끝나고 있다.

“어제는 유세를 하던 중에 문국현 씨의 홍보 영상을 보고 눈물이 나왔습니다. 문국현 후보의 너무나 간절하고 진실된 호소에 가슴이 울렸고, 힘이 났습니다. 아저씨! 조금만 더 힘내세요. 진심으로 우러나오는 존경을 표해요.”

우리의 열정 속에 우리의 미소가 있습니다

2007년 12월 15일

오늘 유세는 부산 해운대에서부터 시작이다.

일어나서 창밖을 보니 바다가 보인다. 바다를 무척 좋아하는 나지만 오늘은 별 감흥이 없다. 해운대에 장산이란 산이 있다. 해운대에 여러 번 와본 편인데도 장산을 몰랐다. 부산 시민들이 주말에 즐겨 찾는 등산코스란다. 아침 9시부터 올라오는 등산객을 맞는다.

그런데 그곳에는 우리뿐 아니라 이명박 후보와 이회창 후보 유세팀도 자리를 잡고 있다. 이—이 후보 선거운동원들의 획일적 유니폼과 율동에 비해 우리 자원봉사자들의 그것은 제각각이었지만 그래도 끓어오르는 열정은 그 어떤 팀도 따라 올 수 없다.

이곳에서도 재미있는 일이 있었다.

각각 다른 유세팀에서 경쟁적으로 틀어놓는 로고송이 너무 시끄러우니까 등산객들의 항의가 심하다. 그래서 세 유세팀 간에 신사협정이 맺어졌다.

각각 돌아가며 10분씩 자기들의 로고송과 유세를 하기로 한 것이다.

이명박 캠프 로고송이 나올 때는 거기 맞춰 우리 문함대가 "기호 6번!"을 외치고, 이회창 캠프 노래가 나올 때는 또 거기에 맞춰 율동을 하려니 가끔 동작이 꼬인다. 우리는 우리 가락에 익숙해 있는데 말이다. 그래도 다른 후보팀이 우리 가락, '믿을 수 있는 경제대통령 문국현' 을 따라 율동하는 모습은 볼 만했다.

장산 유세를 거쳐 해운대시장 유세 후 남포동 '영화의 거리' 유세를 하는데 여기저기서 연락이 온다. 이명박 씨가 자신이 BBK 주인임을 밝힌 동영상이 나왔는데 어떻게 해야 할 것인가 하는 이야기들이다.

도대체 어디서 어디까지가 진실이고, 어디서 어디까지가 거짓인지 알 수 없는 후보. 혹시 이명박이란 이름 석 자도 진짜인지 알 수 없다는 생각이 든다. 이런 후보가 대통령이 된다는 것은 정말 있을 수 없는 일이다. 국민 모두를 우습게 만드는 일이다.

서울에서의 상황이 급박하게 돌아간다고 해서 남포동 유세를 마지막으로 부산 유세를 접고 서울행을 택했다. 주말의 정체를 뚫고 도착한 서울.

우리 후보, TV 토론 아주 잘했다는 평가가 도처에서 나온다. 내가 봐도 정말 잘했다. 늦은 저녁, 캠프에 도착해서 참석한 회의. 목이 잠겨서 소리가 잘 나오지 않는다.

이명박 사퇴와 검찰 재수사, 그리고 이명박을 제외한 5인 후보 회동을 제안한 후보. 막판까지 판을 놓치지 않기 위해 최선을 다하고 있다. 나머지 이틀 동안 멋진 승리를 그와 함께 이루어야겠다는 생각을 하며 자꾸만 떨어져 내리는 눈꺼풀을 붙잡는다.

여러분이 자랑스럽습니다

2007년 12월 18일

아직도 종각에서의 마지막 유세 장면이 눈에 어른거린다.

행사가 끝났는데도 흩어질 줄 모르는 지지자들. 오랜만에 맛보는 감동과 축제의 여운이 그들의 발목을 잡고 있다.

선거가 축제였던 적이 언제 있었던가?

정치인의 집회가 마치 대중 콘서트처럼 이렇게 신났던 적이 언제 있었던가? 정치 신인 문국현을 통해 맛보는 모처럼 만의 신선함과 진솔함. 이것이 사람들을 이토록 신나게 하는 것이 아닐까?

오늘 유세는 아침 일찍 전북 익산으로 떠나면서부터 시작됐다. 후보는 아침 일찍 부산으로 떠나 경부선을 타고 올라오고 나는 호남선과 전라선이 합쳐지는 익산부터 올라왔다.

경부선과 호남선을 타고 오며 우리 국토에 사람 인人자를 그려본다는 컨셉이었다. 우리팀과 후보팀은 대전에서 합류해 대전역 광장에서 한바탕 흥겨운 유세를 벌이고 함께 서울로 올라왔다.

익산으로 떠날 때는 포근한 눈발이 휘날려 우리 앞길을 축복해 주는 듯하였다.

유세 현장에서 만나는 시민들은 한결같이 따뜻했고 문국현 후보의 등장을 신선하게 받아들였다. 그러나 나 자신은 종일을 정동영 후보측 신당 의원들과, 그들과 비슷한 의견을 가진 시민단체 인사들의 전화에 시달려야 했다. 말로는 '단일화' 이지만 실질적으로 문국현 후보의 사퇴를 요구하는 그들의 요구는 집요하다 못해 거의 병적이기까지 했다. 국민의 선택을 불과 하루 앞둔 상황에서 문후보의 사퇴를 압박하는 그들의 행태는 이미 이성과 상식을 상실한 것이었다.

나는 그들에게 말했다.

국민은 안중에도 없고, 시민사회의 이름을 빌어 말하는 이들은 이미 기득권화한 관변단체의 입장을 말하는 것이 아닌가! 라고. 상당수 국민의 감동을 자아내며 조용한 혁명을 밑으로부터 만들어가는 문국현 후보와 창조한국당의 실체는 그들 기득권을 연장하려는 통합신당의 눈먼 권력욕 앞에서는 도대체 아무 의미가 없는 것들인지! 라고.

종각 유세에서, 기독교 방송의 시사프로그램인 '시사자키 오늘과 내일' 에서, 나는 분명히 말했다.

과거로 돌아가자는 부패 수구세력의 집권도 막아야 하지만 지난 5년간 국민들을 민생 파탄의 늪에 빠트린 노무현 정부와 열린우리당, 그 후신인 통합신당도 극복의 대상이라고….

우리 정치에 대한 감동은 물론 관심조차 잃어버린 국민들에게 어떻게 다시 감동을 주고 희망을 주는 정치를 할 수 있을 것인지?

정치 따로, 민생 따로 노는 현 정치를 어떻게 하면 국민 대다수의 관심과 이익에 봉사할 수 있는 것으로 바꿀 수 있을 것인지?

문국현과 창조한국당이 갖는 고민은 그들 철저히 기득권화한 신당 정치인들에게는 더 이상 관심의 대상이 아닌 것이다. 어떻게 하면 그들의 '배지' 를, 권력을 연장할 수 있을 것인지, 그것에만 혈안이 된 그들이 우리를 '단일화' 를 반대했기 때문에 거짓 민주세력으로 규정하겠단다.

'민주화' 가 과연 그들만의 전유물인가? 어쩌면 '완장부대' 가 되어 버린 그들에게 일부 시민단체까지 들러리 서고 있는 것은 아닌지? 종일 이들의 생떼에 시달리다 종각에 다다랐다.

아! 그곳에서 만났던 우리 시민들, 이웃들. 감동에 목말라 있고, 진정성에 목말라 있던 그들. 우리는 이미 하나였다. 그곳에 새로운 한국을 재창조 하자는 열망과, 우리 정치를 정말 순수한 시민의 힘으로 바꿔 보자는 열망이 들끓고 있었다. 그동안 문국현 후보의 진정성을 알리고 새로운 정치, 사람이 희망인 사회, 사람 중심 진짜 경제 실현을 위해 목이 터져라 외쳐온 우리 모두에게, 추운 거리, 외로운 거리에서 새로운 희망을 전파하기 위해 정신없이 뛰어 온 우리들 모두에게 이 자리를 빌려 뜨거운 감사 인사를 전한다. 그대들 한 사람, 한 사람의 얼굴을 떠올리면, 때로는 웃음이, 때로는 여전히 콧날이 찡해진다.

여러분이 희망이고 여러분 하나하나가 모두 문국현이다.

이 길에서 열심히 뛰다가 안타깝게 먼저 세상을 뜬 고 이상윤 동지의 얼굴이 어른거린다.

여러분, 우리 모두의 승리를 위해, 마지막 시간까지 우리 열심히 뜁시다.

저는 당신들의 일부입니다.

뜨겁게 사랑합니다.

다시, 희망을 속삭이자

2007년 12월 21일

"언제나 처음처럼"

2000년 4월, 당시만 해도 빈 들판이 많이 남아있던 일산 지역에서 국회 의원 선거를 치렀다. 한강에서 불어오는 바람은 왜 그토록 매서웠던 지…. 그 빈들에서 다졌던 각오가 있었다.

"초심을 잃지 말자!"

"언제나 처음처럼, 출발할 때의 각오와 다짐을 잃지 말자!"

"국민을 배신하지 않는 정치, 민생의 부담이 되는 정치가 아니라 민생 을 해결하는 정치, 깨끗한 정치, 원칙을 잃지 않는 정치, 약자 곁에 함께 하는 정치, 국민을 묶어 내는 정치, 자존심을 지키는 정치, 국익을 지켜 내는 정치, 친구 같고 이웃 같은 정치."

당시 정치 일선에 나서며 머리 속으로 그려봤던 한국정치의 모습이고 다짐이었다.

이런 것들을 실현할 때까지 타협하지 말고, 물들지 말고, 그리고 지치지 말자고 다짐했다.

우여곡절이 많았던 16대 국회의원 임기를 마치고 17대 총선에는 나서지 않았다. 우리가 만들어냈던 노무현 정권이 당선되자마자 시작한 일들이 '자기 부정' 의 연속이었기 때문이다.

통합의 정치는 노무현식 '분열의 리더십' 아래 산산이 부서지고, 이라크 파병 강행, 아파트 분양원가 공개 거부 등의 '지지자 배신하기' 가 이어졌다.

나는 내가 다시 선거에 나서지 않음으로써 그나마 내가 지키고자 했던 원칙, 지지자들과의 약속, '언제나 처음처럼' 을 지키려 했다.

나를 뽑아 준 유권자와의 약속(민주당 후보로 공천받아 당선된 것)을 지키기 위해 열린우리당을 따라 나서지 않았고, 분열과 모략이 횡행하는 정치판에서 솔직히 '망가지지 않은 채' 다시 나의 이웃들에게로 돌아가고 싶었던 것이다.

그러던 내가 문국현과 함께 다시 현실정치로 돌아왔다. 민생을 해결하는 정치, 국민의 곁을, 특히 약자의 곁을 지키는 정치, 깨끗하면서 따뜻한 번영을 이루는 정치, 그의 지향점과 나의 그것이 모두 일치한다. 특히 자기헌신과 자기희생을 통해 국민에게 다가가는 정치인의 모습이 맘에 든다.

정신없이 4개월이 지나갔다. 대선의 성적표를 받아들었지만 난 아직도 그 137만 표에 서린 진정을 다 읽어내지 못하고 있다. 그 한 표 한 표에 스며 있을 열정과 기대, 또는 번민, 결단 등등…. 어떤 언론에서는 이번 선거의 최대 승자는 한나라당이지만 그 다음은 창조한국당이라고 한다.

창당한 지 불과 1개월여 만에 민주노동당의 두 배 가까운 득표를 한 우리의 저력을 보고 있었다. 어제는 하루에만 650여명의 당원과 지지자들이 당비를 내 주셨다. 우리가 계속 전진하며 싸워주기를 희망하는 몸짓들이리라.

지친 몸들을 다시 추스르고 새로운 싸움을 준비해야겠다. 그러면서 다시 한번 다짐해야겠다.

"언제나 처음처럼 우리의 길을 가겠다고…."

고故 이상윤 동지의 유자녀들을 보살피고 잘 돌봐주는 것도 우리의 초심을 지키는 일일 것이다. 온라인에서 일고 있는 이상윤 동지 후원 움직임, 당비 내는 것 못지않게 중요한 일이다.

언제나 처음처럼,

시린 겨울의 복판에서도 나는 언제나 처음처럼,

희망을 함께 만들어가자고 나를 재촉하는 이웃들의 따뜻한 손을 잡고 다시 일어선다.

PART 2

내 방의 불을 꺼야 세상의 어둠이 보인다

내 방의 불을 꺼야 세상의 어둠이 보인다

2007년 8월 17일

어머니께서 평소 자주 하시던 말씀이 있다. 돌아가신지 벌써 10년이 넘었지만 살면서 늘 떠올리게 되는 말이다.

"남의 염병이 내 고뿔만 못하다!"

염병이란 장질부사, 즉 장티푸스로 전염성이 강해서 옛날엔 걸리면 죽기 십상인 병이고, 고뿔은 감기로 걸리면 그 당시는 고통스럽지만 죽는 병은 아니다. 그러나 인간사란 묘한 것이어서, 고뿔에 걸렸다고 죽지는 않지만 막상 당사자 입장에서는 열이 오르고 머리가 깨질 것 같이 아프니 옆에서 염병으로 사람이 죽어 간다 해도 자기 고뿔이 더 심각하게 느껴질 수밖에 없다.

어려서부터 듣던 어머니의 말씀을 통해 사람은 늘 자기 입장에서 주위를 판단하고 다른 사람을 바라보게 된다는 것을 깨달았다. 그래서 공동체를 이루고 살아가는데 있어서 역지사지(易地思之, 입장 바꿔 생각해 보기) 하기가 얼마나 중요한 것인가를 자연스럽게 배웠다.

16대 국회의원 임기를 마치고 다시 시민사회로 돌아온 지 4년 가까이 되었다. 혼자 있으면서 지난날을 돌아 볼 때 스스로 얼굴이 빨개 질 때가 있다. 누가 옆에서 지켜보는 것도 아닌데 그렇다. 내 나름대로 우리 사회의 어두운 구석을 살피고 약자의 편에 서서 일하는 정치인이 되어야겠다고 다짐 했었지만 지금 와서 돌이켜 보면 공중에 '붕 떠있던' 시간이 많았던 것 같다.

지역구 의원 생활을 하면서 나름대로 '민심'을 살피고 돌아다닌다고 했지만 그것도 따져 보면 주로 지지자들의 이야기를 듣는다거나 동료 의원들이나 정치권 인사들의 '내부자 시각'에 기울어져 있었던 것은 아니었나 싶다. 또한 이해 당사자들의 목소리가 첨예하게 대립하는 사안에 대해서는 우물쭈물할 때가 많았다. 국회의원이 되기 전에는 목소리 높여 문제 해결을 주장했던 사안들인데, 막상 국회의원이 되어서는 이 눈치 저 눈치 보면서 꼬리를 내렸던 일들도 있다.

무엇보다도 여기저기서 과분한 대접을 받으면서 스스로 높이 올라 앉아 세상을 내려다보는 데 익숙해져 간 것 같다. 그래서 과거에는 늘 눈에 들어 왔던 이웃들을 눈에서 놓쳤다. 막상 우리 이웃들이 어떤 일로 고통 받고, 어떤 일에 진짜 관심이 많은지를 제대로 헤아리지 못한 것 같다.

어머니가 살아 계셨더라면 뭐라고 한 마디 하셨을지 모르겠다.

얼마 전 이른바 범여권의 '유력' 대선주자 한 분을 만났다. 내가 열린우리당 창당에 반대하며 17대 총선 불출마를 선언한 이후로 처음이니 꽤 오랜만의 만남이다. 이런 저런 이야기를 나누다 보니 역시 민초로 돌아온 내가 느끼는 것과 현역 정치인인 그가 느끼는 현실이 달랐다.

그에게 말했다.

"내 방 안이 밝으면 밖의 어두움이 보이지 않습니다. 밖의 어두움을 보기 위해서는 내 방의 불을 먼저 꺼야 합니다."

그는 법어法語같은 이야기라고 화답했지만 돌아오는 길에 나는 또 스스로를 자책해야 했다.

"말은 잘 한다. 그래 너는 밖의 어두움을 밝히기 위해 무슨 노력을 하고 있는데?"

양극화의 그늘

2007년 8월 21일

얼마 전 경향신문 워싱턴 특파원인 김진호 기자가 재미있는 기사를 하나 보내 왔다. 미국 사람들의 평균 신장이 유럽인들 보다 작아졌다는 것이다. 미국 성인의 평균 신장이 네덜란드인에 비해 5cm 정도 작다는 것인데, 반대로 1770년대 독립전쟁 당시 미국인은 영국인보다 5cm가 더 컸고, 1850년대까지 7.68cm가 더 커졌다는 것이다. 그러던 것이 1970년대부터 유럽 국가 국민들 보다 작아지기 시작했고, 그 이유가 미국의 사회안전망 부실이라고 한다. 이 연구를 진행한 독일 뮌헨 대학 존 콤모스 교수 연구팀은 "사회적 안전망을 갖춘 서유럽 및 북유럽 복지국가들이 시장경제지향적인 미국에 비해 어린이들에게 보다 나은 생물학적 생활 수준을 제공해 왔기 때문"이라고 설명했다.

빌 게이츠나 워렌 버핏같은 세계 최고 부자들이 몰려 있고, 세계 최강을 자랑하는 미국이지만 4,500만 명의 미국인들은 여전히 의료 보험이 없기 때문에 의료 보호의 사각지대에 있다. 8월 17일자 문화일보 25면에는 아픈 아내의 치료비를 감당할 수 없어 4층에서 아내를 던져 죽게 한 스탠리 라이머란 한 미국 남자의 소식을 전하고 있다. 매주 700~800달러(약 66만~75만 원)의 치료비를 감당할 건강보험이 그에게는 없었던 것이다. "유전 장수, 무전 단명"이라는 말이 세계에서 가장 부유한 나라라는 미국을 설명하는 말이 될 수 있다는 것은 아이러니이다. 그러나 극도의 신자유주의가 지배하는 미국에서 이것은 당연한 현실이다.

미국식 신자유주의가 불러 온 것이 바로 양극화다. 요사이 우리 사회에서도 양극화를 염려하는 소리들이 높다. 소득 상위계층 10%의 사교육비 지출이 하위계층 10%의 9배가 넘고, 소득 상위계층 20%의 수입이 하위계층 20%의 그것보다 8배 높다는 등의 통계를 인용하지 않더라도 우리 주변을 둘러보면 곳곳에 양극화의 상처들이 널려 있다.

지난번 경기도 의왕시의 한 공장에서 있었던 화재로 목숨을 잃은 64세의 한 할머니는 잔업도 마다 않고 일해 받은 월 80여만 원의 수입으로 손자들을 돌보고 있었다고 한다. 하루 24시간 맞교대로 한 달 꼬박 일해 받는 우리 아파트 경비 아저씨의 월급은 강남에 있는 학부모들의 한 달 평균 과외비에도 미치지 못한다. 이 아저씨는 그나마 직장을 갖고 있다는 사실에 안도해야 할지 모른다. 자신의 직장 바로 코앞에 있는 이랜드의 비정규직 아줌마들은 이제 일자리 요구에 직장 폐쇄로 맞서고 있는 기업주를 향해 힘거운 싸움을 벌여야 한다.

언제부터인가 우리 사회에서는 미국식 모델을 우리가 따라야 할 유일

한 모델인 것처럼 몰아가고 있다. 그 일차적인 책임은 현 정부를 비롯한 정치권에 있다. 한미 FTA를, 눈앞에 당장 보이는 여러 가지 문제점에도 불구하고 일방적으로 몰아치는 노무현 정부에게 언뜻 언뜻 미국식 "시장 만능주의"의 옆얼굴이 보인다. "권력은 이미 시장으로 넘어"갔고, 시장 은 가장 공정한 것이 되었다. "뭉치면 살고 흩어지면 죽는 것"이 아니라 "경쟁력 있으면 살고, 경쟁력 없으면 죽는" 사회가 된 것이다. 정부가 앞 장서서 이런 천박한 신자유주의의 복음을 선포하고 있다.

그럼 정부는 왜 필요한 것인가? 삼성이나 현대 같은 대기업만 있으면 되는 것 아닌가? 군이 대답이 필요한 질문이 아니지만 정권 담당자들이 혹 답을 모르고 있는 것은 아닌가 싶어서 한마디 한다.

뒤처지는 사람들에게 손을 내밀어 그들도 완주할 수 있게 해 주는 것, 이게 정치가 할 일이다. 이게 국민통합이고 사회통합이다. 그런 걸 시장 에 맡기자고 할 수는 없는 일 아니겠는가?

내가 문국현을 지지하는 이유

2007년 8월 27일

지난 23일, 유한킴벌리 문국현 사장이 한국 정치에 '희망 제안'을 던지며 현실 정치 참여를 선언했다. 그것은 2007년 제17대 대통령 선거 출마 선언이었고, 우리는 또 한 명의 대통령 후보를 만났다. '또 한 명의 대통령 후보'라는 말에 담긴 씁쓸함과 답답함을 익히 알고 계시리라 믿는다. 나는 문국현 후보가 '우리가 원하는 단 한 명의 대통령 후보'이기를 바라며 이 글을 써내려간다.

"건설 중심·재벌 중심의 가짜 경제와 사람 중심·중소기업 중심 진짜 경제의 대결"이라는 강한 메시지로 정치 현장에 나서게 된 문사장의 각오와 비전을 들으면서 나는 어느새 현실 정치로 복귀하고 있는 나 자신을 보게 되었다. 공식적으로는 2004년 5월 30일 제 16대 국회 임기가 끝나는 날, 실질적으로는 2004년 2월 15일, 명분 없는 분열의 모습이었던 열린우리당의 창당에 반대하며 17대 총선 불출마를 선언한 이후 3년 6개월만의 일이다.

2004년의 상황이 떠오른다. 민주당 후보로 당선되었던 노무현 대통령이 민주당을 깨고 열린우리당을 창당한 이후 한나라당과의 공조를 통해 이라크 파병을 강행하고 아파트 분양원가 공개 등 대선에서의 약속들을 휴지 조각으로 만들어 가던 때였다. "언제나 처음처럼"이란 약속을 내걸고 정치에 나섰던 몸으로, 분열과 말 바꾸기와 줄 세우기가 횡행하는 현실 정치의 장에서 유권자들과의 약속을 실천할 수 있는 길은 한가지 밖에 없었다.

깨끗이 정치판을 떠나는 것이었다.

지난 몇 년 간, 정치는 참으로 많은 사람을 피곤하고 피폐하게 하였다. 거의 원맨쇼 수준의 노 대통령 통치 스타일이 사람들을 피곤하게 했고, 국민들에게 끝없는 108번뇌를 안겨 준 여당의 무책임이 사람들을 피폐하게 했다. 수많은 사람들이 구조조정으로 일자리를 잃거나 비정규직으로 내몰리고, 부동산값 폭등과 사교육비 부담으로 국민들의 허리가 휘어도, 중산층은 서민으로, 서민은 빈민으로 내려앉아도, 이 나라 정치는 어디 딴나라 사람들이 하는 것인지, 전혀 민생문제 해결에 도움이 되지 않았다. GDP가 성장할수록 양극화의 그늘은 깊어갔고 우리나라는 OECD 국가 중 자살률이 최고인 나라가 되었다. 뭔가 정치뿐만 아니라 사회 전체가 혁신되지 않으면 안 될 상황에 이르렀다.

대선을 불과 네 달 앞두고 있는 한국 정치 최대의 위기는 정책과 내용의 실종이다. "배를 산으로 올리겠다"는 이명박 후보의 말도 안 되는 공약이 선거판의 주요 이슈가 된 것이 현실이다. 그러나 그 말도 안 되는 이야기가 그런대로 씨가 먹히는 이유는 '민주·평화·개혁'만을 염불처럼 외워대는 이른바 범여권의 무능과 대안 부재 때문일 것이다.

"무엇을 할 것인가?" "이 나라의 가장 중요한 문제는 무엇이고, 이런 문제들은 어떻게 풀어 나갈 것인가?" 등의 본질적 문제에 대한 논의는 실종되고 이런 저런 '정치 공학적' 언어들만 난무하고 있던 것이 기존의 정치 '판'이었다.

현실 정치를 바라보며 우울함만을 되씹고 있던 내게 문국현 사장의 '짱짱한' 솔루션이 눈에 들어왔다. 그것은 책상에서 만들어진 '그럴듯한 구호들'이 아니었다. 평사원부터 시작해 최고경영자까지 오르면서 겪은 33년 세월의 실천과 고뇌가 묻어 있는 것들이었다.

"왜 굳이 대통령에 나서려고 하십니까?"

길을 같이 걷자고 하는 그에게 내가 물었다.

"30여 년 간 성공한 기업인으로 이 사회로부터 많은 혜택을 입었습니다. 이제 나만의 안락한 삶을 고집한다는 것은 더 이상 이 시대에 대한 예의가 아닙니다."

너무 원론적인 답이어서 어쩌면 재미없게 들릴지도 모르지만 그의 대답은 내게 울림으로 남는다.

오랜만에 들은 반갑고, 고맙고, 따뜻한 말이었다. 문국현 사장(이제는 전 사장이 되었지만)의 출마를 보도하는 한 일간지의 제목이 "범여권 '문국현 출마' 미스터리"다. 인지도도 낮고 지지율이 현재 1%도 안 되는데 왜 많은 인사들이 그를 돕겠다고 나서고 있는가 하는 이야기다. 그에게 기대 심리를 갖고 있는 인사들 중의 하나로 내 이름이 나오기도 한다.

그럼 나는 왜 문국현을 지지하는가? 정치 현장을 오래 떠나 있던 나는 왜 이 시점에 다시 현실 정치로 돌아오며 그 파트너로 문국현을 택하게 된 것인가? 그는 과연 '블루 칩'인가?

나는 다음 일곱 가지 점에서 문국현에 주목한다.

첫째, 그는 사람을 존중하는 지도자다.

그가 평소 내세우는 사람 입국, 사람 중심 경제 등의 구호 때문만은 아니다. 재벌들이 자신들의 방만한 경영으로 초래한 IMF위기를 직원들을 '자르는' 것으로 해결해 나갈 때, 단 한 명의 구조조정도 없이 그 어려운 시기를 근로자들과 함께 넘긴 그는 분명 사람을 존중하는 의리 있는 지도자다.

둘째, 자연을 존중하는 지도자다.

과거 진시황 시대의, 또는 개발독재 시기의 '토목 국가' 식 나라 경영은 이제 안 된다. 온 국토를 파헤치고 콘크리트를 쏟아 부으면서 부동산 값 상승으로 GDP 성장을 유도하는, 그런 식의 '불도저 성장'은 더 이상 안 된다. "우리 강산 푸르게 푸르게"를 주도해 온 그가 이제는 "우리 정치 푸르게 푸르게"를 외치고 있다.

셋째, 그는 해법을 갖고 있는 지도자다.

그가 우리 사회 주요 현안들, 예를 들면 일자리 문제나 양극화 문제에 대해 내놓는 해법들은 단순한 정치적 수사나 관념에서 나온 것이 아니다. 현장에서 구체적 실천을 통해 찾아 낸 해법들이다.

넷째, 그는 섬길 줄 아는 지도자다.

섬긴다는 것은 남의 짐을 나누어진다는 것이다. 그는 말한다. 이 시대가 필요로 하는 인재는 남의 행복에 대해 생각할 줄 아는 사람이라고.

다섯째, 가짜와의 싸움에서 이길 수 있는 진짜 지도자다.

바야흐로 온갖 허위와 선동이 지배하는 시대다. 서민을 위한다면서, 경제를 살린다면서 실상은 자신들의 기득권을 놓치지 않으려는 가짜들이 횡행하고 있다. 그는 모두의 행복을 염려하는 진짜 지도자다.

여섯째, 그는 시대정신을 충실히 담고 있는 지도자다.

이 시대가 요구하는 '지속 가능한 발전', 양극화 해소와 국민 통합의 과제를 누구보다 정확히 이해하고 있다.

마지막으로, 그가 좋아하는 인물들은 모두 내가 존경하는 인물들이다.

세종대왕·이순신·다산 정약용. 이들은 지배 계층에 속했지만 지배자의 이익을 위해서가 아니라 고통 받는 백성들을 위해 일했던 인물들이다. 자신에게 주어진 기회와 재능을 이웃과 공동체를 위해서 내놓은 이들. 이들의 삶을 따르는 데서 나는 문국현 사장을 만나고 그와 기꺼이 같은 길을 걷고자 하는 것이다.

어떤 이들에게는 이해가 되지 않을 '1%의 미스터리.' 그 미스터리를 푸는 해법이 바로 여기에 있다.

사라져 가는 것엔 이름이 있다

2007년 9월 10일

세월은 가고 오는 것
한 때는 고립을 피하여 시들어가고
이제 우리는 작별하여야 한다

여전히 많은 이들의 사랑을 받고 있는 박인환의 시 〈목마와 숙녀〉의 한 구절이다. 박인희의 노래로 더 많은 이들의 가슴에 아로새겨진 시. 요즘같이 계절이 가을로 넘어가는 문턱에서는 그 느낌이 더 싸하다.

아내로부터 인간 GPS라고 불릴 정도로 나는 길눈이 밝은 편이다. 그러나 예외가 있다. 강남에서는 곧잘 길을 잃고 헤맨다. 여러 번 다녔던 길인데도 내 머릿속엔 영 입력이 안 된다. 그래서 누가 강남에서 약속을 잡자고 하면 우선 거부할 핑계부터 찾게 된다.

왜 그럴까? 나도 종종 궁금하다.

언제나 자동차로 막혀 있는 강남 거리들의 번잡함이 싫어서만은 아닌 것 같다. 아마도 그것은 추억 때문일 것이다. 강남의 거리들엔 추억할 그 무엇이 내겐 없기에 그런 것 같다.

내게 여름은 안국동 풍문여고 근처 주택가 어느 담장 위로 삐죽 고개를 내밀고 있던 찔레꽃의 기억으로 먼저 다가온다. 그곳이 풍문여고 옆이 아니라 수송동 숙명여고 근처라고 해도 좋고, 아니면 지금은 대로가 뚫렸지만 당시만 해도 사람들로 북적이던 만리동 고개 시장 근처 청파동의 어느 '적산 가옥' 주변이라고 해도 좋다. 봄이면 길 양쪽으로 개나리가 흐드러지게 피어나던 자하문 길은 나중에 '김신조 일당'이 내려온 길로 변하며 살벌해졌지만, 봄철이면 폭발하는 생명력으로 피어나던 각종 봄꽃들의 기억이 여전히 감미롭다.

나는 시간이 나면 '강북'의 익숙한 골목들을 혼자 줄레줄레 돌아다니는 취미를 즐긴다. '북촌마을'로 새롭게 단장한 가회동의 큰길가는 화장을 고친 노회한 여인 같은 느낌을 주지만 큰 길에서 한 발짝만 그 골목 속으로 들어가면, 아! 거기에는 아직도 익숙한, 그래서 편한, 오랜만에 봐서 때로는 혼자 눈물까지 글썽이게 되는 추억들이 오롯이 남아 있다.

아침 신문에 보니 서울에서 '가장 오래된' 아파트인 회현 시범아파트가 재개발 열풍에 밀려 곧 사라지게 된다는 기사가 실려 있다. 아파트 앞마당에 옹기종기 묻혀 있는 장독대들이 서울에 드물게 남아 있는 '공동체'의 모습을 보여 준다. 우리가 살며 사랑했던 그것들이 얼마 후면 새로

운 콘크리트로 뒤덮여 "이름도 몰라요, 성도" 모르는, 또 하나의 그렇고
그런 '재개발 지역'으로 변모하게 된다.

　　인생은 외롭지도 않고
　　그저, 잡지의 표지처럼 통속하거늘
　　한탄할 그 무엇이 무서워서 우리는 떠나는 것일까.

　　떠나는 것, 사라져 가는 것에 익숙해져야 할 가을이 온다. 그러나 사라
져 가는 것, 그것들엔 모두 이름이 있다.
　　그 이름들을 추억할 것이다.

골목의 사회학

2007년 9월 12일

　지난번 세상 이야기 "사라지는 것에는 이름이 있다"를 쓰고 난 후 아는 이 하나가 전화를 걸어왔다. 쓰는 김에 '골목' 이야기를 한 번 더 써 보면 어떻겠냐고….

　대부분의 골목길은 휘어져 있다. 곡절 많은 우리들 인생사처럼. 큰 길에서 들여다보는 골목길은 그 끝이 어디로 이어지는지 가늠하기 어려운 경우가 많다. 안으로 들어가면 갈수록 입구에서는 상상하지 못했던 풍경들이 나타나기도 한다. 이런 곳에 있을까 싶은 낡은 목욕탕을 만나기도 하고, 길가로 열린 문 사이로 안방 풍경이 훤히 드러나 지나는 이의 관음중을 부추기기도 한다. 강화 읍내의 주택가 사이를 지나다가 갑자기 만나는 된 강화 도령 철종의 집터는 순식간에 우리의 삶을 한 세기 훨씬 전으로 돌려놓기도 한다. 큰 길에서 들여다보아서는 미처 그 삶의 구석구석을 볼 수 없게 만드는 골목길은 우리 인생을 많이 닮아 있다.

모든 이들은 골목에서 성장했다. 또는 골목에서 떠나왔다. 골목대장이었거나 그를 따라 다니던 조무래기였거나. 우리를 키운 8할은 골목에서의 놀이와 만남이었다. 커 가면서 우리는 점점 큰 거리로 나섰고 그 거리에서 '사회'를 익혔다. 골목에서는 필요가 없던 가면을 쓰고 사회적 '성공'과 그에 비례해 바꿔 써야 하는 가면의 수도 점차 늘어갔다. 가면을 쓰지 않아도 되었던, 그 '맨얼굴'의 골목으로 되돌아가고 싶었던 적은 또 얼마나 많았던가? (그 인생 자체가 한편의 잘 짜 맞춰진 드라마처럼 허구인 신정아 씨에게도 돌아가고 싶은 골목길이 있었을까? 새삼 그런 의문이 든다.)

우리 가슴 속에 자기만의 골목길이 있었으면 좋겠다.

큰 길에서 상처받거나 또는 교만해졌을 때, 화려한 정장이 문득 거추장스럽게 느껴질 때, 흙 묻은 손으로 우리를 잡아주던 손길이 있던, 넘어져 깨어진 정강이에 침을 발라 주던 이웃을 추억할 수 있는 그런 골목길이 있었으면 좋겠다.

과거와의 화해

2007년 9월 19일

나는 지난 9월 15-16일 양일 간 독일 베를린에서 열렸던 "한국의 민주화 20년-한국과 독일의 대화"라는 심포지엄에 참석하고 왔다. 통일된 지 17년이 지난 베를린은 아직 어수선하긴 하지만 통일 이후의 혼란을 극복하고 활기를 되찾은 모습이었다.

국내에는 잘 알려져 있지 않지만 1970~1980년대 해외에서는 박정희 유신독재에 반대하여, 그리고 1980년 이후에는 광주학살로 등장한 전두환 독재정권에 반대하는 다양한 형태의 반독재 민주화운동이 전개되었다. 지역별로는 일본과 미국, 그리고 독일을 중심으로 하는 유럽의 3지역에서 운동이 전개되었다. 독일에서는 광부나 간호사 등으로 독일에 와 새롭게 삶의 터전을 꾸려 가는 교민들 중심의 노동운동과 여성운동, 문화운동, 그리고 이와 연대하는 유학생운동 등 다양한 부문의 운동이 발전했다. 그러나 과거 김형욱 중앙정보부장에 의해 저질러졌던 '동백림 간첩 사건'의 어두운 그림자가 여전히 지배하는 독일 사회에서 민주화운동은 정권 측에 의해 종종 '친북 세력에 의한 반정부 운동'으로 음해되곤 했다.

민주화 이후 상황은 조금 나아지긴 했지만 해외에는 여전히 과거 민주화운동, 통일운동을 했다는 이유로 귀국이 허용되지 않고 있는 이들이 있다. 이런 것들을 의식해서인지 이번 심포지엄의 공동주최자인 독일 협의회 이사장은 통일이 안 된 상태에서의 민주화는 불완전한 민주화라고 말했다. 그는 특히 국가보안법이 존재하고 있는 상태에서의 민주주의나 인권은 불안한 것일 수밖에 없다고 했다. 그런가 하면 이번 심포지엄에시는 주독일 최정일 대사가 참석해 축사를 했다. '민주화운동 기념사업회'라는 국가기구가 주최하는 행사이기에 어찌 보면 당연한 일일지도 모르겠지만 '우리' 대사의 축사를 듣는 재독 동포들의 감회는 매우 남달라 보였다. 해외에서 '민주화운동'이라고 하면 늘 대사관뿐만 아니라 현지의 이른바 '유신 한인회'의 눈치까지 보아야 했던 교포들로서는 감회가 남다를 수밖에 없다. 그래서일까? 어떤 이의 말에 모두 고개를 끄덕였다.

"한국에서는 10년 전에 정권 교체가 되었지만 해외에서는 이제야 정권 교체가 된 것 같다!"

해외에서는 이제야 정권 교체의 '맛'을 음미하게 되었는데 국내에서는 오는 12월이면 다음 정권의 향배가 결정된다. 불완전한 상태에서나마 우리가 맛보고 누리게 된 민주주의가 더욱 발전하는 계기가 될 것인지, 아니면 그나마 이룬 민주주의마저 후퇴하게 될 것인지…. 해외 민주화운동에 몸 바쳐 싸우다가 먼저 가신 이들의 명복을 빌며 그들의 영혼도 이제 이 땅의 민주주의와 화해하길 빈다.

우리강산 푸르게 푸르게

2007년 9월 21일

신문을 보니 지난해 세상을 떠난 이들 10명 중 6명은 화장으로 장례를 치른 것으로 나타났다. 보건복지부 통계에 따르면 지난해 화장률은 56.5%로 10년 전인 1996년(23%)에 비해 2.5배가량 늘어난 수치라고 한다. 문득 12년 전 어머니가 돌아 가셨을 때 상황이 떠오른다.

1995년 겨울, 어머니가 돌아가셨다. 화장으로 모시겠다고 하니 외삼촌이 나의 멱살을 잡았다. "네 어머니가 너를 어떻게 키웠는데 어머니를 불구덩이에 넣느냐"는 항변이었다. 상가에서 상주가 멱살을 잡힐 정도로 당시에 화장은 우리에게 익숙하지 않았다. 하지만 그때까지만 해도 매년 여의도 면적의 몇 배가 묘지로 변하는 현실에서, 특히 내 경우 매일 라디오 시사프로그램을 진행하면서 '전 국토의 묘지화'를 비판해 온 입장에서 내 어머니라고 묘지를 택할 수 없었다. 그러나 이후 상황은 발전하여 많은 이들이 화장을 택하게 되었다. 여기에는 선경 그룹의 최종현 회장 등 이른바 '사회 지도층' 인사들의 솔선수범도 한 몫을 했고 서울시 등 지자체들에 의한 현대식 납골 시설의 확충도 기여했다. 요새는 각종 종교단체뿐만 아니라 민간업자들에 의한 납골당도 확산 추세에 있다.

온 국민이 즐거운 한가위 명절을 맞아 오가는 가운데 뜬금없이 웬 화장 이야기냐고 하실 분이 있을지 모르겠다. 그러나 부모님들이 아직 생존해 계신 분들은 오랜만에 형제, 자매가 모인 자리에서 부모님 사후 장례를 어떻게 치를까 하는 고민을 은근히 나눌 수밖에 없다. 고향 선산이라도 마련돼 있다면 고민이 적겠지만 그렇지 못할 경우 산소자리 마련 걱정부터, 먼 거리에 있으면 자주 성묘를 할 수 없다는 현실적 고민들 까지 나누게 된다.

사실 세태가 급속히 변하다 보니 조상 봉양에 대한 풍습도 우리 세대가 거의 마지막이 되지 않을까 싶기도 하다. 할머니 할아버지라야 1년에 한두 번 찾아 본 손자 녀석들이 장성한 후에 과연 그 먼 시골까지 얼굴도 가물가물한 할머니 할아버지 산소 벌초하러 가줄까 싶은 것이 솔직한 고민이다. 그래서다. 매년 묘지로 잠식되는 우리 국토도 살리고, 조상을 기리는 것도 합리적으로 하기 위해서 자기 사는 곳 주변의 납골당이나 납골묘에 조상을 모시는 것이 어떤가 하는 것이다.

요새는 납골묘도 다양한 형태가 있어 각자 형편에 따라 선택할 수 있다. 내 경우에는 3평 남짓 하는 납골묘에 할아버지, 할머니 그리고 어머니, 아버지를 모시고 있다. 아직 6세대, 12기가 들어갈 자리가 남아 있다. 그런가 하면 장인과 처삼촌은 그 근처 한 종교단체에서 운영하는 '아파트 식' 납골당에 모셨다. 가끔씩 들르면 은은한 음악 소리가 마음을 편안하게 해

준다. 장인 옆 자리에는 아직 살아 계신 장모님 자리도 예약해 두었다.

오래전 한겨레신문이 '화장 서약' 캠페인을 벌일 때 아내와 함께 서약을 했다. 그런데 요새는 한 가지 욕심이 생겼다. 화장 이후 납골묘에 들어가기 보다는 자연 속에 그대로 남는 '수목장' 을 택하고 싶다는 것이다. 살아있을 때 내가 좋아하는 나무 한 그루를 선정하여 그 밑에 묻힌다면 정말 온전히 다시 자연으로 돌아 갈 수 있지 않을까 하는 생각이다. 그런데 우리나라에서는 아직 수목장 관련 법률이 없단다. 살아있는 동안 우선 이것부터라도 정비해 볼까 하는 생각이다.

표도 없는데…

2007년 10월 2일

요새 외국인 이주 노동자 관련 행사에 몇 차례 참석하는 기회가 있었다. 지난 9월 23일 올림픽 역도 경기장에서는 6,000여 명의 이주 노동자들이 한자리에 모여 추석맞이 잔치를 벌이고 있었다. 우리에게는 즐거운 명절이지만 이 땅에 돈 벌러 와 있는 외국인들에게는 자칫 쓸쓸한 날들이기도 하다. 한국의 수많은 이들이 가족을 찾아 고향으로 향하고 있는 시간, 이들은 가지 못하는 고향 쪽을 바라보며 보고 싶은 가족들의 얼굴을 머릿속으로만 그려 볼 뿐이다. 그 이주 노동자 추석 잔치에 문국현 후보가 찾아 갔다. 우리 일행을 맞는 주최측의 한 분이 그러신다.

"아유, 표도 없는데 어떻게 이런 곳까지 오셨습니까?"

반가움 반, 고마움 반이 묻어 있는 인사다. 요새같이 야박한 세상에, 계산이 맞지 않으면 움직이지 않는 세상에, 특별한 이해가 없는 일에 찾아와 준 손님에 대한 감사 인사이리라. 그러나 이해타산 여부를 떠나서 그 날의 장면은 매우 감동적이었다.

돈 벌러 온 땅이라고는 하지만 이주 노동자들이 이 땅에 와서 받은 냉 대는 이루 말 할 수 없었다. 좋은 '사장님'들도 많았지만 언론에 자주 오 르내리던 인권 침해 사례나 월급, 퇴직금 등을 떼먹는 사례들은 우리를 많이 부끄럽게 했다. 또 피부색에 따라 외국인에 대한 태도가 달라지는 우리들 행태도 반성해 볼 일이다.

지난 일요일(9월 30일) 오전, 한남동에 있는 미얀마 대사관 앞에서는 200여 명의 미얀마인들과 얼마간의 한국인들이 열띤 목소리로 미얀마 군사정부를 규탄하고 있었다. 물가 인상에 항의해 시위에 나선 불교 승 려들과 시민들을 무차별적으로 구타 및 학살하고 있는 미얀마 군정에 대 한 항의 집회가 열리고 있었다. 그곳에서 본 고문과 학살 현장 사진들은 우리로 하여금 1980년의 광주를 떠올리게 했다. 미얀마에서 벌어지고 있 는 탄압과 인권유린에 항의하는 집회가 한국과 미얀마의 시민들에 의해 조직되고 있는 걸 보면서 우리 사회의 민주주의가 그동안 많이 성장했다 는 생각이 들었다.

우리도 과거 1970~1980년대 유신과 전두환 군부독재 정권에 대항하여 싸우는 동안 수많은 국제단체와 외국 시민들의 지원을 받았다. 이제는 우리가 이것을 갚아야 할 때다. 이것은 단순히 표가 되고, 안 되는 종류의 문제가 아니다. 부천 외국인노동자의 집에서 이주 노동자들의 수기를 모 아 책을 낸다고 내게 서평을 써 달라는 부탁을 해 왔다. 내가 쓴 글의 제 목은 이렇다.

"우리 모두 다 나그네인데…."

PART 3

세상에서 가장 긴 여행길

북한산 일기

2004년 6월 5일~6월 18일

1

지난 5월31일 아침 6시 30분. 정부미에서 일반미로 전환되고 처음 맞는 월요일.

침실 깊숙이 침투한 햇살 때문에 더 이상 잘 수는 없고, 일어는 났지만 딱히 나를 기다리고 있는 일정도 없고….

에라, 날 찾는 이 아무도 없는데 이참에 속세를 떠?

갑자기 현몽처럼 다가온 한 생각. 그래 이참에 입산을 하자.

대충 눈꼽만 떼고 구기동 이북5도청(이제 7도청인가?) 앞으로 차를 몰아 갔다. 국립공원관리공단 구기 분소에서 일금 1,600원을 주고 (참고로 매표소 직원은 7시 반부터 근무를 시작한다. 부지런을 떨어 그 전에 가면 입장료 굳으니 그걸로 김밥 한 줄과 생수 500cc짜리 한 병을 사면 그게 남는 것) 비장한 각오로 승가사 방향을 향해 전진.

끝없는 오르막길.

땀이 폭포처럼 발등에 떨어진다.

도저히 끝나지 않을 것 같은 고난의 오르막길. 인생의 어려운 고비에 있을 때 사람들이 느낄법한 막막함. 도대체 이놈의 고생은 언제나 끝나나 하는 심사를 진하게 느껴보게 되는 그런 언덕길. 그러나 인생의 어려움에 몸서리치는 이들이여 산에 올라 보시라. 오르막에도 반드시 끝은 있는 법. 능선에 간신히 올라서니 어디선가 불어오는 소슬한 산바람이 언제 그 길을 지나왔던가 싶을 정도로 행복을 선사한다.

산에서는 교만이나 방심 같은 것은 허용되지 않는다.

한 발짝. 한 발짝. 오로지 눈앞에 펼쳐지는 길을 겸허히 갈 뿐이다. 섣불리 가야 할 목적지를 올려다 볼 일도 아니다. 까마득히 먼 저 산봉우리를 쳐다보다 보면 지레 지친다. 천 리 길도 첫걸음부터다. 그저 자신의 앞에 놓인 길을 한 발짝 한 발짝 성실하게 내딛을 뿐이다. 그렇게 가다 보면 결국은 목적지에 닿는다.

가만 이렇게 쓰다 보니 한도 끝도 없을 것 같다.

지난 월요일 시작된 산행은 오늘 토요일까지 계속되었다. 오늘은 산속에서 일출을 보고 싶어 아침 5시 반부터 서둘렀지만 승가사 뒤편 능선에 오르니 이미 반쯤 솟아오른 태양이 구름 속에서 희미하게 웃고 있었다.

반복되는 일상에서 뭔가 탈피하고 싶으신 분들, 돈 없고 시간 없다는 판에 박힌 푸념을 늘어놓으실 분들, 버스 토큰 하나 (아참 이제 토큰 없어졌나? 거의 밀봉 교육도 제대로 못 받은 간첩 수준이네⋯)면 20분 내에 속세로부터 탈출할 수 있는 아침 북한산에를 올라 보시지요.

2

교만한 자는 싸움에서 이기지 못한다.

〈시사자키〉 출사를 앞두고 펑계 김에 마지막으로 퍼마신 술이 여전히 아련한 새벽, 분연히 머리 들어 집을 나서니 6시 20분에 이북5도청 앞이었다.

조금씩 흩뿌리는 빗방울 사이로 오늘은, 아니 이번 한주는 지난주와 같은 루트를 역방향으로 걷기로 했다. 구기분소 → 대남문 → 문수봉 → 승가사 → 구기 분소 쪽으로 잡았다.

같은 산길인데도 확실히 수월한 길과 조금 더 어려운 길이 있다. 대남문 쪽에서 올라가는 길이 더 수월하고 그래서 시간도 단축된다. 그런데 뭔가 미진하고 밑지는 느낌이다. 인생살이에는 반드시 지불하여야 할 것들은 지불해야 하기 때문에 쉬운 길만 있다고 좋아할 일은 아니다.

모든 것은 인과응보다. 행복한 시간이 오면 그것은 과거에 지불했던 고통의 결과다. 고난의 시간은 능히 장차 다가올 환희의 시간을 예고한다. 그래서 행복한 순간에 더욱 긴장하여야 할 것이고, 고난 중에 있을 때 그 속에 침몰할 필요가 없다.

영화 황산벌에서 잊히지 않는 명대사가 생각난다. "강한 자가 살아남는 것이 아니라 살아남는 자가 강한 것"이라는….

가파른 길이나 바위를 만날수록 몸을 앞으로 더 숙이게 된다. 어려움은 그만큼 사람을 긴장시키고 겸손하게 하는 법이다. 교만한 자는 결코 긴 싸움에서 이길 수 없다. 패배는 바로 방심하는 순간에 오기 때문이다. 인생은 기나긴 싸움의 연속이다. 여러 싸움 중에서도 특히 자신과의 싸움이 가장 어렵고 치열하다.

자신에게 교만한 자, 자신을 이길 수 없다.

내려오는 길에 승가사 약수터를 들른다. 물 한바가지 보시에 늘 감사한다. 생수 값도 절약된다. 그런데 요 며칠 비가 안 와서 그런지 약수가 질금거린다. 갑자기 질금거리는 약수가 내 고갈된 정신상태 같다. 몇 방울 똑똑 떨어지던 내 영혼 속의 약수, 그나마 이제부터는 그것을 매일 바가지로 퍼내야 하는데, 바닥에 부딪혀 박박 긁히는 바가지 소리가 벌써부터 나를 어지럽힌다.

8시50분, 다시 속세로 돌아왔다. 새로운 한주를 맞는 속세의 거리. 질금거리는 자동차 행렬 속에 묻히고 있다.

3

슬슬 꾀가 나기 시작한다. 연 이틀 자신의 체력을 과신한 나머지 음주가무 현장을 차마 피하지 못하고 전전하다 보니 아침에 일어나는 것이 간단치 않다. 아침나절 눈을 뜨니 6시다.

"에이 늦었잖아! 지금 가면 사람들 많을 텐데…."

핑계거리가 벌써 술술 나온다. 다시 침대에 머리를 박는다. 꿈인지 생시인지. "고지가 바로 저긴데 예서 말수는 없다!" 버전의 고민이 내내 침대머리를 맴돈다. 분연히 떨쳐 일어나니 6시 25분. 차는 어젯밤 어디에 두고 왔는지 금방 기억이 나지 않아 택시를 탔다.

7시 15분, 구기 파출소 앞 김밥집에서 김밥 한 줄 말고(한 줄에 1,000원인 줄 알았는데 2,000원이더라. 나중에 먹을 때 자꾸 재료를 꼼꼼히 들여다보게 되더라. 아파트 분양 원가 공개뿐만 아니라 김밥 원가 공개 같은 것, 열린우리당에서 관심 안 갖나?) 가다 보니 전에는 못 봤는데 이 가게 저 가게에서 다 김밥을 만들어 팔고 있다. 심지어는 구기 매표소 바로 코앞에는 길에 파라솔을 내놓고 거리에서 김밥을 만들어 파는 아줌마도 새로 생겼다. 먹고 살기가 힘들어서들 그러려니 하면서도, 당장 저 아래, 내가 김밥 사온 집 아줌마 매상에 지장 생기겠구나하는 생각이 든다. 다 함께 먹고 살기는 해야겠지만….

산에 오른다. 등산화 코 위로 줄줄이 떨어지는 땀방울에서 은은한 알코올 냄새가 풍기는 듯도 하고…. 역시 박차고 산에 오길 잘했다는 생각이 든다. 산 속에 들어서니 내가 그 일부분이 된 듯 편안하다.

며칠 전부터 산길에서 만나는 다람쥐와 산비둘기가 있다. 다람쥐나 비둘기나 별로 나를 경계하지 않는다. 그들에게 말을 걸어 보기도 한다. 특히 비둘기는 대남문에서 암문 쪽으로 가는 오솔길에서 나와 조우하는데 길을 막고 별로 비켜 줄 생각도 안 한다. 오늘은 또 어디선가 한 놈이 더 와서 두 놈이 길 한가운데를 막아서 있다. 그 두 놈을 스쳐 지나면서 뭐라고 구시렁대 줬지만 별로 개의치 않는 것 같다.

동물과 식물들에게 자연스럽게 말을 거는 내가 신기하다. 문수봉에서 비봉 쪽으로 가다 만나는 가파른 바위 한 가운데 버티고 선한 그루 소나무. 사람들의 손이 닿아 가운데 부분은 반질반질 닳아 있다. 오를 때와 내려갈 때 자연히 그 소나무에 의지하게 된다. 그게 고맙고, 또 미안하기도 해서 말을 건넨다. 그냥 안부 인사다.

오늘은 어디서 올라 왔는지 바둑이 한 마리가 비봉 근처의 가파른 바위를 넘어온다. 뒤를 따라오는 등산객이 데려온 개인 줄 알았는데 아니다. 혼자 온 개란다. 주인을 잃었나? 아니면 주인이 버린 개인가? 오늘은 바람이 엄청 심해서 산마루에 서면 먼지바람이 대단했다. 내려가는 길을 찾아 낑낑거리는 그 바둑이가 못내 눈에 밟힌다.

길에서는 사람들도 많이 만난다. 나를 알아보는 사람들이 반갑게 인사한다. 나도 반갑다. 옛날 일산 살 때 선거에서 나를 찍었다는 아주머니도 만났다. 방송국에 계시는 분 아니냐는 질문도 여전히 받는다. '정치 4년 헛했나?' 하는 생각도 든다.

오르는 길과 내리는 길. 솔직히 힘들다. 그러나 내일 나는 아름답고 싶다. 아름답고 싶기에 오늘도 나는 길 위에 머물되 멈추지 않는다.

4

어제 하루 산행을 쉬었더니 종일 몸과 마음이 모두 근질근질했다. 이른 아침, 다시 머리끈 질끈 동여매고 나섰다. 산 밑에 이르면 언제나 제일 먼저 나오시는 할아버지 가게를 들른다. 물 한 병 500원, 오이 한개 500원. 합계 1,000원. 개떡은 너무 맛이 없어 안 산다.

오르막길이다. 오르막길에서는 생각이 많아진다. 오르막길에 나는 쓰레기를 조금씩 버린다. 나는 환경파괴자다.

지난 세월 쌓였던 교만 부스러기, 욕망의 자투리, 알 수 없던 분노의 얼룩진 흔적, 질투의 볼썽사나운 찌꺼기, 조잡하고 남루했던 일상의 흔적들을 바지 주머니 가득 채워왔다가 오르막길에 남몰래 조금씩 흩뿌려 놓는다. 떨어지는 땀방울과 함께. 매일 조금씩 가져다 버려도 이 쓰레기는 도무지 줄지 않는다. 얼마나 많은 땀을 쏟아야 이 쓰레기들이 치워질지…. 쓰레기 버리는 내 모습을 졸참나무, 물오리나무들이 아무 내색 않고 처다본다.

산에도 물이 마른다. 계곡을 흐르는 물소리가 요 며칠 사이 약해졌다 싶더니 드디어 승가사 약수터에도 바가지가 깊이 들어간다. 전에는 우물 밖으로 넘쳐흐르는 물을 받아 마셨는데 이젠 우물 깊숙이 바가지를 넣어야 된다. 갑자기 목이 마르다. 물을 퍼 마셔도.

비봉 능선에 올랐다. 사방에서 불어오는 바람에 나를 내맡겼다. 두 팔 벌리고 있으면 내가 새가 되어 날아오를 것 같다.

"그물에 걸리지 않는 바람같이…. 무소의 뿔처럼 혼자서 가라."

나는 바람을 타고 자유인이 된다.

"욕망은 실로 그 빛깔이 곱고 감미로우나 이것은 내게는 재앙이고 종기이고 화이며 질병이며 화살이고 공포이니, 모든 번뇌의 매듭을 끊어버리고 소리에 놀라지 않는 사자와 같이 그물에 걸리지 않는 바람과 같이 흙탕물에 젖지 않는 연꽃같이 무소의 뿔처럼 혼자서 가라."

자유의 빛깔은 담백하나 그 향기는 실로 감미롭다.

능선에 서서 눈을 들어 북녘을 본다. 아지랑이인지 스모그인지에 가려 산하의 모습은 불분명하되, 분명 저곳 어디쯤부터 북녘 땅이 시작될 터다.

4년 전 이날이 생각난다. 김대중 대통령이 역사적 평양방문을 위해 성남 공항에서 일일이 송영객들과 악수를 나눴다. 날씨는 오늘처럼 화창했다. 비행기가 날아오를 때 난 나도 모르게 옆에 있던 이재정 의원의 손을 잡고 기도해 달라고 부탁했다(그는 성공회 신부다). 우린 눈물의 기도를 올렸다.

내려오는 길에 오늘은 새끼 다람쥐 한마리가 날 위해 특별공연을 했다. 대남문 앞에서 잠시 쉬려는데 어디서 나타났는지 아기 다람쥐 한마리가 풀숲에서 튀어나오더니 내가 보는 앞에서 조그만 산열매 하나를 입에 물고 열심히 오물거리는 것이다. 그건 다람쥐의 식사가 아니라 무슨 연주를 하는 것 같았다. 날 위해 특별히 준비해 둔….

고마운 하루다.

5

오늘은 산이 나를 불렀다.

핑계로 이것저것 섞어서 들이 부었던 그 무엇이 머리와 속을 뒤집어 놓고 있는 가운데, 오늘은 산이 부르는 소리를 들었다. 비몽사몽간에 눈 들어 밖을 보니 계절을 알 수 없는 6월 중순의 비가 추적추적 내리고 있었다.

안개 속을 헤매는 것은 이상하다
Seltsam, im Nebel zu wandern!

독일 시인 하이네의 시 〈안개속에서Im Nebel〉의 한 구절이다. 물안개 자욱한 산길을 걷게 되는 기분은 참으로 이상하였다. 비안개가 마치 내川 처럼 끼어 있는 오르막길은 아득하다. 저 길을 가다 보면 바로 선계로 이어지는 것이 아닐까?

비오는 날의 북한산은 고적하다. 내려가는 이도, 올라가는 이도 없다. 평소 내 눈을 어지럽히며 앞길을 막아서던 날벌레들도 오늘은 어느 가지 밑에 그 가녀린 날개를 접고 엎드려 있는지 조용하다. 산은 깊은 적막에 쌓여 있다. 새들조차 어디에 깃들고 있는지 조용하다. 들리는 소리라곤 풀잎에 떨어지는 물방울 소리, 바람 소리, 그리고 나를 따라오는 발자국 소리.

산은 참 정직하다. 엊그제까지 가난하게 말라가던 계곡이 오늘은 소란스럽게 수다를 떨며 흘러간다. 박새교를 지나며 돌아 본 산봉우리로 계곡을 타고 올라가는 비안개가 신비하다. 내가 신선도 속의 한 풍경이 된 것 같다.

대남문으로 오르며 난간 양 옆으로 도열해 있는 나무와 풀을 본다. 떨어지는 빗방울을 그 투박한 잎새만큼이나 심상한 표정으로 받아내고 있는 상수리나무, 다른 상것들과는 종자가 다르다는 듯이 쌀쌀맞고 새초롬한 표정으로 서 있는 잣나무, 그 옆에 죽은 듯 엎어져 있는 짚신나무, 그리고 그 옆에, 참나무라고 하기엔 그 잎이 보잘 것 없고 그렇다고 풀도 나물은 더더욱 아닌 단풍나무가 드문드문 서 있다. 아기 고사리 손 같은 그 애리애리한 잎을 드리우고 힘겹게 빗방울을 받아내고 있는 단풍나무는 마치 무언가 깊은 생각에 잠겨 있는 듯하다. 무슨 생각을 하고 있을까?

내가 버리고 온 저 아래 세상은 비구름에 가려 흔적도 없다. 빗속에 굳이 대남문까지 올라 온 것은 비에 잠긴 하계를 발아래 보고자 함이었는데 아래 세상은 흔적도 없고 내가 구름 위에 떠 있다.

"나는 누구도 없이 호오이 호오이 소리쳐 불러보나 울림은 헛되이 빈 골골을 되돌아 올 뿐⋯."

안개 속을 헤매는 것은 어쨌든 이상하다.

6

월요일 아침의 북한산은 어둡고 적막했다. 요 며칠 내린 비로 계곡을 휘젓고 내려가는 물소리만 아니라면 월요일 아침의 북한산은 비에 젖은 채 어둡고 적막했다.

산을 오르는 발걸음이 무겁다. 이라크에서 이슬람 무장단체에 인질로 잡혔다는 한 한국인의 이야기가 산행 내내 내 발걸음을 휘감고 돌았다.

도대체 어떤 종류의 전쟁이 정당화될 수 있을까? 남의 침략에 맞서 우리 자신을 지키는 정당방위의 전쟁 외에, 도대체 어떤 명분과 미사여구를 동원한 들 정당화될 수 있는 전쟁이 있을까?

죽고 싶지 않다고, 살고 싶다고 외치는 그 젊은이를 위해 우리가 할 수 있는 일이 있을까? 정부는, 국방부는, 외교부는, XX는 열심히 인질 석방을 위해 다각도로 노력하고 있다는 의례적인 보도가 나오고 있지만 거기에 희망을 걸 수 있는 한국인이 과연 얼마나 될까?

아무것에도 책임지지 않는 '책임 있는 당국', 국민의 목숨 하나를 구해낼 수조차 없으면서 '이라크의 평화와 재건'을 무슨 바이블처럼 지껄여대는 정부. 무엇이 과연 진정한 애국심이고 국익인 것인가? 아무 죄 없는 선량한 이들이, 우리와 아무 상관없는 전쟁에 끼어든 정부 때문에 희생되어야 한다는 것은 도대체 무슨 말과 이론으로 설명이 가능한 것인가?

속세를 버리자고 올라온 산에서, 속세가 지워 준 무거운 짐은 발길을 짓누른다.

비봉 능선에 올랐다. 비구름에 잠겨있는 서울은 아주 다소곳하다. 저

속에 들끓고 있을 온갖 탐욕과 허위와 모략, 권력을 둘러싼 쟁투, 이런 것
이 다 비구름 속에 묻힌 듯 서울은 평화로워 보인다. 그만큼 비현실적으
로 다가온다. 모든 것이 몰려 있고, 모든 것이 독점되어 있는 곳. 몇 백 년
의 오욕과 상처, 그리고 가난, 그를 딛고 새롭게 건설되고 있는 무한대의
욕망까지 뭉게뭉게 피어나는 비구름 속에 얌전히 묻혀 있는 서울은 아무
리 봐도 현실적이지 않다.

산행을 아무래도 처음부터 다시 시작해야 할 것 같다. 많이 버렸다고
생각했는데…. 내 속에 아직도 이토록 정제되지 않은 분노가 꿈틀거리고
있음에야….

강변연가

2004년 6월 28일~7월 12일

1

고통을 피해 가려 해선 안 된다.

요 며칠 무릎이 불편해 산행을 못했다. 가고 싶어도 오를 수 없는 산이 야속하지만 이것도 다 무슨 뜻이 있을 터. 앙앙대는 대신 강변을 걷기로 했다.

한강을 따라 걷는 기분도 괜찮다. 그러나 생각은 하나로 모아지지 않는다. 그래서 옛날부터 인자요산仁者樂山, 지자요수智者樂水라 했나보다. (인자랑 지자랑 어떤 게 좋은 건진 모르겠지만….) 산속에 들어서면 생각이 쏟아지는데, 강가에 서면 생각은 바람결에 날리고 흩어져 버린다.

산에 들어서면 나무가, 강가를 거닐면 꽃이 눈에 들어온다. 산에는 수십 년, 수백 년을 버텨 온 나무들이 사방을 막아서지만 강변에는 홀씨가 되어 날아와 강둑 시멘트 사이사이에 부박한 뿌리를 박고 선 온갖 야생화들이 한들한들 가녀린 시선을 보낸다. 그들의 삶은 고작해야 한철을 넘기지 못하겠지만 강변 호안용 콘크리트 사이사이를 힘겹게 뚫고 삶의 뿌리를 내리려는 그들에게서 생명의 강인함을 새삼 느낀다.

생명의 강인함. 한철 살이 꽃과 풀에도 묻어나는 이 강인함. 그러나 왜 우리는 김선일 형제의 삶을 지켜내지 못한 것일까? 생명을 가진 것들은 다른 생명을 존중해야 한다. 새삼 산보길에서 한사코 발밑으로 기어드는 개미와 지렁이까지 피하게 되는 발길은 김선일 씨의 죽음을 대하는 우리 정부와 정치인들의 태도 때문에 더욱 교조적으로 된다.

"우리 정부가 아직 테러에 준비가 되어 있지 않으니 당분간은 국민들이 테러에 희생할 각오를 해야 한다"라고 공언하는 여당 정치인이나, "미국은 자국민이 테러에 희생됐어도 국무부에 항의전화 한 통 하지 않는다"는 외교통상부 장관의 발언. 테러 희생을 줄이기 위해 테러 방지법을 만들어야 한다는 소위 여당 중진들의 움직임과, 해외교민보호를 제대로 하기 위해서 현재의 외교부 조직과 인원으로는 어림없다는 외교부 간부들의 발언을 보면서, 왜 이 사회는, 아니 엄밀히 말하자면 정치권과 관료들은 변하지 않는가 하는 생각을 금할 수 없다. 노무현 정부가 따로 있을 필요가 있나? 하는 생각까지 든다. 이승만 시대, 박정희 시대, 전두환-노태우 시대의 사고와 태도에 한 치 변화가 없는 이들에게 과연 어떤 새로운 시대를 기대할 수 있다는 것일까?

과거에도 그랬다. 성수대교가 무너지면 빈약한 감시 인력과 장비를 탓했고, 삼풍백화점이 무너지면 관련 법규가 미비해서 그렇다는 이야기가 술술 흘러나왔다. 사고가 날수록 기구는 커지고 인원은 늘었지만 과연 우리사회는 그만큼 안전해지고, 공무원들은 충분히 책임 의식으로 무장하게 된 걸까?

　아플 땐 충분히 아파야 한다. 고통을 겪을 땐 겪어야 할 만큼 겪어야 한다. 암에 걸린 환자를 진통제 한 방, 신경안정제 몇 알로 치유할 수는 없다. 종양을 도려내야 하고, 그 아픔은 온전히 환자의 몫이다. 그 고통을 감내하지 않는 한 치유는 없다.

　김선일 씨 사건에 대한 정치권과 정부의 대응을 보면서, 이 사람들은 더 많이 깨지고 무너지지 않으면 안 되겠다는 생각을 한다. 겪어야 할 것을 제대로 겪어내지 않는 한 이 정부에 희망은 없다.

　한강변에 바람 따라 하늘거리는 야생화들을 보면서 나는 반성한다. 우리의 잘못된 언어 습관들을…. '개 같은 X', '짐승만도 못한 놈', '미물만도 못한 놈.' 이런 욕을 하지만 과연 이런 동물들이 인간에게 욕을 얻어먹어야 할 정도로 비양심적인 것일까? 책임 의식까지야 요구할 대상이 아니더라도 이들은 최소한 정직하다. 하루 일용할 양식 이상을 탐하지도 않고 자신의 안락을 위해 주변을 배신하지도 않는다. 하물며 당신은 강변에 하늘대는 한 송이 들국화만큼, 남에게 아름다운 사람이었던 적이 있는가?

　강변에 서면 확실히 감상에 젖는 것 같다. 바람에 날려 흩어지는 생각의 끄트머리들을 잡아 헤매다 보면….

2

　장맛비가 흩뿌리는 이른 아침 길을 나섰다.

짙은 비구름 아래 여전히 분주한 서울, 그 사이를 한강이 여전히 흐른다. 어제, 오늘 내린 비로 물높이가 꽤 높아졌다. 어제까지 온몸을 온통 불어오는 바람에 내맡기고 한들거리던 들꽃들이, 어떤 놈은 목만 물 밖으로 내민 채 시무룩하니 고개 숙이고 있고, 어떤 놈은 아예 익사했는지 흔적도 없다.

강은 참으로 예민하고 섬세하다. 계절에 따라 변하는 물빛을 그대 기억하는가? 봄날 북한강의 그 처연한 물빛을 기억하는 이라면 도도한 흙탕물이 우당탕탕 흘러가는 여름날의 한강은 낯설지 모른다. 은빛 고기비늘이 그토록 찬란할 까 싶은 늦여름의 영월 동강을 가슴에 품었다면, 수많은 빛살 위로 두고 온 추억들을 새삼 호주머니에서 꺼내보게 하는 가을날의 섬진강에서는 참았던 긴 한숨을 내쉬어도 좋다.

강은 참으로 다정하고 또 다감하다. 강은 다양한 표정을 간직하고 있다. 오늘 같은 날은 우물쭈물, 이리 갔다 저리 갔다. 어딘지 정처 없는 모습이다. 짙은 비구름 아래, 흩뿌리는 장맛비 아래….

강은 여성이다. 아니 따지고 보면 산도 여성이다. 모든 것을 그 안에 품고 감싸주는 모든 것은 여성女性이다. 전쟁을 중오하고 평화를 사랑하는 것도 여성이다. 생명으로 이 땅을 번성하게 하고, 상처받은 것을 감싸주는 모든 것은 여성이다.

"내겐 강같은 평화"가 절실하건만 장맛비 속에서도 열심히 지렁이를 꿰고 낚싯대를 드리우는 수많은 낚시꾼들에게 강은 노동의 강이고 생활의 강이고 혹은 도피의 강이다.

한강변에서는 이른 아침부터 많은 낚시꾼들을 만난다. 텐트 속에서 밤을 새운 이들. 어떤 이의 텐트는 이미 물에 잠겼다. 그 옆으로 삐져나온 막걸리 통이 뿌연 흙탕물 위를 맴돈다. 저들이 낚으려는 것은 과연 물고

기일 뿐일까? 아무것도 낚을 것 없는 맨 손으로 주변을 쭐레쭐레 기웃거리는 내게 눈길 한번 주는 이 아무도 없다. 저들에겐 '노동의 강' 이 내겐 '관조觀照의 강' 이어서 일까?

돌아오는 길에 빗줄기는 더욱 거세진다. 새삼 윤동주를 떠올린다.

별을 헤는 마음으로 모든 죽어가는 것을 사랑해야지.

그를 이제 이해할 것 같다. 그가 20대에 들여다보았던 삶을 이제 50에서야 이해하게 되다니….

이 미련한 목숨이라니…

3

아무도 기억하지 않는 자의 죽음 (오늘의 이 느낌, 광경들을 기억하고 싶었다).

바람이 등 뒤에서 멈췄다. 강가에서 돌아서서 일상의 도시로 향하는 내 등 뒤에서 바람은 멈추었다.

오는 바람이었을까? 아니면 가는 바람이었을까? '민들레' 를 따라 오는 바람이었을까? '민들레' 와 함께 죽어가는 바람이었을까? 집에 들어서니 태풍 민들레가 소멸되었다는 뉴스가 흘러나오고 있었다.

아까 그 바람은 가는 바람이었을까?

장마철의 한강은 난폭하다. 모든 것을 휩쓸고 지나간다. 점점 넓어지는 강폭. 잠겨가는 하릴없는 생명들, 비에 젖고 바람에 젖는 들풀들의 삶이 오늘따라 유난히 신산辛酸하다. 개망초, 토끼풀(대부분 흰 꽃이지만 아주 드물게 노랑 풀꽃들도 보인다), 그리고 내가 이름을 미처 모르는 노랑꽃(꽃은 종鐘처럼 생긴 것이 잎은 유도화oleander를 닮았다. 강이나 하천 근처에서 흔하게 볼 수 있는 것인데…)들이 비에 젖은 채 불어오는 바람에 온 몸을 내맡기고 있다.

도도히 흐르는 흙탕물 위로 깨알 같은 빗방울들이 내리 꽂힌다. 흘러가고 꽂히고, 꽂힌 채 흘러가고, 모든 것을 덮은 채 흘러간다. 아무도 기억하지 않는 자들의 죽음. 흙탕물 위로 온갖 쓰레기들이 떠내려간다. 떠밀려 감으로, 망각되어 지는 강.

한강은 오늘 '망각으로 흐르는 강' 이다.

강둑을 따라 걷다 보니 뭔가 이상하고 허전하다. 어제까지 무성했던 밭이 온통 파헤쳐져 있다. 감자며 콩이며 깻잎 등이 빽빽하게 심어져 있던 밭이 통째로 파헤쳐져 있는 것이다. 아하! 범람하는 강 속에 잠기기 전에 때 이른 수확을 한 것이다. 감자는 알이 제대로 여물기나 했을 것인지….

밀려오는 공포 앞에 처참한 대 학살이 자행된 것일까? 물에 불은 발가락이 신발 속에서 질척거린다.

4

태풍 지나간 후의 한강은 고요하다. 언제 그런 난리가 있었냐는 듯 마냥 새침하기만 하다. 그러나 물 빛깔을 보면. 지난 며칠간의 만고풍상이 그대로 어려 있는 걸? 푸르스름하기도 하고 누르스름하기도 한 여러 물

빛이 어울려 떠내려가고 있다. 마치 온 조선 팔도에서 다 떠내려 온 피난 민들끼리 얽혀서 돌아가는 장터 마당처럼….

며칠 전 마구 파헤쳐졌던 밭 근처를 지나는데 감자 비린내가 코를 찔 렀다. 감자 비린내라고 해도 될까? 한여름 뙤약볕 사이로 풍겨 나오는 풋 풋한 감자 냄새와 사뭇 다르다. 끈끈한 강바람에 업혀 흘러나오는 이 냄 새는….

물속에 질펀하게 잠겨 쓰러진 감자 대궁 무더기 사이로 뭔가 뽀오얀 속살을 드러낸 것이 눈에 띤다. 미처 챙겨가지 못한 감자 한 알이 물구덩 이 속에 묻혀 있다. 진흙 속에 빠져 가며 그 한 알을 집어 올렸다. 버려진 감자가 또 없나 두리번두리번. 또 한 알을 집어 올렸다. 대량 학살의 현장 에서 구출한 어린 생명처럼 내 손안에 충만해 있는 두 알의 감자. 온몸으 로 생명의 기운이 전달된다.

여기 저기 이미 까치들이 파먹다 버린 감자의 잔해들이 널려 있다. 그 래 너희들의 몫도 남겨 두어야지…. 흙탕물에 대충 씻은 두 알의 감자를 소중히 안고 돌아선다.

진흙탕이 된 감자밭 사이를 두리번거리다 그동안 보지 못했던 작은 들 꽃들을 보았다. 시속 6km의 속도에선 보지 못하던 것을 시속 2km의 두 리번거림 속에서는 보았던 것이다.

강변도로를 질주하는 저 80km , 100km의 인생들은 도대체 한강에서 무엇들을 보는 것인지….

오늘도 물에 분 발가락은 신발 속에서 질척거렸다.

열하일기

2004년 8월 22일

1

작열하는 알제리의 태양이 뫼르소의 권총 방아쇠를 당기게 했다지만 참을 수 없는 서울의 한여름 습기는 온 정신을 온 몸을 타고 흐르는 육수에 쏠리게 한다. 글 한 자 남길 수 없었던 지난날에 대하여 새삼 용서와 이해를 구하노라.

2

무더위, 태풍, 폭우, 그리고 때론 이것도 저것도 아닌 게으름 속에서 왕성했고 왁자지껄했던 여름이 간다.

여름은 내 젊음처럼 시끄러웠고, 우왕좌왕했고, 무모했고, 난삽하였
고, 지루하였다. 여름은 또한 그 땡볕 밑에서 부지런하였다. 생산성은 낮
았지만 열심이었고 그리고 가을을 맹신하였다. 이윽고 가을이다.

3

가을이다. 어차피 오고야 말 가을이라 믿었음에도 어처구니없이 가을이
온다. 추수할 것 적은 자들은 자신의 손을 들여다보기가 두려울 것이다.

가을의 햇살은 아직 길다. 이젠 황혼을 두려워 할 일이다.

'시사자키'를 떠나며

2005년 3월 5일

그동안 '시사자키-오늘과 내일'을 애청해 주셨던 분들께 이제 이 자리를 떠나며 감사인사를 먼저 드립니다. 시사자키를 진행하다 보면 주변 분들로 부터 가끔 그런 이야기를 듣습니다.

"시사자키 청취자들은 참 수준이 높네요."

여기서 수준이라 함이 어떤 것인지 이해하시리라 믿습니다. 사람 간의 편을 가르고 등급을 나누는 '수준'이 아니라 우리사회를 고민하고, 이해하고, 이웃의 문제를 자신의 문제로 함께 아파하고 감싸 안으려는, 그렇다고 주어진 모순에 '좋은 게 좋은 거야'라는 식으로 눈 감지도 않는, 그런 모습들을 일컫는 것이라 생각합니다.

생각해 보면 언젠가부터 제 삶은 '시사자키'와 따로 떼어놓고 말하기가 어렵게 됐습니다. 1994년 5월 16일, 지금과 같은 두 시간 방송으로 새롭게 개편해 출발할 때부터 매일 저녁 7시만 되면 저는 같은 자리에 앉아 때로는 변화무쌍한, 때로는 완고하게 변하지 않는 세상을 향해 우리 사회 많은 분들과 대화하고 논의해 왔습니다.

1987년 민주화 투쟁을 해외에서 지켜보면서, 그 이후 우리사회의 민주화 과정을 훑어보면서 저는 민주주의는 제도적인 개선만을 통해 확보되는 것은 아니라는 것을 알게 되었습니다. 물론 각종 반민주적, 반인권적 악법과 제도를 없애면서, 또 그에 이르기까지의 실천운동을 통해 많은 사람들의 생각이나 습관이 바뀌기도 했습니다만 좀 더 책임 있는 시민의식, 특히 나와 다른 남을 받아들이는 관용의 정신, 공존의 정신같은 것들은 보다 사회적으로 교육되고 훈련되어져야 할 것이라는 생각을 갖게 되었습니다.

우리 사회야 말로 많은 일들이 겹겹이 쌓여 있는, 이른바 다양한 중층적 구조로 이루어져 있습니다. 시대별로 정리되고 넘어왔어야 할 일들이 한 번도 제때 정리되지 않았기에 오늘날 우리가 과거사 청산을 두고 겪어야 하는 혼란도 큽니다. 친일이 청산되지 않고 반공으로 친일을 청산했던 과거가 결국 한 모 교수 같은 '괴물'을 우리 사회의 소위 '주류'로 둔갑시킬 수 있었을 것입니다.

오랫동안 우리 사회의 상층부를 지배해 왔던 '청산되지 않은 과거'는 결국 우리 사회의 정상적인 '소통'을 불가능하게 했습니다. '국가 보안법'으로 상징되는 비이성적 억압 도구들이 얼마나 우리 사회의 합리적이고 유의미한 '소통'을 방해하고 억압해 왔습니까. 오늘날 우리가 살아가는 사회는 이제 어느 한 개인이나 집단의 영향력으로 좌지우지될 수 있는 사회가 아닙니다. 어느 현역 육군 소장이 한국 사회에서 이제 쿠데타가 성공할 수 없는 몇 가지 이유를 말했다 해서 한때 화제가 된 적도 있습니다. 그때 그가 지적했던 중요한 이유는 한국 사회의 다양성이었습니다. 어느 누구도 오늘 우리 사회에서 일어나고 있는 복잡하고 다양한 흐름과 지향을 통제할 수 없다는 것이겠죠.

사안은 하나지만 시각은 다양합니다. 정신분석가 정혜신 박사 표현이 재미있습니다.

"내가 하면 차선 변경이지만 남이 하면 끼어들기다."

그렇습니다.

우리가 보고 이해하는 세계는 자칫하면 내가 서 있는 자리에서 보이는 것들에 국한된 것일 수 있습니다. 그래서 올바른 '소통', 즉 '상호 이해하기'가 중요합니다. 둘이 한 테이블에 앉아 이야기를 나누고 있다하더라도 서로 반대 방향을 보고 있는 두 사람의 시야에 들어오는 풍경은 다를 수밖에 없지요. 모두 저마다 다른 사람, 다른 집단들이 이리 저리 복잡하게 얽혀 만들어 가고 있는 한국이라는 공동체. 이 공동체를 이어 주는 가장 기본적인 끈은 우선 올바른 '소통'에 있다고 생각했던 것이 제가 현실정치에 뛰어 들었다가 다시 시사자키로 복귀할 수 있었던 '뻔뻔한' 힘이었습니다.

오늘부로 저는 제 삶의 한 부분이 되었던 '시사자키'를 떠납니다. 어디에서 무얼 하건, 당분간 제 삶의 주요관심사는 여전히 '상호 소통하기'에 있습니다. 이 완고한 사회에서 '소통'이 일방통행이 되지 않도록 가꾸는 것은 물론 저만의 일은 아니겠지요. 그동안 함께 하셨던 여러분들께 깊은 감사를 드립니다.

모두 건승하시길 빕니다.

선한 사람들이 선한 마음을…

2005년 3월 13일

"나는 불쌍한 사람들 보면 뒤꼭지가 땡겨서 그냥 못 가요. 요즘에도 보건소나 면사무소에 갈 때마다 도와주고 돌봐 줄 만한 사람이 있는가 살펴보지. 금방 죽을 것. 쌓아놓고 살면 뭐하나? 여태껏 살면서 나도 모르는 사이에 내 목숨 살려 주고, 도와준 사람들이 월매나 많었어."

일흔 여덟의 충북 괴산군 연풍면 신혜원 고사리에 사시는 김복순 할머니의 이야기다. 이 말은 한비야의 《바람의 딸, 우리 땅에 서다》 1999년판에 실려 있는 이야기니 6년 전의 이야기리라. 아직 김복순 할머니가 살아 계실지는 알 수 없다.

책장에 꽂혀있는 책들 중에 이것저것 꺼내 보다 한비야 님의 책을 뒤늦게 읽고 있다. 우리 땅을 발로 걸으며 만나는 산천과 사람들의 이야기를 재미있게 적고 있다. 읽던 중 특히 이 김복순 할머니의 이야기가 인상적이다. 필자의 표현대로 "어려운 시절을 온몸으로 겪어 내신 장한 문경새재 할머니. 그리고 우리의 모든 할머니들"의 모습이다.

열세 살에 친정아버지가 술김에 보낸 시집. 친정이나 시집 할 것 없이 여자를 업신여기고 차별하는 데 익숙해 있던 시대. 가난이 일상이 되었던 시대. 그 시대 한가운데를 일자 무식으로, 자신의 몸뚱이 하나 아끼지 않고 부지런히 움직여 식구들을 먹여 살리고 장애를 가진 늙은 시동생을 아직도 봉양하고 있는 할머니.

"하루도 그만 자자 작정하고 이불 속에 들어간 날 없이 그저 일하다가 고꾸라져 잤다우. 그렇게 일을 해도 먹는 날 보다 굶는 날이 더 많았지."

그 할머니가 한국전쟁 와중에 만났던 앳된 인민군 병사 이야기다.

"어느 날은 약초를 캐러 갔다가 적군 도망병 둘을 만났어. 열 일고여덟 살이나 되었을까? 나를 보더니 도망갈 생각도 않고 해칠 생각도 안하더라고. 너무나 배가 고파서 아무 힘이 없었던 거야. 나는 조금만 기다리라고 하고 얼른 집에 가서 소금주먹밥을 만들어다 국군 몰래 주었지. '부디 몸 성히 부모님 곁으로 가시게' 하니 그 인민군. 저도 울고 나도 울고 했어. 그 어린 것들이 전쟁이 뭔지나 알고 나왔겠어?'

만약 밥을 갖다 주다 걸렸으면 전시라 바로 총살을 당할 수도 있었을 텐데 하는 것이 이 대목을 읽을 때 나의 생각이었지만 할머니에겐 그런 두려움보다는 인간의 해야 할 도리가 먼저였던 것 같다.

이 할머니를 만난 한비야 님의 이야기를 들어 보자.

"할머니는 비록 일자무식이라도 사람이 어떻게 살아가야 하는지 너무나 잘 알고 계시는 듯하다. 서로 돕고 도움을 받는 것. 나는 그동안 남에게 피해를 주지도 받지도 않고 사는 것이 제일 공평하고 합리적이라고 생각했다. 그러나 여행을 다니면서 절실히 느낀다. 세상은 안 주고 안 받는, 혹은 주는 만큼만 받고 받는 만큼 주는 게 아니라 모르는 사이에 어떤 사람에게는 많이 주고 또 다른 사람에게는 많이 받는 다는 것. 그렇게 돌고 돈다는 것을."

이 글을 읽으면서 우리가 요새 겪고 있는 여러 가지 일이 떠올랐다. 전라북도 지역 청소년들 왕따 실태를 조사했던 전주 대학교 측의 보고를 보면(〈뉴스 매거진 오늘〉에서 다뤘던 내용) 공부를 잘 하는 학생들이 성적이 떨어지는 학생들 보다 더 가해자 노릇을 하고 있다는 대목이 유난히 눈에 띈다. 이 문제를 생각하다 보니 생각이 한승조나 지만원 등에 미친다.

소위 우리사회의 엘리트요 배웠다는 사람들, 또 그만큼 우리 사회에서 남보다 더 많이 누리고 덕을 보았다는 사람들이 이 땅과 이 땅의 사람들에 대해 갖는 생각과 애정이 왜 그따위인가?

위의 김복순 할머니처럼, 교육인적자원부나 여성부의 혜택은 고사하고 이날 이때껏 없는 살림 형편에도 하나라도 있으면 끝없이 이웃에 퍼주며 살아 온 민초들 앞에 서면 참으로 내가 배웠다는 사실이 부끄럽고, 내가 누리는 호강이 죄스럽다.

할머니 말이 가슴을 찌른다. 이 날 이때껏 내가 잘나 여기까지 온 줄 알았는데 "나도 모르는 사이에 내 목숨 살려주고 도와 준 사람들이 월매나 많았겠"는가? 선한 사람들이 선한 마음을 내어 살면 복 받고 잘 살 수 있다는 동화 아닌 동화를 현실로 믿게 만드는 사회. 그런 사회를 만드는 데 여러분과 함께 하고 싶다.

감자꽃 당신

2005년 6월 4일

1

오늘 방송 중 우는 사고(?)가 났다.

방송을 해 온지 10여년이 지났지만 방송 중에 울어 본 건 처음이라 무척 당황했다. 가정의 달 특집방송 중에 한 청취자 사연을 읽던 중에 일어난 일이었다.

사연은 60대가 넘어 아파트 경비로 나선 아버지에 대한 이야기였다.

젊은 시절 멋진 양복에 반짝이는 구두로 유난히 멋을 부리던 아버님이 나이가 들어 경비 일을 하시면서 번 돈으로 자식과 손주들에게 또 다시 뭔가를 가져다 주셨다는 이야기다.

"내가 봄철 소띠라 이렇게 일복을 타고 났다 보다"라고 말씀하시는 아버지에게 이젠 닦아 드리고 싶어도 닦을 구두가 없다는 아들의 이야기가 콧날을 찡하게 하는가 싶더니 갑자기 목이 메여 한마디도 할 수 없게 되었다.

생방송 중이라 뭔가 말을 이어 가야 하는데 목이 메여 주책없이 무슨 눈물이 그렇게 흐르는지….

참으로 황당한 시간이었다.

나에겐 이제 편지를 보낼, 전화도 드릴 부모님이 안 계시지만 돌이켜 보면 이 땅의 아버지들은 참으로 험난한 계절을 살았다. 지금 1960~1970년대만 해도 식민지 시대와 전쟁의 혼란기, 전후 건설기를 살면서 살아남기 위해 악착같이 앞만 보고 달려왔다. 또 세계적으로도 악명이 높았던 장시간 노동으로 오늘의 경제적 풍요를 일구었다. 이들은 미처 자신의 노후를 걱정하거나 준비할 시간도 없었지만, 막상 노년이 되자 내팽개쳐졌다. 국민연금 같은 사회 보험도 이들에겐 낯선 이야기일 뿐이다.

이들은 부모님이 자신에게 해 준 것이 있든 없든, 부모 봉양을 자식 된 의무이자 도리로 당연히 생각하고 살아 온 이들이다. 그러나 그들의 자식들은 이제 점차 노인 봉양은 사회나 국가가 책임을 져야 한다고 생각하게 되었고, 점점 더 늘어가는 자기 자식들의 사교육비 걱정에 자신의 부모님에 대한 관심은 소홀해지고 있다.

2

어젠 오래간만에 한강변을 걸었다. 시간만 나면 걷기를 즐기는데 특히 원효대교 아래에서 시작해 성산대교까지 걷는 구간이 좋다.

국회 부근에 이르면 꽤 넓은 감자밭이 나온다. 한강 둔치의 일정한 공간에 심은 감자밭인데 어제 보니 그새 감자꽃이 피어 있었다. 보라색의 조그만 꽃잎이 땡볕 아래서 수줍게 고개를 숙이고 있었다.

아! 그렇게 많은 감자를 지금껏 먹어 왔지만 그 감자의 꽃을 보긴 처음이었다. 도종환 시인의 〈접시꽃 당신〉도 있고 수많은 시인들이 꽃을 노래했지만 아직 '감자꽃 당신' 같은 시는 읽지 못했다.

땅 속에서는 감자가 커 가고 있을 텐데, 그 열매를 키워내는 수고를 감자꽃은 수줍은 미소로 감추고 있었다. 갑자기 이 땅의 아버지 얼굴들 위로 그 감자꽃이 겹쳐진다.

이 땅의 수고하고 외로운 아버지들이여! 그대들을 '감자꽃 같은 당신'으로 부르고 싶다.

김치 단상

2005년 10월 3일

요새 중국산 김치에 납이 들어있다 하여 비상이 걸렸다. 외식을 자주 하는 편인 나도 식사 시간이 되면 자연히 식당에서 내놓는 김치에 신경이 쓰인다. 그래서 어느 날은 식당 종업원에게 물어봤다.

"이거 중국산 김치예요?"

"잘 모르겠는데요…."

체인점 형태로 운영되는 부대찌개 집이니 종업원으로서는 김치 재료까지 알 필요는 없을지 모르겠다. 그러나 남는 찝찝함이란….

다음날 점심, 강원도 출신 젊은 부부가 하는 방송국 근처 식당에 갔다. 주인 남자의 어머니가 강원도에서 직접 만들어 보낸다는 청국장이 일품이어서 자주 찾는 집이다. 식당이래야 주방 포함해서 서너 평 될까 말까 한 곳이지만 조미료를 쓰지 않고 안주인의 손맛을 담아내는 음식 솜씨가 믿을만한 곳이다. 그 집 김치 역시 정갈하다. 그 집 안주인의 솜씨가 배어 있는 김치려니 생각하면서도 입이 근질거려 참을 수 없었다.

"이 집 김치는 직접 만드시는 거지요…?"

새삼 묻는 것이 미안해서 조심스럽게 물었다.

"네, 저흰 직접 만들어 써요."

짧은 대답이 남자 주인으로 부터 돌아온다. 남의 진심을 의심한 속마음을 들킨 것 같아서 얼른 말하고 나왔다.

"그럼 밖에다 써 붙이세요. 우린 중국 김치 안 쓴다고…."

생각해 보면 우리는 참 진정한 것에 목말라 있다.

오죽하면 '정말 진짜 순 우리 참기름' 이란 말까지 나왔을까?

천연미인 보다는 성형미인이 더 각광받고, 상품 내용물보다 포장과 디자인이 사람들의 눈길을 끄는 시대에 살수록 더욱 참되고 진정한 것에 대한 갈증이 커지는 것 같다.

그런 점에서 매일 방송을 통해 이 시대의 진정성을 보여 주는 사람들을 만나는 나는 참 행복한 사람이다.

어느 날 밤송이를 집어 올리다가 가시에 찔렸던 《연탄길》 작가 이철환 씨는 가시에 찔린 아픔을 느끼면서 그 순간 이렇게 느꼈단다.

"나도 지금껏 세상을 살아오면서 이렇게 가시가 되어 남을 아프게 한 적이 얼마나 많았을까?"

고등학교 1학년을 중퇴한 후, 맛있는 빵 만들기에 인생을 걸었던 〈김영모 제과점〉의 김영모 사장은 초등학교 동창회에서 현역 검사로 있는 한 동창을 만났다. 좋은 학교를 나오고 고시를 패스한 그 동창이 자신을 무시하는 것 같은 태도와 발언을 계속하자 이렇게 말했단다.

"너, 빵에 대해서 알아? 빵에 대해서 나만큼 알아?"

'바람의 딸'로 지구촌 곳곳을 누비던 한비야 씨는 국제구호단체인 월드비전의 긴급구호팀장으로 일하면서 빈곤과 기아가 넘쳐나는 세계 곳곳의 분쟁 지구를 열심히 뛰어 다니고 있다.

"자신의 재능을 자기 자신만을 위해 쓰면 무슨 의미가 있겠어요?"

이런 그녀의 말은 전우익 선생의 책 제목을 떠오르게 한다.

《혼자만 잘 살면 무슨 재민겨》

나도 누군가에게 진정함으로 남을 수 있다면 좋겠다.

세상에서 가장 긴 여행길

2006년 1월 8일

세상에서 가장 긴 여행길이 머리에서 가슴까지의 여행이라지 않는가. 머리로야 누구나 알고 있어도 그게 가슴으로까지 내려오기란 그렇게 어렵다는 얘기다. 그러나 그것이 다시 손발로 까지 내려와 행동으로 옮겨지기는 더 어려운 일이다.

– 황안나 님 지은 《내 나이가 어때서》(샨티 출판사), 79쪽에서

새해부터 이런 저런 일들로 여전히 우리 사회는 어수선하고 시끄럽다. 그래도 옛날을 돌아보면 숱한 파란 속에서도 우리 사회는 꾸준히 앞으로 전진해왔다. 그것은 보이는 곳에서, 또는 보이지 않는 곳에서 자신을 헌신한 많은 이들의 노력 때문이라고 생각한다.

몰라서 행하지 못하는 일은 많지 않다. 누구 말대로 "우리가 알아야 할 것은 이미 유치원에서 다 배웠"다. 작은 실천이 중요한 때다.

새해에는 불평하기 보다는, 남을 비판하기 보다는, 나 하나의 작은 실천을 더 소중히 가꿔 나가야겠다.

올해 화두로 삼기로 한 성경 구절을 여러분과 함께 나누고 싶다.

여러분은 서로 남의 짐을 져 주십히오. 그렇게 하면 여러분이 그리스도의 법을 성취하실 것입니다. 어떤 사람이 아무것도 아니면서 무엇이 된 것처럼 생각하면, 그는 자기를 속이는 것입니다. 각 사람은 자기 일을 살펴보십시오. 그러면 자기에게는 자랑거리가 있더라도, 남에게까지 자랑할 것은 없을 것입니다. 사람은 각각 자기 몫의 짐을 져야 합니다.

– 갈라디아서 6장 2-5절

PART 4

내가 만난 정범구

내가 보는 정범구

김민웅 (성공회대 사회과학 대학원 교수)

정범구.

그는 누가 보아도 명쾌하다.

그러나 이보다 더 우리의 마음을 끄는 것은 그의 인간에 대한 진솔한 애정이다.

그의 빈틈없는 듯하면서도 낭만적인 목소리와 거침없이 환한 얼굴 표정, 그리고 아무나 하기 어려운, 소탈함과 세련됨이 동시에 섞인 몸짓에서 우린 그걸 확인한다.

그의 우아한 매력이다.

정범구.

그는 분명하면서도 냉정하지 않다. 그와 동시에 따뜻하면서도 원칙에 충실한 관점을 잃지 않는다. 그건 이 시대에 그 어느 때보다도 무척이나 필요한 능력과 덕이다.

가장 중요한 것은 인간에 대한 신뢰라고 믿는 그에게서 나는 세상을 바꿔 나가는 근본적인 성찰의 힘을 본다. 따지고 보면 우린 그간 얼마나 그럴싸한 주장에 속아 왔는가? 아니 더 곰곰히 살펴보면 그건 인간에게 속아온 것이다. 주장은 때로 틀릴 수 있고 오판할 수 있으며 실수할 수도 있다. 이 모든 것을 새롭게 복원시키면서 힘을 모으는 것은 결국 사람 그 자체에서 뿜어져 나오는 기운이다.

정범구.

그는 이 기운의 명료함과 투명함을 지니고 있다. 그리고 그건 몸의 온도를 품고 있다. 그래서 나는 그로부터 단지 한 사람의 정치인 정범구를 넘어 속 깊은 인간 정범구를 본다.

그건 정치인으로서도 그에게 큰 강점이 된다. 사람들은 그를 마음 놓고 사랑할 수 있기 때문이다.

나는 그의 육성을 직접 듣기 전에, 그와 얼굴을 마주하며 만나기 전에, 이미 그를 알고 있었다.

나의 오랜 외국 생활(미국) 가운데 유럽에서 이 나라의 앞날을 위해 진력하는 젊은 지식인이 있음을 그와 나의 공통의 지인知人을 통해 전해 듣고 언젠가 만나게 되리라 예상하고 있었다.

20년이 가까운 옛일이다.

더욱이 그 지인을 우리 두 사람은 모두 존경했으니 그에 대한 기대는 다를 수밖에 없었다. 그리고 그 기대는 기대 이상의 현실이 되었다.

정치를 관조하는 평론가로 머물러 있던 그가 막상 정치에 발을 내디뎠을 때 나는 그가 상처받고 힘겨워 하지 않을까 걱정했다.

그를 아꼈기 때문이었다.

한 명의 뜻 높은 지식인이 정치의 장에서 이상과 희망으로 세상을 일구어내려다가 정치의 거친 폭풍에 휩쓸려버리지 않을까 우려했다.

하지만 나의 걱정과 우려는 그를 미처 잘 알지 못했기 때문에 생긴 나만의 조바심에 불과했다.

정범구는

적절한 순간에 결단할 줄 알았고, 원칙을 지키기 위해 용맹했으며, 이른바 대세 앞에서 정치적 생존을 위해 이상을 꺾고 무릎을 굽히지 않았다.

그걸로 그는 자신의 가치를 스스로 훌륭하게 입증했다. 이건 아니다 하면 바로 아니다 할 줄 알고 이거는 옳다 하면 그 옳음을 위해 나설 줄 아는 용기를 그는 가지고 있다.

그래서 정범구는 우리에게 소중한 자산이다.

그 자산은 시간이 지날수록 불어나는 힘을 가지고 있다.

그 정범구가

이제 다시 정치의 장으로 몸을 던지려 한다. 자유인으로서의 기질이 훨씬 더 농후한 그가 그런 결심을 하기까지 겪어낸 개인적 고뇌가 느껴진다.

그러나 나는 확신한다.

그의 그러한 고뇌가 우리에게는 이 나라 정치의 미래에 뜨거운 희망이 되어 돌아와 줄 것임을 굳게 믿는다.

부디, 그가

이 시대의 아파하는 이들에게 힘이 되고 기쁨이 되며 능력이 되는
그런 축복을 받기를 진심으로 기원한다.
그건 정범구, 그의 개인적인 감격만이 아니라 이 시대를 그와 함께 사
는 우리 모두의 감사가 되리라.
그와 어느새 벗이 되는 즐거움을 누리게 된 것이 사뭇 유쾌하기 짝이
없다.

정범구.
그는 실로 그를 알게 되는 이들 모두에게 그런 흥겨움을 선사하는 놀
라운 사람이다.
참으로 고마운 일이다.

논리적인 동시에 감성이 풍부한
모순된 인간

서명숙 (전 시사저널 편집장)

홈페이지를 새로 단장한다면서 글을 써달라기에 그러자고 해놓고 날이 갈수록 곤혹스러웠다. 컴퓨터 앞에서 끙끙거리면서 한 줄도 못 쓰기를 여러 날. 왕년의 의리 때문에 끝까지 거절하지 못한 것을 무척이나 후회했다.

정치인의 홈페이지에 쓰는 글이라면 으레 덕담이나 격려성 메시지를 담아야 할 텐데 그럴 수 없었다. 아니, 그렇게 하고 싶지 않았다. 털어놓자면, 나는 그의 여의도행을 반기지 않았다. 또 괜찮은 사람이 하나 망가지겠군, 아니면 스스로 치이든가. 그는 망가지지는 않았지만 정치 현실에 치였다. 그가 정치를 중단하자 난 맘속으로 '야호' 환호성을 질렀다. 이제 정범구답게 살겠군, 생각하면서.

그런 그가 다시 정치를 한다니 내가 어찌 흔쾌하게, 선선하게 응원가

를 불러 줄 수 있겠는가. 내 생각을 얼추 다 짐작하면서도 굳이 글을 부탁
해 화를 스스로 불러들였으니 내가 책임질 일은 아니다.

내가 만난 최고의 시사프로그램 진행자

그의 지인들이 대개 그렇겠지만 정치인이 아닌 방송 진행자로서 그를
처음 알게 되었다. 대통령선거가 있던 해인 1997년 여름께(기억이 정확하
진 않다)였다. 당시 그는 기독교방송의 간판 시사프로그램인 '시사자키'
의 진행자로 맹활약하고 있었다. '시사자키' 없는 기독교방송이 '앙꼬
없는 찐빵'이라면, 정범구 없는 시사자키는 '팥이 들어가지 않는 앙꼬'
나 다름없었다. 그는 타고난 방송 감각과 갈고닦은 균형 감각으로 그 분
야에서 독보적인 존재감을 확보하고 있었다.

청취자의 한 사람으로서 그의 프로그램을 가끔(고백컨대 가끔이다. 난
무슨 프로그램이든 날마다 듣는 충성스러운 팬이 못 되는 사람이다) 듣고 있었
는데, 뜻밖에도 출연 제의가 들어왔다. 일주일에 한 번 시사주간지가 발
행된 날에 '주간지 리뷰'를 해달라는 것이었다.

글과 말은 전적으로 다른 영역이라는 신념(?) 아래 텔레비전이든 라디
오든 절대로 출연하지 않던(사실은 워낙 성격이 급한데다 마이크만 들이대면
바짝 얼어붙는 촌스러움을 극복하지 못했기 때문이었지만) 나였다. 그런 내가
일회성도 아닌 고정 출연을 하기로 결정한 건 당시 내가 다니던 시사주
간지 〈시사저널〉을 홍보하려는 야심(!) 때문이었다. 돈 안 들이고 매체
광고를 하는 효과를 거둘 수 있으니까.

목소리로만 접하다가 만난 정범구 박사는 얼굴은 더 멋있었다. 첫 대
면에서 '가방끈 길어, 목소리 좋아. 게다가 잘생기기까지. 하느님이 너

무 편애하는 거 아닌가' 하는 질투심을 느꼈다. 만나는 횟수가 거듭될수록 하느님에 대한 불만은 더 높아갔다. 이 남자는 심지어 매너까지 '짱' 아닌가. 이렇게 완벽해도 되는 겁니까, 하느님.

그러나 정작 내가 호감을 느낀 건 그의 얼굴도 목소리도 아니었다. 대학을 졸업하면서 '절대로 앞으로 학교 따위는 다니지 않겠다' 고 결심한 터라 나는 석사나 박사 학위를 딴 사람들을 별로 존경하지 않는다. 좀 더 솔직하게 말하면 '참 무던한 사람이군. 그 재미없는 과정을 꾸역꾸역 이수했단 말이지' 하는, 은근히 경멸하는 편이다. 박사 학위 논문 주제라는 게 대부분 보통 사람은 절대로 관심을 두지 않을, 고리타분하고 시시콜콜한 문제 아니던가. 그러니 르네상스적인 인간형, 보편적 교양인과는 점점 거리가 멀어지기 십상이다.

그러나 정범구 박사는 달랐다. 그는 깐깐하기로 소문난 독일 대학에서 긴긴 세월 제대로 공부해 학위를 딴 사람이지만, 이른바 '박사 티' 를 내지 않았다. 그뿐인가. 그는 '증서' 가 아닌 실력과 몸빵(?)으로 '프리랜서' 직업 중에서도 생존 경쟁이 가장 치열하다는 방송가에서, 메이저 방송도 아닌 마이너 방송을 통해 살아남았고 고수가 되었다. 세상을 뒤흔든 신 아무개 교수 사건을 지켜보면서 '증이 있었으되 실력만으로 생존한' 정 모씨를 잠시 떠올렸었다.

박사인 동시에 제너럴리스트(보편적 교양인)인 그는 논리적인 동시에 감성이 풍부한 '모순된' 사람이었다. 내가 다녔던 고려 대학 식 버전으로 말하면 '지성과 야성' 을 동시 패션으로 장착한 인간이라고나 할까. 매우 냉정하고 객관적으로 논리를 전개하는데도 그의 언어와 태도는 예술가의 그것이었다.

내가 가장 좋아한 대목은 그가 '미국 박사' 가 아닌 '독일 박사' 라는 사실이었다. 우리나라 박사의 태반이 다 미국이나 미국의 영향 아래 있는 나라에서 공부를 마치고 온 이들이다. 그래서 논리 전개나 사고방식, 취향까지 대동소이, 천편일률이다. 우리 사회에서 학문적 다양성이 실종되고 논의의 개방성이 부족한 데에는 여러 역사적 배경이 있지만, 미국 유학파들만 득시글대는 사회 풍토에도 기인한다는 게 내 생각이다. 나는 정 박사와 반년 쯤 프로그램을 진행하는 동안 그의 독특하고도 신선한 발상법과 사고방식에 여러 번 감탄했다. 여성을 향한 열린 시선, 계층적ㆍ사회적ㆍ성적 소외를 바라보는 그의 통찰력과 깊은 관심, 일상적 파시즘에 대한 뿌리 깊은 저항감과 분노….

나는 그가 천박한 미국식 사고방식이 판치는 방송가와 지식인 담론 시장에서 유니크하고 신선한 충격을 주는 논객이자 진행자로 계속 남아 주기를 바랐다. 자유노동자로서 고달프지만 '무소의 뿔처럼' 자유롭게 살기를 진심으로 원했다. 그는 정혜신(정신과 전문의)의 해석에 따르자면 '남자 서명숙'이므로.

그런데, 그런 그가 정치를 한다니 안쓰럽고 슬펐다. 자유인의 피를 타고난 주제에 조직 생활을 어떻게 견디려고, '쪽 팔리는 짓'은 절대 못하는 위인이 쪽 팔리는 짓을 일삼아 해야 하는 정치판에서 어떻게 배겨나려나 싶어서. 아니나 다를까. 그가 못 견디고 못 배겨서 스스로 정치판을 떠나는 걸 멀리서 지켜보면서 '그럼 그렇지' 하며 속으로 고소해했다.

요즈음 그와 긴 이야기를 나누지 못해서 그가 왜 그 정치판으로 다시 돌아가는지 상세하게 알지 못한다. 그저 미루어 짐작할 뿐이다. 과거의 정치판도 견디기 힘들었지만, 지금의 정치판 돌아가는 꼴을 그냥 봐 넘기기는 더 힘든가 보다.

정혜신의 분석에 따르면 정범구 박사와 비슷한 과科인 나는 요즈음 노는 게 직업이고, 걷고 여행 다니는 게 일상이다. 공교롭게도 정 박사가 내게 전화를 걸어온 날이면 나는 늘 제주도에 있거나 무슨 산에 올라와 있거나 하는 식이다. 그럴 때마다 정 박사는 비명을 지른다.

"아, 정말 누구 약 올리는 거예요? 부럽다, 부러워."

나는 나를 부러워하면서 '국가와 민족'을 걱정하느라 적성에도 안 맞는 정치판으로 되돌아간 그가 진심으로 불쌍하기 짝이 없다. 그러니 덕담이 나올 리 만무하다. 모쪼록 그가 조금이라도 마음고생을 덜하게, 정치판이 제대로 돌아가길 바랄 수밖에.

한국 정치판의 황무지에서

손석춘 (새로운 사회를 여는 연구원장)

정범구.

내게 그는 '멋있는 사람' 이다. 처음 만난 곳은 방송사였다. 기독교방송의 간판 프로인 '시사자키' 에서 만났다. 깔끔한 진행으로 이미 정평이 나있던 터였다. 그럼에도 불구하고 권위의식은 전혀 묻어나지 않았다. 더불어 술잔을 나눌 때도 변함이 없다. 건네는 술잔엔 정감이 듬뿍 담겨 있다. 내가 아는 정범구는 따뜻한 휴머니스트다. 사람에 대한 예의가 무엇인지 정확히 알고 실천하는 사람이다.

그가 정치인이 되겠다고 했을 때 찬성해야 할지 반대해야 할지 판단이 서지 않았다. 정계로 가서 할 일이 커 보였지만, 정계로 가지 않아도 할 일은 많아 보였기 때문이다. 한국 방송계에 그만한 진행자를 찾기란 쉬운 일이 아니다. 그가 진보정당으로 정계에 입문하기를 은근히 기대해서였는지도 모르겠다.

민주당 국회의원 정범구는 불출마선언으로 그에 대한 나의 믿음을 지켰다.

"범죄 구조에 부역할 수 없어 출마하지 않겠다."

정범구 다운 말이다. 그로부터 3년이 흘렀다. 올해 4월 19일 그는 "새로운 정치 틀을 만드는 주춧돌을 놓겠다"고 나섰다. 정치 재개 선언이다. 방송 진행자로서 다시 자리잡아가고 있던 터에 또 다른 전환이다. 그 또한 정범구 답다.

그랬다. 정범구는 편안하게 살 수 있는 길을 언제나 거부해 왔다. 내가 그를 멋있는 사람이라 한 까닭이다. 지천명을 넘었지만 정범구의 큰 눈은 끝없는 실험 정신과 열정으로 아직도 청년처럼 반짝인다. 한국 정치판의 황무지에서 진보 정치가 활짝 꽃피길 기대한다.

우리가 기다리던 그런 사람

오창익 (인권운동가)

저런 사람이 정치를 해야 할 텐데 하는 생각이 현실이 되었다. 정범구 박사가 다시 바람 부는 들판에 나선 것이다. 저명한 방송 진행자로 적당한 훈수만 두어도 그만이었을 거다. 마음 한 구석에는 저런 사람이 정치를 해야 한다면서도, 저런 사람이 거친 정치판에서 상처를 입으면 어떻게 하나 싶은 생각도 함께 든다.

그는 왜 스스로 이 무거운 짐을 다시 지려고 할까.

언젠가 정범구 박사와 함께 한 시국사범의 면회를 갔었다. 구치소도 사람이 많이 모이는 곳이지만, 이곳에는 사람 많은 곳에서 볼 수 있는 흔한 활기 같은 것을 찾아볼 수 없다. 갇힌 사람뿐만 아니라 면회 온 사람마저 주눅이 들게 하는 곳이 바로 구금시설이다. 가족이나 친지가 옥에 갇혀 있으니 마음 편할리 없고, 10분밖에 되지 않는 짧은 면회 시간을 위해 한참을 기다려야 하는 사람들의 표정은 늘 어둡다. 면회 온 사람마저 죄인이 된 것 같은 분위기다.

면회를 마치고 나오는데 정 박사가 묻지도 않은 말을 한다. 면회를 기다리는 내내 그저 평범한 잡범이 아니라 시국사범을 만나러 왔다는 주문을 스스로에게 했단다. 그러니까 나는 저 어두운 표정의 면회객들과는 다른 '무언가'였다고 생각했단다.

사실이다. 인권운동을 한다는 나도 사실 정 박사와 같은 생각을 자주 했었다. 나는 저들과 다르다. 나는 당당하다. 끊임없이 스스로를 위로하는 나를 나 자신도 어쩔 수 없다. 그저 속으로만 부끄러워할 뿐이다.

정 박사는 달랐다. 그 부끄러운 자기 위로를 내 앞에서 털어놓는 것이 아닌가. 굳이 말하지 않아도 될 것인데. 지식인으로서 언제나 민중과 하나 되어야 한다고 했지만 어느새 스스로를 기만하는 자신을 보게 되니 부끄럽단다. 부끄러운 것은 마찬가지였지만 그는 한참이나 나이 어린 후배인 내게 부끄러움을 고백했고, 나는 그러지 않았다.

정 박사는 이런 사람이다. 맑고 거짓이 없다. 그리고 용기도 있다. 그 용기가 당장에 손해가 되는 일은 또 얼마나 많을까. 정치판의 주류가 그렇게 하듯이 원칙도 관점도 최소한의 애국심이나 국민을 두려워하는 마음도 없이 이리저리 몰려다니는 모습을 그에게선 찾아볼 수 없다.

그렇다고 무슨 수도사처럼 혼자서만 버티고 있는 것도 아니다. 그의 주변에는 선의로 모인 사람들이 많다. 마음으로 그를 사랑하는 사람들은 더 많다. 스스로 지닌 자원도 많다. 얼굴이 좋고 언변도 좋으며 패션 감각이나 다른 사람에 대한 배려 같은 것은 따라올 사람이 없을 정도로 탁월하다. 민주화운동에 헌신했던 경력이며, 독일에서 제대로 공부한 정치학박사로서의 실력도 만만한 것은 아니다.

그런데도 그는 스스로 지닌 자원과 주변의 사람들이 모아 주는 힘을 자신이 아닌 다른 곳에 쓰기 위해 애쓰고 있다. 정책 있는 정치, 약자를 살피는 정치, 제대로 앞으로 나가는 정치가 바로 그가 힘쓰고자 하는 것들이다. 자신의 값싼 능력을 오로지 자신만을 위해 쓰는 천박한 시장 만능의 세태나, 오로지 자신의 당선만이 지상 과제인 현실의 정치판에서 그는 확실히 다른 모습으로 서 있다.

그가 정치를 했으면 하는 까닭이 여기에 있다. 그는 확실히 기성 정치인들과는 다른 정치인이다. 우리가 기다리던 바로 그런 사람이다. 현실 정치와 한참의 거리를 두고 서 있는 나 같은 인권운동가가 현실에 몸담은 한 정치인을 지지하는 글을 쓰도록 만든, 확실히 다른 무언가를 지니고 있는 사람. 그가 바로 정범구 박사다.

내가 본 정범구

이금희 (방송인)

처음 만났을 때, 적잖이 놀랐습니다. 시사평론을 하는 정치학 박사라면 두꺼운 뿔테 안경에 까칠한 말투일 거라고 생각했으니까요. 그런데 크고 깊은 눈에 호감 가는 외모, 울림 있는 나지막한 목소리라니.

이야기를 나누며 다시 한 번 놀랐습니다. 막힘 없는 화술이야 그렇다 쳐도 새로 나온 책이나 극장가를 뜨겁게 달구는 영화, 소문난 공연이나가 보고픈 전시회까지 두루 섭렵하고 있다니. 이후 자연스럽게 말이 통하는 선배 몇 분과 모임을 만들게 되었습니다. 몇 년 후, 현실 정치에 뛰어들겠다고 하셨을 때 염려스러웠습니다.

낭만적이고 자유로운 분이 권위적이고 냉혹한 곳에서 어떻게 버틸까 싶어서요. 하지만 그 곳에서도 역시 자신만의 스타일로 부드럽고 여유롭게 잘 해 나가시더군요.

또 몇 년 후에는 사람들의 예상과 달리 정계에서 나오겠노라 선언하셨지요. 그러고는 훌쩍 떠나 지중해에서 몇 개월, 무주 깊은 산골에서 또 몇 개월을 보내고 오셨습니다.

돌아온 모습을 보며 알 수 있었습니다.

세상과 떨어진 그 곳에서 세상 속 자신의 모습과 치열하게 싸웠다는 것을.

또한 믿을 수 있었습니다.

언제 어디에서든 있어야 할 자리를 신중히 찾아가고 거기에서 해야 할 몫을 열정적으로 다 해낼 분이라는 것을.

이제는 놀라지 않습니다.

기나긴 자신과의 싸움 끝에 마침내 도달한 그 곳에서 새로운 길을 열어 나갈 것을 알고 있기 때문입니다.

그리고 그 길은 혼자만을 위한 길, 혼자서만 가는 길이 아니라는 것을 믿기 때문입니다.

나를 안고 너를 품는 일.

멋을 알고 맛을 내는 일.

웃음이 있고 눈물을 거두는 그 일을 해 주실 것을 믿어 의심치 않기 때문입니다.

디디파와 세좀파

이수호 (민주노총 전 위원장)

유머는 찌는 여름날 느릅나무 잔가지를 흔들며 불어오는 시원한 바람이다. 뜨거워진 우리의 몸과 마음을 식혀 준다.

유머는 다락방에서 밤에 혼자 듣는 빗소리다. 우리의 입가에 잔잔한 미소가 피어나게 하고, 조용히 성찰의 문을 열게 한다. 유머가 없는 세상은 너무 삭막하다. 유머야말로 한 인간의 성숙도를 재는 자이다. 그래서 임어당은 유머를 모르는 인간은 상종하기도 힘들다고 했던가.

누구에게나 유머는 필요하지만 많은 사람을 상대하면서 많은 말을 해야 하는 정치인에게는 병사가 들고 있는 무기만큼이나 중요하다. 정치의 전당인 우리나라 국회를 보면 숨이 꽉 막힐 때가 한두 번이 아니다. 여와 야가 있고, 때로는 의견 차이가 있는 것은 오히려 당연한 일이다. 그런데 그것을 토론을 통해 풀어가는 모습을 보면 답답함과 안타까움을 넘어 짜증과 화가 난다.

자기 생각과 좀 다르다고 얘기도 끝나기 전에 큰 소리로 윽박지르는 것은 자주 있는 일이다. 괴성을 지른다거나 천박한 야유를 보내며 자기가 장한 일이라도 한 것처럼 으스대는 것을 보면 이것이 우리나라 최고 정치인들인가 싶어 울화가 치민다.

멋쟁이 정치인 정범구는 다르다.

그의 재기 넘치는 유머는 우리를 너무도 즐겁고 평안하게 한다.

언젠가 더 멋진, 새로운 세상을 꿈꾸는 우리는 '아사마루' 란 이름으로 모임을 가지면서 가끔 만나곤 했는데, 그때 일어난 일이다.

임경업과 임꺽정의 후손임을 자처하는 소신파 임종인 의원이 무슨 일로 정범구의 대담을 촉구하며 '디립다 들이대는' 상황이 발생했다. 그 기세에 밀리는 듯하던 정범구가 그 잘생긴 얼굴에 환한 웃음을 띄우며 "어휴, 디디파 무서워서 뭔 일 하겠어요?" 하며 살짝 비켜 앉는 것이었다.

디디파?

두 분의 심각한 얘기에 긴장해 있던 분위기가 갑자기 가벼워졌다. 그리고 디디파가 '디립다 들이대는' 임종인의 장수다움을 빗댄 유머임을 알고는 모두는 갑자기 홍겨워졌다. 그 심각하던 문제도 잘 정리되었음은 말할 것도 없다.

모임을 끝내고 모두 허둥지둥 돌아가는 모습을 바라보던 정범구가 예의 그 여유의 웃음을 웃으며 한 마디를 날렸다.

"바쁜 분들은 가시고 세좀파는 남으세요. 내가 멋진 곳을 안내하리다."

우리는 또 어리둥절하고 있는데, 예측했다는 듯 말을 이었다.

"세월이 좀 먹나요? 이왕 나왔으면 좀 여유 있게 놀다 갑시다."

결국 나는 유쾌한 마음으로 정범구를 두목으로 하는 세좀파의 일원이 되었다.

정범구, 그와 함께 있으면 언제나 이렇게 즐겁다.

말을 맛깔스럽게 하는 만큼 음식도 찾아다니며 먹을 줄 아는 그는 정말 멋쟁이다. 맛있는 자장면 한 그릇을 먹기 위해 청파동 골목길을 헤매던 일은 아름다운 추억이 되었다.

스스로 여문연 (여러 가지 문제 연구소) 소장임을 자처하는 그는 정말 박학다식하다. 그러면서도 겸손하고 여유와 유머가 넘친다.

지금의 아수라장 국회, 개판의 정치판을 보며 정범구가 다시 그립다. 정치는 정말 꼭 해야 할 분들이 해야 할 것 같다. 요즘 정치와 같은 이 탁류가 씻겨 나가고 맑은 새 물이 흘렀으면 좋겠다.

그 삭막한 국회의사당에서 정범구의 멋진 정치 유머를 듣는 날이 하루 빨리 오기를 기다려 본다.

기도하는 정치를…

이장호 (영화감독, 전주대학교 교수)

사람이 정치를 하고 사람이 경제를 만들고 사람이 문화를 이루어내고 그래서 사람이 주체적으로 역사를 만들어 낸다고 생각했던 시절에 나는 정범구 박사를 만났다. 나에겐 없었던 단정한 모습, 깔끔한 자세와 태도, 알 파치노보다 잘 생긴 얼굴, 무엇보다 국제정치에 대한 해박한 이해와 지식에 대해 속으로 감탄하지 않을 수 없었다. 이례적으로 나는 처음 만난 사람에 대한 경계를 100% 무장해제하고 그에 대한 최대의 호감을 표시했던 기억이 있다.

첫인상이 그렇게 상쾌하고 좋았다.

함께 방송을 하는 동안 그에게 잠재해 있는 엄청난 매력을 감지할 수 있었다. 그는 당시 어느 대기업의 경제연구소에 적을 두고 있었는데 그의 자유로운 성품과 그 그릇으로 보아 연구소에 묶여 있기에는 아깝다는 생각이 들었다. 좀더 넓은 물, 더 넓은 바다가 필요한 사람이었다.

마침내 그는 좋은 기회를 만나 연구소를 나왔고, 어디에도 속하지 않은 자유로운 방송인으로 빛을 발휘하기 시작했다. 당연히 그 능력은 우리 사회에서 인정을 받아 지지난 대선 때는 대선후보들의 TV 합동 토론에서 스마트한 진행을 보여 주어 3개 TV 방송국이 동시에 선정한 적격 인물로, 토론의 명 사회자로 전국이 인식하게 되었다.

자기 그릇에 합당한 정상적인 궤도에 진입한 그는 그 다음 총선에서 당당히 지역구를 맡아 국회의원 당선자가 되었고, 기대에 부응한 적극적인 원내 활동과 사회 활동을 통해 미래의 큰 정치 일꾼으로서 자신을 확실하게 드러냈다.

그러나 안타깝게도 한국의 정치 현실은 그야말로 수렁이어서 오랫동안의 3김 정치의 부작용과 후유증 속에 노무현 같은 대통령 당선자가 나타나 탈당과 창당의 혼란을 겪었다. 3김의 눈치만 보고 자라온 그 후예들의 본색이 그야말로 백일하에 드러나게 된다. 당사자들보다 국민이 더 낯 뜨거운 하루하루와 진흙탕의 개싸움에서 정범구 박사는 초연하게 먼지를 털고 결연히 그 배신과 야합의 정치판에서 등을 돌렸다.

"때는 때대로!"

어린 시절 우리가 소리 지르던 것처럼, 이제 세월이 지난 지금 온갖 난동이 펼쳐지고 있다. 오직 자신의 입신영달만을 위한 정치꾼들이 4년 동안 무책임하게 저지른 정치의 실패를 자신들이 두목으로 모시고 있던 노무현 대통령에게 몽땅 뒤집어씌우고 혼비백산하여 이합집산의 바쁜 동작으로, 변장을 위한 온갖 더러운 추태를 보이고 있다. 이럴 때일수록 정범구 박사의 정결하고 고매한 태도와 자세, 그리고 대안과 행동은 더욱 돋보인다. 자랑스럽고 행복하다.

그와 가까이 있어 그를 지켜보며 기회와 위기에 연연하지 않고, 초연한 자세로, 더하지도 덜하지도 않은 그의 시민사회에 대한 한결같은 열정, 그리고 반듯하고 꾸준한 대안과 바른 실천이 STEP BY STEP으로 전진하고 있는 현장을 기쁜 눈으로 확인한다.

무엇보다 이제는 정치·경제·문화가, 나아가서는 역사가 사람에 의해서 이루어지지 않으며, 하나님께서 계획하시므로 사랑 안에서 이루어지고 있다는 그 자부심을 확신하고 있다.

기도하는 정치, 기도하는 경제, 기도하는 예술과문화가 이 땅에 풍성하기를 간절히 바란다.

PART 5

내 인생 결단의 순간 기고문 · 강연문 · 칼럼

17대 당선자에게 보내는 글

2004년 4월 한국일보

K당선자께, 먼저 당선을 축하드립니다. 여기저기에서 축하 인사 받느라고 아직 경황이 없을 줄로 압니다. 많은 당선자들의 소감이 언론 인터뷰마다 소개되고 있습니다. "열심히 하겠다", "깨끗한 정치를 하겠다", "싸움하는 정치 안 하겠다" 등등 구릿빛으로 그을린, 꺼칠한 모습의 당선자들의 입에서 나오는 말들은 단호하고 결의에 차 보입니다. 돌이켜보니 아마 제가 당선됐던 16대 총선 당시 당선자들도 이와 똑같은 소리를 했던 것 같습니다. 제발 오늘의 초심을 4년 후까지 지켜 가시기 바랍니다. 그러기 위해서는 무엇보다 먼저 다음 몇 가지 것들을 유의하셔야할 것입니다. 첫째, 소위 당 '지도부'의 총애를 받기보다는 국민들로부터 사랑받기 위해 노력하십시오.

"정당 이익보다는 국민 이익 먼저 생각하라" "당리당략보다는 민생을 챙기라⋯." 등등 텔레비전 화면에 비치는 시민들이 17대 당선자들에게 주문하는 내용은 그렇지 않습니까? 절대로 정당의 '내부자 논리'에 빠지지 마십시오. 의원들끼리의 내부자 논리에 빠져서는 안 됩니다. 어떤 사안에 대해 논란이 일 때 당 지도부의 지시에 무조건 따르기 이전에 국민 다수가 이 문제를 어떻게 바라보고 있는지 헤아려 본 후에 결정하고 행동하기 바랍니다.

둘째, 민심 앞에 늘 겸손하길 바랍니다. 당선자들 인터뷰를 보니 "민심은 천심이란 것을 명심하겠다"라는 말도 나오네요. 이 각오를 끝까지 가져가기 바랍니다. 민심은 바다와 같은 것입니다. 그것은 배를 띄우기도 하지만 뒤집어엎기도 합니다. 이번 선거에서의 민주당 몰락은 바로 이 교훈을 잘 증명해 보이고 있습니다. 민심을 거스르며, 자신이 민의를 좌지우지할 수 있다고 착각하는 정치인의 오만함을 민심은 결코 용납하지 않습니다.

셋째, 생업에서 자유로운 만큼 공동체의 미래에 대해 전심전력 고민하십시오.

국민 대다수는 자신의 생업에 몰두하느라 대한민국이란 공동체가 잘되길 바랄 뿐, 이 일에 직접 나서는 데는 한계가 있습니다. 그래서 여러분을 대리인으로 뽑은 것입니다. 여러분들을 통해 이 나라가 잘되도록 바라면서 국민은 피 같은 자신들 노동의 일부를 세금으로 내고 있는 것 아닙니까? 그러니 제발 이 사회와 나라의 미래를 위해 온 힘을 다 바쳐 주기 바랍니다. 이 문제를 생각하면 저도 부끄럽습니다. 과연 제 자신은 얼마나 국민의 대리인으로서 불철주야 열심히 노력했는가 돌이켜 보면 자책이 앞섭니다.

지금 이 글을 쓰고 있는데 재선에 성공한 S의원이 전화를 해 왔네요. 당론과 소신이 충돌할 때 당리당략보다는 국민의 입장에서 자신의 소신을 관철하려 노력해 왔던 S의원의 행적을 아마 유권자들은 지켜보고 있었던 것 같습니다. 정치인들도 신이 아닌 이상 실수도 하고, 때로 판단착오도 있을 수 있습니다. 그러나 그런 실수를 국민 앞에 인정하고 반성하는 정치인들, 민의 앞에 겸손할 줄 아는 정치인들에게 국민들은 다시 기회를 준다는 것을 S의원을 통해서도 볼 수 있습니다. 늘 겸손하십시오.

열린우리당 김근태 원내대표가 TV 카메라 앞에서 "국민을 하늘처럼 모시고 새로운 정치하겠다"라는 각오를 내비치고 있네요. 이제 말은 그 정도면 된 것 같습니다. 국민들은 이제 여러분이 지난 기간 동안 내놓았던 수많은 약속들을 행동으로 보여 주길 바라고 있습니다.

4년 후 이맘때 다시 뵙지요.

내 인생 결단의 순간

2005년 8월 월간중앙

복잡한 계산을 할 줄 안다는 점에서 인간은 다른 동물들과 구분된다.

하나의 선택을 두고도 인간은 매양 여러 가지 경우의 수를 두고 복잡한 계산을 한다. 그렇다고 그 계산이 매번 다 맞는 것은 아니지만 사람들은 나름대로 자신의 셈법을 믿으며 사는 것 같다. 그것이 자신에게는 가장 합리적인 선택이었다고 자위하면서….

'자의 반 타의 반'의 결정이었지만, 17대 총선거 불참을 결정하고 현실 정치로부터 빠져나온 나의 결정에 대해서는 지금도 후회가 없다.

아쉬움까지 없을 수야 없지만….

2002년 12월 대선에서 민주당 후보였던 노무현 대통령의 당선은 한 편의 드라마였다. 온갖 우여곡절 끝에 내가 소속된 정당의 후보를 당선시켰던 기쁨은 잠깐, 당은 곧 분열의 혼란에 빠져 들었고 전리품을 둘러싼

‘아군끼리의 총질’ 이 돌이킬 수 없는 지경으로 치달았다.

어제까지 어쨌든 ‘우리 편’ 이라고 믿었던 이들끼리 서로에게 온갖 저주와 분노의 언사를 퍼부으며 갈라질 때, 선뜻 어느 편이든 선택했어야 하는 나는 그러질 못했다.

민주당과 열린우리당과의 분당 과정에서 내 머리를 맴돌고 있었던 인물은 최인훈의 〈광장〉에 등장하는 주인공 이명준이었다. 그는 남과 북, 어느 곳도 택하지 못하고 제3국행을 택했다가 결국은 바다로 뛰어내린다. 남쪽도 조국이고 북쪽도 조국이었던 그에게 분단의 양자택일이라는 계산법은 받아들일 수 없었기에 그는 자신만의 셈법을 택했던 셈이다.

분당의 여파는 여러 가지로 나타났다. 이라크 파병 반대를 함께 주장했던 동료들이 당을 바꿨다는 이유만으로 하루아침에 입장을 바꾸고도 태연한 모습을 보이는 것에서 “아! 정치란 저런 것인가?” 하는 물음을 던지게 되었고, “은인자중하여 3선 · 4선해서 큰 정치인이 되어야 한다.”라는 주변의 속삭임이 부질없는 이야기라는 것도 깨닫게 되었다.

당장 지금 이 순간, 무엇이 옳고 그르다는 것을 당당히 말할 수 없다면, 자신의 원칙에 충실하게 민의를 대변할 수 없다면, 3선 · 4선은 한 개인의 허망한 욕심일 뿐 사회적으론 무슨 의미가 있겠나 하는 생각을 하게 되었다.

선거를 앞둔 ‘아군끼리의 총질’ 도 눈뜨고 못 볼 일이었고, 권력에 따른 이합집산도 막상 내 눈앞에서 실제상황으로 겪고 나니 당장 나의 정치 구호였던 “언제나 처음처럼!” 이 위협받게 되었다. 내가 16대 총선에서 지역 구민들에게 약속한 것은 “언제나 처음처럼!” 이었다. 정치에 들어갈 때의 초심을 잃지 않고, 어떤 기득권에도 물들지 않으며 오직 하느님과 민의만을 두려워하며 행동할 것이라는 약속이었다.

무수히 나를 팔아넘길 뿐, 아무런 변화와 진보도 이루어내지 못한다면 그것은 나에 대한 기만일 뿐만 아니라 하느님과 역사에 대한 기만이고 배반일 것이었다.

나를 도왔던, 또 내게 많은 기대의 눈길을 보냈던 이들의 걱정과 만류가 앞을 막았지만, 결국 17대 총선 불출마를 선언하고 정당 생활을 마감했다.

어떤 이는 물었다.

추수하기를 바라는 누런 황금 들판이 앞에 일렁이고 있고, 그저 낫만 대면 되는 농사를 다 지어 놓고 왜 막판에 낫을 집어 던지는가?

그러나 어쩌겠는가? 사람마다 다 제각기 셈법이 다른 것을….

'그의 시대'와의 화해

2006년 10월 한경비즈니스

살아생전 자신의 이름으로 된 땅 한 평 가져 보지 못했던 아버지는 이제 3평 남짓한 가족 납골묘의 한 귀퉁이를 차지하고 누워 계신다. 90년 가까운 생애에 당신으로서는 빛나던 시절과 암울했던 시절이 교차했겠지만 아버지의 빛났을 시절은 한두 장의 빛바랜 사진 속에서나 혹은 어린 시절 그토록 싫어했던 그의 '술주정' 속에서나, 기억될 뿐이다.

읍 단위의 한 지방 도시에서 보낸 초등학교 6년을 제외하면 나의 청소년 시절은 6개월 혹은 1년 단위로 반복되는 이사에 익숙한 세월이었다. 숙련된 솜씨로 가재도구(지금 생각하면 가구라곤 서랍 3개짜리 '단스'와 중학생이 되어 생긴 책상 하나가 전부였던 것 같다)를 '타이탄'에 올리고 마지막으로 불이 살아 있는 연탄 화덕을 끌어안고 짐칸 한 귀퉁이에 올라타면 이사는 사실상 끝나는 것이었다. 그 무수한 이사의 기억들 속에 아버지가 남아 있는 장면은 없었다. 아버지는 새로 이사 간 집의 어느 갈피에서부터 다시 등장했던 것 같다.

청소년기의 예민한 자존심을 무참하게 짓밟아 버린 그 지긋지긋한 가난을 강요한 아버지와 나 사이에 진정한 이해와 화해가 자리 잡을 틈은 없었다. 가족을 제대로 돌보지 못하면서도 가부장적 권위를 내세우는 아버지에 대한 적개심이 어린 가슴속에 이글이글 타올랐던 것도 같다. 아버지 같은 어른이 되지 않겠다는 것이 한때 나의 당면 목표가 되기도 했다. 어머니는 생전에 자신이 어떻게 그 힘든 삶을 헤쳐 왔는가를 회고할 때 종종 이런 말씀을 하셨다. "내가 네 아버지만 믿고 있었다면 넌 대학 꿈도 못 꿨을 게다."

어쨌든 대학생이 되면서 아버지와 나의 갈등은 묘한 방향으로 발전했다. 이제 아버지에게 말대꾸를 하게 되면 끝은 꼭 이렇게 마무리되기 마련이었다. "대학까지 보내 주니까 입만 까져 가지고…." 지금 회고하건대 그것은 마치 힘든 삶의 현장을 지키는 한 노동자가 입으로만 세상을 주워섬기는 어떤 얼치기 지식분자를 훈계하는 러시아 근대소설의 한 장면을 닮아 있었다.

그가 살아온 시대는 참으로 황량했다. 역사 어느 한 귀퉁이에도 소개되지 못한 그의 삶이지만 그의 시대는 참으로 혹독했다. 1914년생인 그는 이미 태어나면서부터 '일본제국의 신민'이었다. 충북 어느 시골마을의 소농이었던 할아버지는 집에 부족한 노동력을 보충하기 위해서 이제 열한 살인 아버지를 결혼시키려 했고 이에 반발한 아버지는 집을 뛰쳐나왔다고 한다. 그래서 그의 학력은 '심상소학교 3학년'까지가 전부다. 그것도 당신의 회고로 알 뿐 졸업장 같은 것도 없으니 확인해 볼 길도 없다. 열한 살의 소년이, 식민지 시대 가난한 농민의 아들인 한 소년이 그 시대를 어떻게 홀로 헤쳐 왔는지, 나이가 들면서 곡절 많은 우리 현대사에 관심 갖게 된 나는 내 아버지로서가 아니라 '그'가 살아왔을 시대의 미시적 풍경들이 궁금해졌다. 고향에서 뿌리 뽑힌 채 이곳저곳을 떠돌던 이들에게 갑자기 찾아왔던 해방의 혼란, 그리고 뒤이은 전쟁. 전쟁의 폐허에서도 살아남은 자들이 이어가야 했던 곤궁한 삶의 기억들…. 비록 역사책의 어느 갈피에도 들어 있지 못하지만 한 인간이 온몸으로 헤쳐 온 역사가 궁금했고, 그 역사의 처절함에 가슴 아팠고, 그래서 나는 아버지보다 '그의 시대'와 먼저 화해하게 됐다.

얼마 전, 군복무 중인 아들 녀석으로부터 편지 한 장을 받았다. 군대라는 격리된 환경 속에서 생각이 많은 것 같다. 이런 구절이 눈에 띄었다.

"우리 또래 젊은이들의 최고 관심사와 가치는 물질과 안식입니다. 우리 증조부 때부터 내려온 수난과 격동의 역사는 이제 우리에게는 너무 멀리 있어서인지 요즘 우리에게는 '삼성'에 취직해 '구찌' 옷을 걸치고 다니는 것 외에는 아무것도 없는 듯 보입니다."

그리고 녀석이 슬쩍 이런 말을 덧붙여 왔다. "태어나 처음으로 아버지를 아버지가 아닌 한 인간으로 보게 됐다"라는 것이다. 이 녀석에게도 이제 슬슬 아버지가 다가가기 시작한 것일까?

'시장교'에 맞서 싸우는 〈시사저널〉 기자들

2007년 2월 오마이뉴스

지난달 5일 파업에 들어간 〈시사저널〉 기자들이 직장 폐쇄에 맞서 농성하고 있다. 지난해 6월 금창태 사장은 삼성그룹 관련 기사를 삭제하고, 이에 항의하는 이윤삼 〈시사저널〉 편집국장의 사표를 수리했다. 그 뒤 사측과 기자들은 공방을 벌였고, 최근엔 기자들이 배제된 채 만들어진 '짝퉁' 〈시사저널〉이 연이어 나오는 사태까지 이르렀다. 이에 〈오마이뉴스〉는 '〈시사저널〉 사태'에 대한 각계 인사들의 릴레이 기고를 싣고 있다. 정범구 기자는 CBS '정범구의 시사토크, 누군가?'를 진행하는 시사평론가다.

"자기만 행복해서는 안 되는, 그런 시절이 있었단다."

황석영 원작 소설을 영화로 만든 〈오래된 정원〉에서 주인공 오현우가 18년 감옥살이 끝에 처음 만난 딸아이에게 하는 말이다. 한가하게 웬 영화 이야기냐고?

지난 토요일(1월 27일), 〈시사저널〉 노조원들이 농성 중인 천막을 찾아 나섰다. 그런데 막상 현장에 와 보니 천막이 없다. 정희상 기자에게 전화하니 천막을 전날 밤에 철거했단다. 추위와 소음도 힘들었겠지만, 주변 상가 분들에게 본의 아니게 피해를 주는 것 같아 그리했다고 한다.

농성 중인 분들과 점심이라도 같이할까 하는 생각으로 나왔다가 갑자기 갈 곳이 없어진 나는 근처의 한 영화관으로 갔다. 오래 전부터 보려고 맘먹었던 임상수 감독의 〈오래된 정원〉이 생각 났기 때문이다.

영화를 보는 내내 우울했고, 보고 나와서도 우울했다. 지금의 젊은 세대들로서는 상상조차 하기 힘든 80년대 참혹한 폭압의 풍경들, 그리고 그 속을 살아간 이들의 고단함이 이제는 빛바랜 그림이 되어 거기 고스란히 펼쳐져 있었다.

지금 세대들에게는 어쩌면 우스꽝스러워 보일지도 모를 그 시대의 '진지 모드'는 시장이 새로운 종교로 찬양되는 시대에는 불편해 보인다. 서울 시내의 그 많은 스크린 중에 간신히 하루 한차례만의 상영 기회를 얻은 이 영화의 처지 자체가 불편해 보였다.

그래, 그렇지만 분명 우리에겐 그런 시대가 있었다. 개인적으로 행복해서는 왠지 죄스럽게 느껴지는 그런 시대가.

87년을 거치고 '국민'이나 '참여'자가 앞에 붙은 정권들을 거치는 동안 이제 개인적으로는 행복해져도 되는 시대 정도는 된 것 같은데, 과연 우리는 행복해진 걸까? 군홧발과 경찰 진압봉의 폭압이 사라진 시대에 이제는 '진실'과 '사회 정의' 같은 단어들은 낡은 단어로 간주돼도 좋은 것일까?

자본권력에 굴종 않는 〈시사저널〉 기자들, 새로운 천막이 필요하다.

"모든 것은 시장에서 이뤄진다"라거나 "시장이 너희를 자유롭게 하리라"라는 복음이 설파되는 시대에 우리는 과연 충분히 자유롭고 독립돼 있는가.

마치 70~80년대의 구호같이 느껴질 '언론 자유', '편집권 독립' 같은 구호를 여전히 외쳐야 하는 〈시사저널〉 기자들을 찾아 나선 길에 영화를 통해 맞닥뜨렸던 80년대의 풍경들은 그날 오후 내내 나를 우울하게 했다.

전국언론노조 사무실 한 귀퉁이로 옮겨간 〈시사저널〉 농성장을 찾아간 날, 마침 동아투위 소속 언론계 선배들도 격려차 그곳을 방문했다. 70년대 유신 정권에 맞서 싸웠던 정동익 선생 등 머리가 희끗희끗한 언론 자유 투쟁의 선배들이다. 정치권력에게서 언론의 자유를 지켜내기 위해 싸웠던 선배들이 이제는 자본권력의 막강한 힘과 싸우는 후배들을 격려하기 위해 나선 것이다.

이들의 모습을 보며 문득 그런 생각이 들었다. 〈시사저널〉 기자들은 지금 이 시대의 핵심 화두를 가장 극명하게 드러내기 위해 싸우고 있는 것이 아닌가 하는 생각이다.

무소불위의 권력이 돼 가고 있다고 하는 언론조차 유순한 강아지처럼 만들어 버리는 막강한 힘을 지닌 자본권력. 시장만능주의와 기업 따라 배우기가 도도한 흐름이 되고 있는 현실의 뒤에 도사리고 앉아 이 시대의 막강한 권력으로 군림하고 있는 자본권력의 실상을 드러내기 위해 이들은 지금 몸으로 기사를 쓰고 있는 것이 아닌가 하는 생각이 들었다.

〈시사저널〉 기자들이 농성하던 천막은 걷혔지만, 우리에겐 정말 새로운 천막이 필요한 것 같다.

'시장교市場敎'의 위력 앞에서 종래의 전통적인 권력들이 숨죽이고 있는 시대, 1년에 몇 퍼센트의 경제성장율 또는 몇천억 달러의 수출고 등이 대다수 국민의 삶과는 점점 무관해져 가는 사회, 자본권력이야말로 살아 있는 권력임을 검찰이나 사법부의 행태 등을 통해 알아차리게 되는 사회, 기업 또는 자본의 효율성 이외의 다른 많은 가치들은 간단히 무시돼 버리는 사회….

이런 시대와 사회에 저항해 싸울 천막이 필요한 게 아닐까? 그리고 그런 시대의 화두를 지금 〈시사저널〉 기자들이 몸으로 던지고 있는 것이 아닐까?

어수선하긴 하지만 전혀 주눅 들지 않고 있는 〈시사저널〉 기자들을 만나고 나오는 길에 떠오른 생각들이었다.

관군이 구한 나라? 의병이 구한 나라?

2007년 3월 시평

우울한 토요일 아침이다.

변덕스러운 봄 날씨 때문만은 아니다.

어젯밤 뉴스에는 협상 시한 연장은 절대 있을 수 없다던 청와대 관계자의 발언이 긴급 속보 형식으로 방송되더니, 아침 뉴스에는 결국 시한이 연장됐다고 한다. 주말이 끼었기 때문이라는 구차한 설명과 함께. '혹시나' 했지만 '역시나' 다.

아침에 배달되어 온 신문의 내용은 참 상징적이다.

임박한 한·미 FTA에 반대하는 각계의 사진이 1면 상단을 장식한 가운데 그 밑에는 "고위 공직자 78% 재산 불려", "고위 공직자 열 명 중 여섯, 1년 새 재산 1억 이상 늘어" 등의 기사가 눈에 띈다. "국민은 1인당 부채 136만 원이나 늘었는데"라는 부제가 달려 있기도 하다. 다른 한쪽에는 "FTA 실직, 재취업 지원"하겠다는 정부 정책이 보도되고 있다. 한·미 FTA 체결로 실직하거나 근로 시간이 단축되는 근로자에 대해 고용 안정을 최대한 지원하고, 또 피해가 예상되는 농업과 수산업 등에 대해서는 소득 보전과 폐업 지원금 등의 보완 대책을 마련하기로 했다는 재정경제부의 이른바 '대책'에 관한 기사다.

신문에 난 기사들을 내 식으로 읽어 보았다.

구질구질하고 돈도 안 되는 농수산업, 경쟁력 없는 중소기업, 서비스업 같은, 백날 해 봤자 돈도 안 되고 생색도 안 나는 것들 집어치우고 해외에서도 알아주는 '쌈빡한' 대기업 몇 개 가지고 이 험난한 세계화 시대를 헤쳐 나가자는 관료들과 재벌들의 주장, 그리고 그들이 전방위로 동원하는 보수 언론·기득권과 결탁된 정치권-그 정점에는 청와대가 서 있는-의 묵인과 총공세 속에 이런 판이 벌어지고 있는 것이 아닌가 하는 생각이 든다. 이런 생각이 나만의 의심이 아니란 것은 위에 든 다른 기사들에서도 간접 확인할 수 있지 않는가? 평균 국민들은 지난 1년간 모두 빚이 늘었는데 이 나라를 좌지우지한다는 고위 공직자들, 정치인들의 재산만은 반대로 불어나고 있다. 경쟁력 없는 일반 국민들은 점점 쪼들리고 있는데 '경쟁력 있는' 고위 관료들과 정치인들은 역시 대단하지 아니한가?

이야기를 조금 더 들여다보자.

행정부 고위 공직자는 10명 중 8명이 지난해 재산이 불어났고 그중 24%는 1억 원 이상 증가했다. 대법원·헌재·법무부·검찰 등 법조계 고위 공직자 3명 중 2명 이상은 10억 원 이상의 '재력가'로 드러났다. 국회의원 재산 평균은 51억 원으로 일반 국민 평균 자산 2억 4천만 원의 21배나 된다고 한다. 1조에 가까운 정몽준 의원을 빼고 계산해도 17억 원으로 일반 국민보다 평균 7배나 많다. 언론과 국민이 대통령의 진의를 제대로 몰라준다고 각을 세우는 청와대 양정철 홍보기획 비서관은 현금 자산만 8억이 늘었다고 한다. 9억 가까이 재산이 증가한 전해철 민정수석은 별개로 하고도 말이다.

한 · 미 FTA 강행을 주장하는 이들이 흔히 내세우는 말이 세계화 · 개방화다. 수출로 먹고사는 나라가 어떻게 개방을 반대하느냐는 얘기다. 그러나 이들은 사태를 교묘하게 왜곡하고 있다. 지금 누가 쇄국을 주장하고 있는가? 이미 WTO와 OECD 체제 깊숙이 들어가 있는 우리가 개방에 반대한다는 말인가? 한 · 일, 한 · 중 EEZ 협상 등으로 이미 생업을 포기한 많은 어민들이 개방을 막았었다는 말인가? 한 · 칠레, 한 · 싱가포르 FTA도 결국 타결되지 않았는가? 그런데 한 · 미 FTA의 졸속 처리를 주장하는 이들은 입만 열면 원칙 없는 협상에 반대해 나서는 모든 세력을 쇄국주의자, 혹은 시대착오적인 반反 개방파로 몰아가고 있다.

한 · 미 FTA 강행파들이 원하는 것은 마치 두 가지뿐인 것으로 보인다.
첫째, 미국이 원하는 것인데 왜 자꾸 딴지를 거는가?
둘째, 어차피 우리나라 경제는 '똑똑한 몇 놈'이 끌고 가야 하는데 언제까지 경쟁력 없는 것들까지 끼고 가야 하는가?

그러나 문제는 바로 여기에 있다. 미국과 재벌들이 만족하는 수준까지 개방하고 타협하기 위해서는 결국 농어민들과 중소기업이나 서비스 부문 종사자들의 생존 문제를 포기해야 한다. 이 문제가 과연 재정경제부가 대책이랍시고 내놓은 식으로 해결될 수 있을까?

농어민들에게 거지 동냥 주듯 폐업 지원 자금 몇 푼 던져 주는 것으로 문제가 해결될까? 매년 일자리가 줄어들고 있는 상황에서 문을 닫는 중소기업에서 밀려나는 근로자들은 어찌할 것인가? 동네 재래시장조차도 시골구석까지 파고드는 염치없는 재벌들의 '마트'에 밀려 사라지는 마당에 도대체 곳곳 삶의 현장에서 밀려나는 이 사람들의 일자리를 어디에서 새로 마련한단 말인가? "20 대 80 사회"가 예견한 것처럼 이제 우리나라도 잘 나가는 20%가 던져주는 빵 부스러기를 갖고 80%의 밀려난 사람들이 연명해야 한다는 말인가?

"시장이 너희를 구원하리라."라는 복음을 전파하는 시장절대주의자들의 눈에는 '사람'이 보이지 않는다. 그들은 '경쟁', '효율성' 등을 말하지만 그것이 무엇을 위한 것인가에 대해서는 대답하지 않는다. 아니, 그들의 눈에는 경쟁력이 없어 보이는 것은 일단 부도덕한 것이고 무의미한 것이다. 사람도 마찬가지다. 오로지 '경쟁력 있는' 이들만 진정한 사람의 범주에 들어가는 것이다. 국민을 믿고 개방의 문을 확 열어젖히겠다던 노무현 대통령의 호언에서 언급한 '국민'은 과연 어떤 국민을 염두에 둔 것인지 궁금하다. 개방화 시대의 파고波高를 겁내서는 안 된다고 하지만, 파도가 덮쳐 오면 당장 먼저 피해를 보는 이들은 바닷가 저지대에 살고 있는, '생업에 종사하는 대다수 선량한 국민'이다. 저 권력의 구중궁궐 높은 누대에 앉아 있는 이들에게 파도는 단지 눈앞에 찰랑거리는 '관상용'에 지나지 않을지도 모르겠다. 설마 낮은 곳에 있는 수많은 이들을 덮친 파도 위에서 한가한 뱃놀이를 즐기겠다는 심산이야 아니겠지만. 하긴 국민은 1인당 부채가 136만 원이나 늘었는데 고위 공직자의 78%는 재산이 불어나고 있는 나라에서 '관군'과 '의병'의 세계관이 같기는 힘들지 모르겠다.

청와대가 앞으로 또 어떤 식으로 국민을 우롱할지 모르지만 이미 협상단에 의한 타결은 수순을 밟아 나가고 있는 것 같다. 국익—대다수 국민들의 이익—을 지키기 위한 마지막 제도적 장치는 국회에서의 비준 거부다. 어쩌면 이제 여기에 총력을 기울여야 할지 모르겠다. 그런데 과연 '민의의 전당'이라는 국회가 '관군' 편이 될지, '의병' 편이 될지 이것 역시 오늘까지의 상황을 보면 일단은 지켜봐야 할 것 같다.

잔혹한 사회, 잔인한 정치

2007년 4월 시평

오늘도 국회 본회의장에서는 한·미 FTA를 둘러싸고 의원들과 정부 각료들 간의 공방이 있었다고 한다.

정부와 보수 언론이 그렇게 침을 튀어 가며 성과를 자랑하던 것들의 허실이 국회 검증 과정에서 제대로 밝혀지길 기대해 보지만, 정보를 독점하고 있는 정부가 과연 얼마나 내용을 제대로 공개할 것인지, 그것조차 정부의 '선심' 에 기대야 하는 현실은 갑갑하기만 하다.

지금 우리 사회 곳곳에서는 "약한 것들은 가라. 세상의 온갖 경쟁력 없는 것들은 가라!" 라고 외치는 신자유주의자들의 외침이 울려 퍼지고 있다. 수천 년 동안 우리 민족을 먹여 살려 왔던 농업은 새삼 천덕꾸러기가 되고, 그나마 농촌을 지키고 있는 이들은 졸지에 우리 사회의 총체적 경쟁력을 떨어뜨리는 주범으로 낙인찍히고 있다.

미국에서 경제학을 공부했다는 이들이 60~70년대부터 끈질기게 주장해 왔던 이야기들, "아니, 그 싸고 질 좋은 캘리포니아 산 쌀 놔두고 왜 그 비싼 쌀농사를 계속 지어야 하는지 통 이해 못하겠다."라는 현실은 이제 곧 바뀌게 될 것이다.

농민들뿐이겠는가? 900명밖에 안 되는 명태잡이 어민들도 졸지에 우리나라의 개방화와 세계화를 가로막는 '찌질이'가 되어 버렸다.

이제 '연대'라든가 '나눔' 같은 단어들은 가난하고 못난, 지지리도 경쟁력 없는 이들의 단어가 되어 버릴 것이다. 〈꼴찌에게 보내는 갈채〉 같은 이야기는 〈뽕〉이나 〈봄봄〉 같은 농경 시대 낭만주의 작품의 이름으로나 이해되게 될지 모른다.

'영어가 바로 권력'이 되어 버린 사회에서 제대로 된 사교육 하나 시킬 수 없는 부모들은 자신의 자녀들이 점차 이 사회의 '불가촉천민'으로 전락하는 현실을 살아생전에 보게 될지도 모른다.

'양극화'를 이야기하지만 우리 사회의 양극화가 심각한 이유는 그것이 단지 경제적 수준의 차이가 벌어진다는 것을 의미하는 것이 아니기 때문이다.

이런 식으로 모든 국민을 '경쟁력'에 따라 줄 세우기 시키는 사회에서는 이제 한 나라 안에 전혀 다른 성격의 두 '민족'이 살아가게 될지 모른다.

'경쟁력 있는 민족'과 '경쟁력 없는 민족'. 이게 20 대 80이 될지 10 대 90이 될지 모르겠지만.

시장 근본주의자들이 모든 권력을 장악하고 있다. 백 보를 양보해서 생각해 보자. 삼성 이건희 회장이나 전경련 회장이라면 그렇게 이야기할 수도 있을지 모른다. "돈도 안 되고 경쟁력도 없는 농수산업 같은 것 집어치우고, 산뜻하고 돈 되는 반도체 같은 것 가지고 앞으로 국가를 먹여 살려야 될 것 아니겠나? 유통 시장도 현대화하고 대형화해야 경쟁력도 생기고 소비자에게도 더 좋은 서비스가 가능하지 않겠나?” 그렇다. 이윤 추구가 제1의 목표이고 사명인 기업인들은 이렇게 이야기할 수도 있다.

그러나 정치인은 그래서는 안 된다. 기업은 우리 사회의 한 부문이지만 정치는 대한민국이란 공동체, 작게는 4,800만 크게는 남·북한뿐만 아니라 국내외 8천만 동포를 포괄하는 이 공동체의 통합과 공동 번영을 유지해 내야 하는 책임이 있다.

먹고살 터전을 잃게 될 농어민과 중소 상공인, 자영업자들의 생활 터전을 누가 어떻게 마련할 것인가? 이에 대한 고민은 당연히 정치의 몫이 아니겠는가?

이런 공동체의 유지와 번영에 책임 있는 정치인들까지 기업인들과 똑같은 인식과 행동을 보여서는 곤란하다. 그렇다면 굳이 그 많은 비용을 들여서 우리 사회가 정치인들을 먹여 살릴 이유가 어디 있겠는가.

그럴 바에는 차라리 ‘경쟁력과 지도력이 검증된’ 세계 초 일류기업의 CEO들에게 아예 국가 운영까지 맡기는 것이 더 효율적이 아니겠는가?

사회적 약자를 단지 경쟁력을 떨어뜨리는 장애물, ‘쓰레기’로 간주하는 사회는 잔혹하다. 그런데 그런 사회를 방치할 뿐만 아니라 조장하는 정치는 더 잔인하다.

어떻게 한 나라의 대통령이 자신의 생업에 충실해 왔을 뿐인 어민들을 향해 “그깟 900명….”이라고 할 수 있을까? 그것은 너무 잔인한 일이다.

PART 6

이성이 지배하는 한국 정치를 바라며

성명서·정견문·국회 대정부 발언

언론 · 청소년 · 여성 · 국가보안법에 관한 질의

제218회 국회 05차 본회의

존경하는 이만섭 의장님, 그리고 선배 · 동료의원 여러분! 국무총리를 비롯한 국무위원 여러분! 새천년민주당 경기도 고양 일산갑 정범구 의원입니다.

지금 밖에는 근래에 보기 드문 폭설이 내리고 있습니다. 곳곳에서 교통이 마비되고 상적인 도시 활동이 이루어지지 못하고 있습니다. 자연재해로 고통 받고 있을 국민들을 생각해서라도 오늘 이 자리에서만은 정쟁을 멈추고 진지하게 국정과 민생 현안들을 챙겨 보았으면 합니다.

본의원은 먼저 오늘날 우리 사회의 핵심 과제로 제기되고 있는 언론 개혁 문제를 국민과 함께 생각해 보려고 합니다.

신문 끊기가 담배 끊기보다 더 어렵다는 말이 있습니다.

몇 년 전 구독자를 확보하기 위한 일선 지국 간의 과도한 경쟁이 신문

보급소 직원의 살인으로까지 비화된 사건을 기억하실 겁니다. 구독료 수입보다는 광고 수입에 과도하게 의존하는 신문시장에서는 무가지無價紙 강요나 경품 제공 등의 불공정거래 행위가 판을 치고 있습니다. 신문 지면은 광고와 광고성 기사가 이미 절반을 넘어섰으며, 광고 단가를 높이기 위한 발행 부수 늘리기 경쟁으로 인해 신문이 보급소에서 곧장 폐품 처리되거나 심지어는 윤전기에서 나오자마자 버려지는 경우까지 나타나고 있습니다. 한마디로 말하면, 신문시장은 시장 논리가 파괴된 기형적인 형태로 존재해 오고 있는 것입니다. 현재 서울에서는 모두 12개의 종합 일간지가 발행되고 있습니다. 그런데 전체 신문시장의 70%를 몇몇 신문이 차지하고 있습니다. 신문시장이 독과점되어 있다는 것은 바로 사회 전체의 여론이 소수 의견에 의해서 주도된다는 것입니다.

"보도되지 않는 것은 사실이 아니다."라는 현대 언론학의 이야기가 있습니다. 지금 이 순간에도 이 세상에는 무수히 많은 일들이 일어나고 있습지만 우리는 단지 보도되는 것만을 사실로 인식할 뿐입니다. 이것은 언론이란 프리즘을 통해서 우리가 이 세상을 보고 판단하기 때문입니다. 따라서 이 프리즘이 몇몇 개인이나 집단에 의해 장악될 때 우리의 사고는 심하게 왜곡되거나 굴절될 수밖에 없습니다.

우리는 이미 지난 1997년 아무도 아이엠에프IMF를 예측하지 못했던 우리 사회의 단견을 경험한 바 있습니다. 당시 외국의 주요 언론이 한국의 외환 위기 가능성을 예고하고 있을 때 상당한 발행 부수를 자랑한다는 한 신문은 "한국 성장률 더 높아진다"고 하는 전혀 엉뚱한 기사를 1면 톱으로 보도하면서 국민의 올바른 상황 인식과 판단을 가로막고 있었습니다. 그 후 몰아닥쳤던 외환 위기로 우리가 겪어야 했던 고통과 혼란에 대해서는 더 이상 언급하지 않겠습니다.

여론시장이 이처럼 독과점으로 왜곡된 상황에서는 공정한 사회적 의제가 형성될 수 없습니다. 이런 점에서 언론 개혁은 국가 경쟁력 강화를 위해서도 피할 수 없는 시대적 과제입니다.

현재 우리 사회의 일부 언론은 사회적 공기公器로서 국민을 상대로 공적 책임을 다하지 못하고 있습니다. 국민의 알 권리보다는 사주의 개인적 이해나 관점으로 편집권을 좌지우지하면서 사회 여론을 편파적으로 왜곡하는 경우가 있습니다. 사주의 비리를 침묵으로 은폐하거나 독재자와 재벌을 미화하거나 악의적인 색깔 공세를 펼치고 지역감정을 유발하여 우리 사회를 병들게 하기도 했습니다.

언제부터인가 언론은 이 땅에서 비판받지 않는 권력, 또는 세습되는 권력, 무소불위의 성역으로 성장하게 된 것입니다.

언론 개혁은 언론사의 보도 방향이나 편집에 대한 간섭이 아닙니다. 독과점으로 왜곡되어 있는 우리 언론시장의 전 근대적인 요소를 개선해서 공정한 여론시장과 거래 질서를 확립하자는 데 있습니다.

지난해 12월 현직 기자들을 대상으로 한 여론 조사에서 87.6%가 언론사 세무 조사가 필요하고, 85.6%가 공정거래위원회의 단속이 필요하다고 응답했습니다. 누구보다도 현장에 있는 기자들이 언론시장의 문제점을 절감했기 때문입니다.

국민의 정부는 그동안 언론사의 자율 개혁을 주장해 왔습니다. 그러나 자본주의 시장에서 공정한 게임의 법칙을 만들고 관리하는 것은 국가의 주요 임무입니다. 이것을 어떻게 이해당사자의 자율에 맡길 수 있습니까? 그런데 정부는 그동안 언론사의 자율 개혁만을 강조했을 뿐, 현행법에 규정되어 있는 기본적인 직무조차 유기했다는 점에서 비판받아 마땅합니다.

총리께 묻겠습니다.

총리께서는 자산과 매출 100억 원 이상 법인에 대해서는 5년마다 정기적으로 하게 되어 있는 세무 조사를 언론사에 대해서만은 7년 만에 하게 된 경위가 무엇인지, 앞으로는 언론사에 대해서도 법에 따라 정기적으로 세무 조사를 할 것인지 말씀해 주시기 바랍니다.

최근 각종 여론 조사에 따르면, 대다수 국민들은 이번 세무 조사에 찬성하고 있습니다. 나아가서 세무 조사 결과를 공개해야 한다는 견해는 무려 90%를 넘어서고 있습니다.

정부는 이 같은 국민적 열망을 적극 수렴해서 투명하게 세무 조사와 불공정거래 조사에 임해야 할 것입니다.

정부는 김영삼 정부가 1994년 언론사 세무 조사 결과 탈법·불법 사례가 있었음에도 이를 덮어 두었던 과오를 결코 되풀이해서는 안 될 것입니다. 그러므로 이번 언론사 세무 조사 및 불공정거래 조사 결과 탈법 사례가 있으면 법에 따라 사법당국에 고발해야 한다고 보는데 이에 대한 총리의 견해와 계획을 밝혀 주시기 바랍니다.

최근 김영삼 전 대통령이 1994년 언론사 세무 조사 결과에 대해서 언론에 밝힌 내용이 있습니다. 당시 세무 조사 결과, 언론의 존립이 위협받을 정도로 엄청난 비리와 도덕적 문제가 드러났고 직접 세금 추징액을 상당 부분 깎아 주었다고 밝혔습니다. 이것이 만약 사실이라면 이는 법치주의와 조세 정의를 훼손하는 중대한 범죄 행위이며 권력 남용입니다.

1994년 언론사 세무 조사 결과 확인된 탈법 사례가 있으면 지금이라도 반드시 사법 조치해야 한다고 보는데 이에 대한 총리의 견해를 밝혀 주시기 바랍니다.

요즘 국민들은 50년 만에 정권은 교체되었는데 사회는 바뀌지 않았다는 말을 합니다. 이는 비단 언론 부문에만 해당되는 말은 아닙니다.

김대중 대통령의 노벨평화상 수상을 계기로 우리는 전 세계로부터 성숙한 인권 국가로의 변화와 개혁을 인정받았습니다. 그러나 우리 행정부의 인권 의식은 아직 이러한 변화된 위상을 따라오지 못하고 있는 것 같습니다.

법무부가 작년 국정감사에서 제출한 자료에 따르면 1999년도 하반기와 2000년도 상반기 1년간 인권 침해를 이유로 경찰·검찰·국정원 직원·교도관 등이 고소·고발된 사건은 모두 1,035건으로 전년도 같은 기간의 145건보다 무려 7배나 늘어났습니다.

법무부 장관께서는 수사기관의 인권 침해를 줄이고 이를 예방할 수 있는 방안에 대해서 말씀해 주시기 바랍니다.

또한 지난해 6월 롯데호텔 노조파업에 대한 경찰의 과잉 폭력 진압은 국내외로부터 많은 비판을 받았습니다. 국민의 정부에서도 아직까지 법에 따른 단호한 대처를 무조건적인 폭력 진압으로 인정하고 있는 공직자가 있는 것은 아닌지 행정자치부 장관께 묻겠습니다.

그런가 하면 지난해 연말 일산 국민은행 연수원에서 있었던 금융계 파업 당시 경찰이 보여 주었던 평화적인 시위 해산 방법은 상당히 좋은 평가를 받은 바 있습니다.

행정자치부 장관께서는 이런 평화적인 집회 해산의 모범 사례를 모델링

해서 향후 좀더 발전시켜 나아갈 계획은 없는지 말씀해 주시기 바랍니다.

존경하는 국회의장, 그리고 선배·동료의원 여러분! 국무총리를 비롯한 국무위원 여러분!

지난 5일간 이 자리에서는 국가보안법 개폐를 둘러싸고 많은 논란이 있었습니다. 국가보안법 개폐는 이제 우리나라 인권과 민주주의 수준을 가늠하는 척도가 되고 있습니다.

국가보안법은 우리의 가장 가까운 우방인 미국까지도 수년 이래 이의 개폐를 권고해 오고 있습니다. 우리나라에 3만 7천 명의 미군을 주둔시키고 있는 미국이 과연 우리나라의 안보를 흔들기 위해서 국가보안법 개폐를 권고하겠습니까?

앞서 존경하는 한나라당 최연희 의원께서도 현실에 맞지 않게 된 국가보안법의 현실을 인정하셨지만, 법무부장관께서는 이렇게 더 이상 현실을 반영하지 못하는 국가보안법이 과연 현행대로 유지되어야 한다고 보는지 견해를 밝혀 주시기 바랍니다.

청소년 문제에 대해서 말씀드리겠습니다.

국가보안법과 함께 대표적인 반인권적 법률로 최근 비판받고 있는 것이 청소년보호법입니다. 청소년보호법은 1997년 제정 당시부터 음란물의 유통을 통제하려는 의도로 마련된 것입니다. 이러한 청소년보호법과 청소년보호위원회로 대변되는 우리의 청소년 정책은 청소년을 기본적으로 통제의 대상으로 보는 관점에서 출발하고 있습니다.

이에 따라서 정작 청소년의 교육권·노동권·문화권·복지권 등 인권과 권리를 보호하고 신장시키는 내용은 우리의 법과 제도에서는 찾아볼 수 없습니다. 스스로의 인권을 존중받은 경험을 갖지 못한 청소년은 결코 타인의 인격과 권리를 존중할 수 없는 법입니다.

본의원은 청소년을 반쪽짜리 인격체로 규정하는 청소년보호법이 청소년의 권리와 문화를 보장하고 진흥시키는 방향으로 전면 개정 또는 대체 입법화해야 한다고 생각합니다.

정부 역시 이러한 관점에서 청소년 정책에 대해 전면적인 재검토를 하고 현재 규제 및 처벌 위주의 청소년보호위원회를 해체해야 한다고 보는데 이에 대한 총리의 입장을 밝혀 주시기 바랍니다.

문화관광부에서도 기존의 수련 위주의 청소년 육성 정책에서 청소년 스스로가 다양한 문화를 접하고 건전한 문화를 형성할 수 있도록 여러 가지 사업 계획을 마련해야 한다고 보는데 문화관광부 장관님 답변해 주시기 바랍니다.

지난해 신도시 지역에서는 난립하는 러브호텔과 유흥시설 등 생활환경 유해시설에 대한 시민들의 반대 운동이 본격화되었습니다.

정부와 국회, 그리고 지방자치 단체에서는 이 문제를 해결하고자 여러 가지 노력을 기울이고 있지만 일부 지방자치 단체장은 이러한 대다수 시민들과 여론의 요구를 무시하고 있습니다. 이러한 지방자치 단체장의 무책임한 행정을 견제하기 위해서 주민투표제 · 주민소환제 · 주민소송제 등 주민 참여 장치를 강화할 필요성이 절실히 요구되고 있는데 행정자치부 장관께서는 이에 대한 추진 일정과 계획에 대해서 다시 한 번 소상히 밝혀 주시기 바랍니다.

우리 사회는 오랜 가부장제적 전통으로 인해서 아직도 여성의 역할이 제자리를 찾지 못하고 있습니다. 유엔개발계획UNDP이 펴낸 2000년도 인간개발 보고서에 따르면 우리나라의 여성 권한은 조사대상 70개국 중 63위에 머물고 있습니다. 이러한 현실에서 여성부 신설은 환영할 만한 일이며 국민의 정부 개혁의 성과 중 하나라고 말할 수 있겠습니다.

여성부 장관께 묻겠습니다.

먼저 우리나라 여성이 가장 일차적으로 부딪히는 문제가 성차별 문제일 것입니다. 지난해 여성특별위원회에서는 남녀 차별 사례를 접수해서 시정 처리해 왔지만 남녀 차별과 관련된 소송에 대한 지원 실적은 전무했습니다.

여성부 장관께서는 여성 차별 관련 소송 지원을 확대시킬 방안과 사회적으로 뿌리 깊은 여성 차별 해소 방안을 밝혀 주시기 바랍니다.

또한 일할 수 있는 여성들에게 가장 현실적인 어려움이 바로 영·유아 보육 문제입니다.

지난해 한 통계에 따르면, 5세 이하의 아이를 둔 기혼 여성의 취업률은 우리나라 전체 기혼여성 취업률의 3분지 1밖에 되지 않습니다. 아기를 맡길 데가 없어서 일하고 싶고 일할 수 있는 능력이 있는 많은 기혼 여성들이 일할 권리를 빼앗기고 있는 것입니다. 이렇게 중요한 보육 문제가 사실상 여성부 업무로 이관되지 못했습니다.

여성부 장관께서는 앞으로 이런 한계를 어떻게 극복하고 대처해 나갈 것인지 답변해 주시기 바랍니다. 마지막으로 여성계의 오랜 숙원인 호주제 폐지 문제에 대해서 여성부 장관께서 어떤 계획과 일정을 가지고 계신지 밝혀 주시기 바랍니다.

존경하는 국회의장, 그리고 선배·동료의원 여러분! 국무총리를 비롯한 국무위원 여러분!

지금까지 본의원은 공정한 언론시장·국가보안법·청소년·여성·주민 참여 문제에서 아직도 과제로 남아 있는 우리 사회의 인권과 민주주의에 대해서 말씀드렸습니다.

짧은 기간 동안 우리는 생활수준이나 민주주의 측면에서 눈부신 발전을 이루어냈습니다. 그러나 급속한 성장 과정에서 사회적으로 많은 갈등도 나타났습니다. 여전히 수많은 과제가 우리 앞에 놓여 있습니다.

우리 사회에 남아 있는 성역과 부조리한 인습을 극복하고 그 갈등을 아우르며 나아갈 임무가 우리 정부와 정치권에 있습니다. 우리 사회가 안고 있는 낡은 상처들을 치유하고 새로운 세기의 주역으로 꾸준히 나아가기 위해서는 우리 모두가 역사와 국민 앞에 책임을 지겠다는 자세가 필요합니다. 진정 국민의 눈물을 닦아 주기 위해 자신과 자신이 속한 집단의 입장보다는 국민의 평화와 행복을 먼저 앞세우는 모습이 절실한 때입니다.

경청해 주셔서 감사합니다.

독일에 에곤 바가 있다면
한국에는 임동원이 있다

민주당 의원총회 발언

존경하는 이만섭 국회의장님!

우리 국회를 소모적인 정쟁과 대립의 장에서 생산적인 토론과 합의의 장으로 만들기 위해 애쓰시는 의장님의 노고에 경의를 표합니다.

그리고 국가 백년대계를 내다보는 정치를 위해 애쓰시는 선배와 동료 의원들께도 깊은 존경의 인사를 드립니다.

우리 민주당 의원들은 오늘 대단히 무모한 싸움을 눈앞에 두고 있습니다. 이길 가능성이 거의 없어 보이는 싸움을 앞에 두고 있기 때문입니다.

그러나 이 자리는 국회의원 271명이 아니라 바로 4,800만 국민, 7천만 겨레가 지켜보고 있고, 조국의 독립과 평화 통일을 위해 싸우다 숨져간 수많은 애국선열들이 이 자리를 지켜보기 때문에, 그리고 앞으로도 무궁하게 흘러갈 한민족의 역사가 이 자리를 평가할 것이기 때문에 우리는 두려움 없이 이 자리에 섰습니다.

우리는 오늘 민족의 화해와 공존을 위해 또 하나의 속죄양을 민족의 제단에 올립니다. 화해와 교류보다는 분단과 대립 속에서 자신들의 기득권을 유지하려는 세력, 이 세력이 몰고 오는 광풍 앞에 속절없이 또 하나의 속죄양을 바칩니다.

임동원 장관의 해임을 요구하는 분들 중에 어떤 분들은 이렇게 말합니다. 우리는 임동원 장관 한 사람의 실책을 지적하는 것이지, 햇볕 정책 자체를 거부하는 것은 아니라고.

언뜻 듣기에는 그럴싸하지만 결국은 이런 생각이 듭니다. 결혼 자체는 반대하지 않지만 함 진 애비가 맘에 안 드니 바꿔라! 사주단자를 지고 온 함 진 애비 탓하는 것은 결국 그 혼사가 맘에 안 드니 어떻게 까탈을 부려서라도 그 혼사를 깨 보자는 이야기 아닙니까?

북한하고 자꾸 왔다 갔다 하고 화해다 협력이다 하는 게 맘에 안 들지만 그렇다고 그걸 반대하면 반통일 세력으로 몰리니까 정책 담당자 한 사람을 집중 공격 대상으로 삼아 결국 대북 화해 정책 자체를 무력화시키자는 것 아닙니까?

에곤 바Egon Bahr라고 하는 독일 정치가가 있습니다. 이 사람이 한 평화 세미나에 참석하기 위해 내일 서울에 옵니다. 그는 빌리 브란트 수상 밑에서 동방 정책의 이론적 기초를 닦고 1972년 동·서독 기본 조약을 성사시킨 장본인입니다. 유럽에서 탈냉전의 물꼬를 텄던 동방 정책의 기수 브란트의 일급 참모였습니다.

그는 동·서독 관계를 긴장과 대립에서 화해와 협력 관계로 전환시키는 과정에서 유명한 원칙을 천명했습니다. '접근을 통한 변화Wandelung durch Annaeherung' 라는 원칙입니다. 이 원칙하에 동독에 대한 끊임없는 지원과 대화를 통해 결국 독일의 통일을 이끌어 냈던 것입니다.

독일에 에곤 바가 있다면 한국에는 임동원이 있습니다. 그는 '대결 청산을 통한 평화 만들기peacemaking through peacekeeping' 라는 원칙을 갖고 있습니다.

휴전선을 사이에 두고 머리끝부터 발끝까지 중무장한 200만 대군이 서로 대치하고 있는 현실에서, 어느 쪽에서건 만약 실수로 포탄 한 발이라도 발사되면 바로 전면전으로 비화될 수 있는 우리 현실에서, 평화를 이끌어 낸다는 것은 쉬운 일이 아닙니다.

그러나 이 쉽지 않은 평화 만들기 정책을 일관되게 실무적으로 추진해 온 것이 바로 임동원 장관입니다. 이 임동원 장관을 오늘 우리는 여전히 냉전이 지배하고 있는 한국 정치의 속죄양으로 내놓고 있는 것입니다.

우리보다 앞서 냉전을 허물고 민족 화해와 교류에 앞장섰던 당시 서독 정부도 오늘 우리와 비슷한 어려움을 겪었지만 이를 슬기롭게 극복하였습니다. 1972년 4월 당시 서독 정부는 사민당과 자민당 간의 연립 정부였습니다.

그러나 보수당이며 야당인 기민당은 동방 정책에 반대하는 자민당 일부 의원들과 연합해서 어렵사리 성사된 동·서독 기본 조약에 대한 비준 반대를 획책했습니다.

투표 결과, 연립 여당은 두 표차로 비준안을 통과시켰습니다. 자민당 의원들의 절반이 야당 편을 들었으나 그 나머지 반이 브란트 총리 쪽을 지지했기 때문에 가능한 것이었습니다. 당시 자민당 지도부는 소속 의원들의 개별 의사를 존중하면서도 전체적인 대의에서는 공동 여당의 금도를 지켜 유럽에서 탈냉전의 물꼬를 텄던 것입니다.

이제 곧 표결이 있을 것입니다. 표결에 앞서 마지막으로 지금까지 공동 정부를 이끌어 왔던 자민련 선배와 동료의원들께 묻습니다. 내각을 통괄하는 책임자는 국무총리입니다. 통일 정책의 실무 부서 책임자인 임동원 장관께 책임을 묻는다면 내각의 책임자인 이한동 국무총리는 과연 이 책임으로부터 자유로울 수 있는 것입니까? 숙고해 주시기 바랍니다.

민족 화해와 통일을 위해 고민하시는 한나라당 선배와 동료의원들께도 간곡히 말씀드립니다. 정치는 유한하지만 민족은 영원합니다. 우리 모두는 언젠가 역사의 무대에서 사라지지만 민족의 역사는 끝없이 계속됩니다. 부디 민족과 역사 앞에 책임지는 올바른 판단을 내려 주시기를 진심으로 기원합니다.

경청해 주셔서 감사합니다.

대북 송금 특검법에 관한 5분 발언
제236회 국회 07차 본회의

경기 고양·일산갑 출신 정범구 의원입니다.

오늘 최근 논란이 되고 있는 대북 송금 문제와 관련해 국민이 지켜보고 있는 이 민의의 전당에서 국민과 함께 몇 가지 생각해 보고자 이 자리에 섰습니다.

최근 대북 송금 문제를 둘러싸고 벌어지고 있는 오늘의 논쟁은 자칫하면 그동안 우리가 쌓아 왔던 남북 화해의 기초를 송두리째 무너뜨릴 뿐만 아니라 앞으로 북한이 개방될 때에 북을 남북 경제 공동체의 일원으로서가 아니라 외국 자본의 일방적 지배하에 내버려 두게 되는 돌이킬 수 없는 우를 범하게 될 것이라는 생각을 하게 됩니다.

따라서 민의를 대변하는 오늘 국회의 본회의장에서 이 문제에 대한 토론이 필요하고 이 토론은 어느 한 정파나 당파의 이익을 위해서가 아니라 다음 세대의 이익, 민족의 이익, 역사의 이익을 위해서 토론하는 자리가 되어야 할 것입니다.

우리가 흔히 남북 관계의 모델로 인용하는 것이 동·서독관계이고 서독의 동방 정책입니다. 70년대부터 본격화되는 브란트의 동방 정책 Ostpolitik은 탈냉전의 시대적 조류를 주도한 브란트라는 위대한 진보적 정치인의 주도로 시작이 됐습니다. 이것은 모두가 다 아는 사실입니다.

그러나 정치를 한 꺼풀 벗겨보면 모두 경제의 다른 표현입니다. 동방 정책의 뒤에 숨겨져 있는 사실들을 봐야 합니다. 1969년 10월 빌리 브란트 사민당 당수와 발트 쉘 자민당 당수의 연합 정권이 시작됐을 때 서독은 소위 할슈타인 원칙이라고 하는 것에 스스로 발목이 묶여서 동독을 비롯한 동유럽시장에 진출하지 못하고 있었습니다. 반면에 이탈리아의 피아트라든가 프랑스 출신 다국적 기업인 듀퐁, 영국의 브리티쉬에어웨이 등 수많은 다른 나라의 기업들은 동독에 진출해서 자신들의 시장을 확보해 가고 있었습니다.

그러나 할슈타인 원칙에 따라서 동독을 국가적 실체로 인정하지 않을 뿐만 아니라 동독과 수교하는 국가와도 단교를 해 나갔던 서독의 기업들은 동독시장으로 달려가던 외국기업들을 무기력하게 바라보고 있을 수밖에 없었습니다. 브란트의 동방 정책, 그 성공의 배후에는 이와 같이 동독시장에 진출하고자 하는 지멘스라든가 아에게 또는 메르세데스 벤츠 같은 독일 대기업의 욕구가 도사리고 있었다는 사실을 우리가 함께 봐야 된다고 생각합니다.

최근 2월 12일자 〈매일경제〉에는 〈파이낸셜 타임즈〉의 서울 특파원으로 있는 앤드류 워드 기자의 기사가 실려 있는데 이런 구절이 눈에 띕니다. "한국 신문들이 연일 지면을 도배하다시피 비자금 의혹을 떠들어 대고 있지만 국제 언론은 이 같은 뉴스를 거의 무시하고 있다. 그 이유는 비자금이 북한에 비밀리에 송금됐다는 것 자체를 충격적인 소식으로 받아들이지 않고 있기 때문이다. 역사적으로 많은 국가가 자국에 적대적인 국가나 주변국 행동을 변화시키기 위해 경제적 지원을 제공하는 사례를 쉽게 찾아볼 수 있다."

이런 이야기입니다.

우리는 대북 송금 문제를 논의함에 있어서 두 가지 점에 유의해야 한다고 생각합니다. 첫째, 이 문제는 남북 문제의 복잡성과 연관해 볼 때 정치적 문제지, 사법적 문제가 아니라는 것입니다. 현행 실정법으로 포괄할 수 없는 많은 문제가 걸려 있는 남북 문제를 협소한 법률적 시각으로 재단할 수 없다는 것입니다.

둘째는 진상을 규명하되 정보는 보호해야 한다는 것입니다. 대북 송금의 큰 틀은 밝히되 협상 과정의 세세한 정보들은 국익 보호 차원에서 보호해야 한다는 것입니다. 북한시장을 넘보는 수많은 경쟁국가들의 존재를 고려할 때 이런 판단은 더욱 중요합니다.

〈문화일보〉의 도올 김용옥 기자의 말을 여기서 잠시 인용해 보겠습니다. "까밝히면 휴지, 덮어두면 보물이 될 모든 정보들을 정당의 이해관계가 아닌 초당적인 국익과 민족의 대의를 위하여 소중하게 관리해 나갈 필요가 있다."

저는 지금 이 문제와 관련해서 한나라당에서는 특검제 도입을 주장하고 있는 것으로 압니다. 저는 이 문제를 관련 상임위원회인 통일외교통

상위원회와 정보위원회에서 관계 당사자들을 불러 한 점 의혹 없이 밝혀야 되나, 정보 관리는 국익 차원에서 신중하게 해야 된다고 생각합니다. 그리고 총체적 진실은 의혹이 남는 부분이 있을 수 있습니다. 총체적 진실은 역사의 판단에 맡겨야 한다고 생각합니다.

외국 속담에 "폴리티션politician은 다음 선거를 의식하지만 스테이츠맨Statesman은 다음 세대를 의식한다"라는 말이 있습니다.

선배·동료 여러분! 모두 눈앞의 이익을 쫓는 정상배가 아니라 국가의 이익을 쫓는 위대한 정치가가 되시길 빕니다.

이성이 지배하는 한국 정치를 바라며

17대 총선 불출마 선언문

존경하는 국민 여러분, 일산 주민, 그리고 당원 동지 여러분!

저는 오늘 17대 총선에 출마하지 않을 것을 밝힙니다.

4년 전, 저는 김대중 정부의 개혁과 남북한 화해·협력을 위해 작은 힘이나마 보태고자 현실 정치에 뛰어들었습니다.

그러나 4년이 지난 지금, 저 자신과 우리 정치를 돌아보며 이제는 제가 물러날 때라고 생각하게 되었습니다.

저는 노무현 대통령 당선 이후 민주당 분당 사태를 지켜보면서, 우리 사회에서 아직 소수인 평화개혁 세력이 분열되어서는 안 된다고 믿고, 그에 따라 행동해 왔습니다.

한나라당으로 대표되는 수구냉전 세력과의 싸움에서 개혁의 성과들을 확보하고 개혁 세력의 외연을 확장하기 위해 "작은 차이들은 극복하고 연대를 최대화하자"라고 주장해 왔습니다.

그러나 저의 통합 노력은 능력 부족 등으로 별 성과를 이루지 못하였습니다. 오히려 "상대방이 죽어야 우리가 산다"라는 식의 반목과 대립만 커져 왔습니다.

평화개혁 세력 분열은 국민 앞에 그 폐해를 드러내기 시작했습니다.

지난 13일, 이라크 추가 파병 동의안이 국회 본회의에서 압도적 다수로 통과되는 것을 바라보면서, 민주개혁 세력의 분열이 초래한 자기 파멸의 모습을 분명히 목격했습니다.

과연 우리가 대변하고자 했던 개혁의 내용이 무엇이고 민의가 무엇이었던가 하는 심각한 회의에 빠지지 않을 수 없었습니다.

명분 없는 전쟁에의 파병을 막아내지 못한 데 대해 국회의원의 한 사람으로 깊은 자괴감을 느낍니다.

각종 여론 조사에 나타나는 다수 민의는 이라크 추가 파병 반대였지만 국민을 대표한다는 국회에서 그런 민의는 반영되지 않았습니다. 더구나 그런 반평화적 · 반역사적 결정을 내리는 현장에는 누구보다 앞서 개혁을 주창해 왔던 열린우리당의 어처구니없는 '변신'이 있었습니다.

국민들은 무엇이 진실이고 무엇이 개혁인지 분간할 수 없는 극심한 혼란에 빠졌습니다. 이렇듯 민주개혁 세력의 분열은 자신들의 정체성조차 지키지 못하는 반개혁의 나락으로 빠져들고 있습니다.

이런 '분열과 배신'의 정치 한 자락에 제가 자리하고 있다는 것을 감내하기 어렵습니다.

사랑하는 일산 주민 여러분, 그리고 당원 동지 여러분!

지난 4년 동안 많은 사랑으로 저를 아껴 주시고 키워 주신 데 깊은 감사의 말씀을 드립니다. 그리고 충분히 보답 드리지 못한 점 죄송합니다.

많은 지역 주민과 당원 동지들은 "정치 개혁과 일산의 자존심을 위해서라도 출마해야 한다"라고 저의 불출마를 말렸습니다. 그러나 결국 이렇게 불출마를 결심하지 않을 수 없게 된 점을 넓은 아량으로 이해해 주시기 바랍니다.

모든 일에는 다 때가 있다고 합니다.

나설 때가 있으면 물러설 때가 있는 것입니다.

저는 민주개혁 세력의 통합 운동을 추진하면서 "통합이 안 되면 민주개혁 세력의 미래는 없다"라는 것을 분명히 했고, 이런 점에서 불출마도 신중하게 고려하겠다는 것을 여러 차례 밝힌 바 있습니다.

실제로 민주개혁 세력의 분열 속에서 '죽기 살기식 올인 정치'가 횡행하는 가운데, 과연 어떤 정책과 미래에 대한 약속을 가지고 국민들에게 지지해 줄 것을 호소할 수 있겠습니까?

이성과 대의가 실종되고 '서로 죽고 죽이기'에만 몰두하는 이전투구장이 되어 버린 선거판에 참여할 수 없다는 저의 깊은 고뇌를 이해해 주시길 부탁드립니다.

저는 이 땅의 인권과 민주화, 한반도 평화, 서민과 중산층 중심의 사회 경제 정책 등을 내세운 민주당의 정강 정책에 찬동하여 민주당 공천으로 16대 국회에 진출하였습니다.

그러나 오늘날 민주당의 모습을 보면 만감이 교차합니다.

이 민주당을 그 지지자들에게 되돌려주고, 더욱더 국민 속에서 사랑받는 정당으로 태어나기 위해 민주당은 뼈를 깎는 자기 혁신의 의지를 보여 줘야 합니다.

무엇보다 먼저 민주당의 정체성을 회복해야 합니다.

사회 각 분야의 비리 부패 척결, 인권 신장과 평화, 그리고 사회적 약자들을 위해 비타협적으로 싸우는 민주당의 모습을 보여 줘야 합니다. 그렇게 해야만 민주당은 이 땅의 주요한 정치 세력으로 자리 잡을 수 있을 것입니다.

저는 남은 기간 동안 제가 사랑했던 민주당이 다시 국민 속에서 사랑받을 수 있는 정치 세력이 될 수 있도록, 작지만 한 알 밀알의 심정으로 백의종군하겠습니다. 이것이 저를 지지했고 민주당을 지지했던 분들에 대한 마지막 도리라고 생각합니다.

그동안 저를 아껴 주시고 지켜봐 주신 여러분께 다시 한 번 감사드립니다.

'국군 부대의 이라크 추가 파병 동의안' 반대 토론

제245회 국회(임시회) 05차 본회의

존경하는 국회의장, 선배 동료의원 여러분!

오늘 저는 3천 명 우리 국군 장병들의 목숨이 걸려 있고 몇천억, 또는 몇조의 국민 혈세가 들어갈지 모르는 '이라크 추가 파병 동의안'을 보면서, 과연 이 정부가 우리 국민과 국회를 어떻게 보고 있는가 하는 심각한 우려를 제기하지 않을 수 없습니다.

부대 편성에 대한 구체적 내용도, 소요 예산도 불분명하게 제출된 정부의 파병 동의안은 한마디로 국민의 생명과 재산이 걸린 중차대한 문제에 대해 국회의 백지위임을 요구하고 있는 것입니다.

그동안 정부의 이라크 추가 파병 논의는 국민을 속이고 국회를 무시하는 형식과 내용으로 진행되어 왔다는 점에서 저희 민주당은 이를 당론으로 반대하기로 하였습니다.

1. 특전사와 해병대 정예 병력으로 구성된 부대가 '평화 재건 부대' 인가?

먼저, 특전사와 해병대 최정예 전투 병력으로 구성된 추가 파병 부대가 과연 비전투병 중심의 평화 재건 부대입니까?

정부는 그동안 추가 파병과 관련하여 국내의 강한 반발을 의식해서인지 비전투병 위주의 병력을 평화 재건 부대로 파견하는 것처럼 여론을 호도하여 왔습니다. 그러면 여기 나와 계신 국방장관께 묻겠습니다. 이번에 새로 파병되는 3천 명 병력 중에 의료 · 공병 부대의 추가 파견 병력이 있습니까? 없지요?

특전사 4개 대대 1천 명, 그리고 해병대는 몇 명입니까?

그리고 도대체 파병 동의안에 가장 중요한 내용이 되어야 할 부대 편성 내용이 이 동의안 어디에 있습니까?

지난 3월 1차 파병 때에는 동의안에 분명히 나와 있습니다. '파견 부대는 1개 대대 600명 이내의 건설 공병 지원단과 100명 이내의 의료 지원단으로 함'. 이렇게 되어 있죠?

그런데 2차 파병 동의안에는 어떻게 되어 있습니까?

'파견 부대의 규모는 3천 명 이내로 함'

도대체 3천 명 규모의 병력이 어떤 부대 편성으로 되어 있는지? 국회의원들은 알 필요 없이 거수기 노릇만 하면 되는 것입니까?

국민의 대표기관인 국회가 이런 중차대한 국익과 국민의 생명, 재산이 걸려 있는 문제에 대해 과연 무엇을 어떻게 알고 판단하라고 이런 동의안을 내놓은 것입니까?

구체적인 부대 편성의 윤곽을 그나마 알게 해 주는 것이 지난 1월 29일

국방부 기자회견을 통해 나온 내용입니다.

국방부 김태영 정책기획국장이 밝힌 내용을 보면 부대는 1,070명씩의 민사여단 둘로 구성되어 있는데 이 민사여단 주력이 2개 대대 특전사, 1개 대대의 육군 특공부대, 여단 직할 장갑차 1개 중대, 이렇게 되어 있죠.

이 민사여단이란 게 어떤 임무를 띠고 있는지 모르겠지만 이 민사여단이란 이름으로 포장되어 있는 소위 재건 지원 부대라는 게 특전사·특공부대·장갑차중대로만 구성되어 있습니다.

전후 재건 지원을 한다면서 왜 이런 고도의 전투력을 갖고 있는 전투부대 중심으로 편성이 되어 있느냐 이겁니다.

결국 추가 파병 부대는 전투 부대 아닙니까?

조금 더 이야기해 볼까요? 2개 민사여단 병력 2,140명에다가 해병대원으로 되어 있는 사령부 경비중대 병력 98명, 합치면 3천 명 중 2,238명이 완전 전투병입니다. 여기에 사단 직할대 700명도 전투 지원을 위한 병력입니다.

그렇다면 결국 미군이 담당하고 있는 이라크 북부 지역의 경비임무를 대체하기 위해 우리 전투 부대를 보내는 것이 사실 아닙니까?

평화 재건 부대라고 이름 붙였습니다만 이 작업은 이미 파견되어 있는 의료·공병 부대인 서희·제마 부대가 지금까지 잘해 오고 있던 일 아닙니까?

더구나 서희·제마 부대가 활동하던 지역은 남부의 이탈리아군 관할 구역인 나시리아 지방이라 치안도 안정되어 있고 이탈리아군 보호하에 있었기 때문에 우리 부대의 안전에도 크게 지장이 없었습니다. 그런데 그런 안전지대에 있던 우리 의료·공병 부대까지 전투병 파병의 들러리용으로 치안이 대단히 불안한 북부 키르쿠크 지역으로 보내는 겁니다.

결국 미국이 처음부터 요구해 왔던 내용, 미군을 대체하여 북부지역 점령과 치안 업무를 우리가 떠맡게 된 것 아닙니까? 이게 무슨 평화 재건 부대입니까?

실질적 전투 부대를 궁색하게 평화 지원 부대로 만들려니까 지금까지 안전지대에서 평화 재건 업무를 성공적으로 수행해 왔던 우리 서희·제마 부대까지 끌어내어 위험지대로 보내면서 무슨 거창한 평화 재건 사업을 벌이는 것처럼 국민을 속이고 있는 것 아닙니까?

다시 한 번 묻겠습니다만 추가 파병 병력 3천 명 중에 과연 의료·공병 부대 증파분이 단 한 명이라도 있습니까?

2. 부대 편성도, 구체적 소요 예산도 명시되지 않은 백지위임 동의안

국민의 눈을 가리고, 국회를 속여 동의안을 처리하려니까 동의안 내용도 날림투성이입니다.

구체적 파병 부대의 내용을 1차 동의안 때와는 달리 두루뭉수리로 하고 있는 것 외에 소요 예산에 대한 내용도 완전 날림입니다. 국회를 완전히 우롱하고 있습니다.

1차 파병 동의안의 예산 소요를 보면 '03년도 정부 예비비로 하며 건설 공병단 260억, 의료 지원단 100억 등 총 360억 원'의 소요 예산에 대한 국회 동의를 요청하고 있습니다.

그러나 2차 파병 동의안은 어떻게 되어 있습니까? '04년도 일반 회계 예산으로 하며 대미협의 및 현지 협조 결과에 따라 구체화될 예정'이라고 하고 있습니다. 한마디로 국회에 예산 사용에 대한 백지위임을 요구하고 있는 것입니다.

우리 헌법 54조 1항은 "국회는 국가의 예산안을 심의·확정한다."라고 명시하고 있습니다. 그런데 정부의 파병 동의안을 보면 과연 국회가 파병과 관련하여 무슨 예산을 어떻게 심의하여 동의안을 통과시키든, 부결시키든 하란 말입니까?

여기 계신 선배·동료의원님들, 우리의 국군과 장비를 해외에 보내면서 과연 국민 혈세가 얼마나 들어가는지, 어떻게 쓰이는지, 정확한 정보를 갖고 계십니까? 그냥 한·미동맹을 위해서라고 하면 국회는 어떤 사안이든지 그냥 백지위임을 하면 되는 것입니까?

제가 여기 지난 1964년 우리 정부가 최초로 월남에 파병하면서 보내 온 1차 파병 동의안 사본을 갖고 나왔습니다. 1964년 7월 23일자로 되어 있습니다.

당시 필사본으로 만들어진 이 동의안은 모두 13쪽으로 되어 있는데 여기에는 당시 장비 리스트뿐만 아니라 피복비와 병력 호송용인 LST선의 특별 판공비등 예산 소요 세목이 첨부되어 있습니다. 40년 전의 정부 문서가 비록 일일이 손으로 써서 보내 온 필사본이지만 국민의 대표기관인 국회를 존중하고 국민을 의식하는 것이 명백히 눈에 띕니다.

40년이 지난 오늘 국방부 예산은 당시와 비할 바 없이 증가하고 행정기술도 비약적으로 발전했을 텐데 단 한 가지 후퇴한 것은 국민과 국회를 대하는 태도입니다.

3. 어떤 법적 근거도 제시하지 못하고 있는 파병 동의안

정부의 이번 파병 동의안은 날림으로 되어 있을 뿐 아니라 국제법상으로도 심각한 문제를 야기할 수 있습니다. 동의안의 맨 앞에 나와 있는

'제안 이유'를 보시기 바랍니다.

"평화 애호 국가로서 전후 이라크의 신속한 평화 정착과 재건 지원을 위해 미국이 주도하는 국제적 연대에 동참함으로써 세계 평화와 안정에 기여함은 물론 한·미동맹 관계의 공고한 발전을 도모하고자 이라크에 평화 재건 부대를 파병하려는 것"으로 되어 있습니다.

남의 나라에 군대를 보내면서 해당국 정부의 파병 요청도, 또 우리 정부가 금과옥조처럼 여기는 유엔 안보리 결의안 1511호도 언급되어 있지 않습니다.

앞서 말씀드린 월남 파병 당시 1차 파병 동의안에는 당시 월남정부의 지원 요청이 명시되어 있습니다. 지금 이라크에는 다국적 점령군 보호하에 이라크 통치위원회가 구성되어 있습니다. 하다못해 이 통치위원회의 파병 요청이라도 있어야 하는 것 아닙니까? 다른 주권 국가에 파병하면서 현지 요청 없이 무슨 근거로 우리가 파병을 합니까? 잘못하면 침략자로 낙인찍히는 것 아닙니까?

미국의 이라크 침공은 유엔 안보리 결의 없이 자행된 전쟁입니다. 차후 유엔 안보리는 결의안 1511호를 통해 이라크에 조속히 자치정부가 수립되도록 하기 위하여 회원국들이 다국적군에 대하여 군사력을 포함한 지원을 제공토록 권유하고 있습니다.

우리가 전투 부대를 파병한다면 이런 유엔 안보리 결의에라도 근거를 두어야 하는데 이런 것조차 이번 정부 동의안에는 무시되어 있습니다.

국제 사회의 책임 있는 일원인 대한민국이 자국의 군대를 해외에 파견하면서 그에 합당한 국제법적 근거도 없이 파병하려는 것을 국민의 대표 기관인 국회조차 묵인하란 말입니까?

그럼 정부가 유일한 파병 근거로 내놓고 있는 한·미동맹의 내용은 어떻게 되어 있습니까?

한미상호방위조약 제1조는 국제적 분쟁을 평화적 수단에 의해 해결할 것을 권고하고 있고, 제2조에서는 당사국 중 어느 일방의 정치적 독립이나 안전이 외부로부터의 무력공격에 의해 위협받을 경우 이를 저지하기 위한 적절한 수단에 대해 협의할 것을 규정하고 있습니다.

그런데 어떻습니까? 미국이 이라크 침공의 명분으로 삼았던 대량 살상 무기의 존재는 3천 명의 이라크 조사단ISG이 지난 8개월 동안 이라크 전역을 샅샅이 뒤졌는데도 못 찾아내지 않았습니까? 그래서 이 이라크 조사단 단장인 데이비드 케이가 지난 1월 28일 미 상원 군사위원회에 출석해서 "우리의 판단이 전적으로 틀렸다"라고 공개적으로 발언한 것 아닙니까?

부시 대통령조차 왜 대량 살상 무기가 존재한다는 정보 보고가 틀렸었는지를 판명하기 위해 이를 조사할 9인 위원회의 설치를 약속하고 내년 5월까지 결과 발표할 것을 지시했습니다.

자, 그러면 이야기를 한번 정리해 봅시다. 이라크에 대량 살상 무기가 존재하고 있어서 미국의 안전이 심각하게 위협받고 있다는 논리는 이제 성립이 안 됩니다. 또 9·11테러를 지휘한 오사마 빈 라덴이 후세인 정부의 사주를 받았거나 이라크 내에 근거지를 두고 있다는 증거도 없습니다. 그러면 이라크가 미국의 정치적 독립이나 안전을 무력공격에 의해 위협하고 있다는 논지는 성립이 안 됩니다.

우리 정부가 이라크 파병의 유일 근거로 들고 있는 한·미동맹의 어느 조항에 의해 파병을 정당화할 수 있는 것입니까? 그것도 고도의 전투력을 갖고 있는 특전사 등 최정예 전투 병력의 파병을 정당화할 수 있는.

4. 진정한 한 · 미동맹은 어떤 것인가?

많은 분들이 한 · 미동맹을 위해 이라크에 파병해야 한다고 합니다.

분단된 한반도 현실을 볼 때 한 · 미우호와 동맹에 대해 반대할 사람이 어디 있겠습니까? 그러나 진정한 한 · 미우호는 양국 정부 간의 우호뿐만 아니라 3억 미국 국민, 5천만 한국 국민 간에 이루어져야 합니다.

우리가 과거 박정희 · 전두환 정권의 인권 탄압과 독재에 저항해 싸울 때 미국 정부와 미국 내 양심 세력을 향해 이 독재 정권들을 지원하지 말 것을 호소해 오지 않았습니까?

그것은 정권은 유한하되 나라와 국민은 영원히 지속된다는 이치에서였습니다.

진정한 한 · 미우호가 양국민 간의 진정한 상호 이해와 존중에서 비롯되는 것이라면 우리는 현재 미국 내에서 일고 있는 반전 여론에도 귀 기울일 필요가 있습니다. 얼마 전 미국 CNN 갤럽 주최 공동 여론 조사에 의하면, 부시와 민주당 케리 후보의 가상 대결에서 케리가 53% 대 46%로 부시 대통령을 크게 앞지른 것으로 나타났는데 부시 대통령의 지지도 하락 원인은 이라크 전 때문이었습니다. 어떤 여론 조사에서는 미국 국민들의 49%가 이라크 전이 정당하지 못하다고 응답하고 있습니다. 이라크 전에 대한 미국 내 여론도 급속히 변화하고 있는 것입니다. 명분 없는 이라크 전쟁에 반대하는 수많은 미국의 양심적 국민들과 연대하는 것도 진정한 한 · 미우호를 발전시키는 중요한 길이라고 생각합니다.

5. 추가 파병 동의안은 반드시 전자투표로 표결해야 한다.

이외에도 이라크 전쟁의 명분 없음, 그리고 이 명분 없는 전쟁에 우리 군대, 그것도 말로는 평화 재건 부대라고 하지만 고도의 전투력을 갖춘 전투 부대를 파병하는 것에 반대해야 하는 이유는 너무나 많습니다. 그러나 이제 이 명분 없는 파병안을 한나라당과 열린우리당이 찬성당론을 정해 통과시키려 하는 즈음에 이런 이야기를 늘어놓는 것이 한가하게 느껴지기도 합니다.

저는 이 파병안 처리와 관련하여 먼저 박관용 의장님께 강력히 요청합니다. 국민적 관심이 쏠려 있는 이 사안이야말로 지금껏 다른 사안을 처리해 온 것처럼 전자투표로 표결하여야 합니다. 진정으로 이 동의안이 국익에 부합된다고 믿는 의원님들은 의원님들대로, 이 동의안이 우리 국민과 국회를 모욕하고 있다고 믿는 의원님들은 또 그들대로 당당히 자신의 이름을 밝히고 표결에 임해야 할 것입니다. 국민들이 판단할 수 있어야 할 것 아니겠습니까?

합리적이고 주체적인 국회 운영을 위해 노력해 오신 박관용 의장님의 인품에 미루어 볼 때 이 사안은 당연히 전자투표로 처리해 주실 것이라 믿습니다.

마지막으로 존경하는 열린우리당의 선배·동료의원님들께 호소합니다.

이 이라크 추가 파병 동의안은 앞으로 열린 우리당의 정체성을 판단하는 데 매우 중요한 시금석이 될 것입니다. 그동안 전투병 파병을 당론으로 반대해 왔던 열린우리당이, 이 동의안에 찬동한다면 아마 지금껏 열린 우리당의 구호와 선전을 믿고 지지해 왔던 지지자들은 심각한 혼란에 빠지게 될 것입니다. 과연 무엇이 참이고 진실인지, 입으로 개혁을 말하지만 과연 그 개혁이 지향하는 바가 무엇인지 심각한 고민에 빠지지 않을 수 없을 것입니다.

열린우리당의 존경하는 김근태 선배의원님께서 대답하셔야 합니다.

정신적 여당이라면 행정부의 모든 잘못된 결정까지 다 싸안고 가야 하는 것입니까? 우리가 과거 김대중 정부 시절, 여당이면서도 정부의 잘못된 결정에 대해 항변하던 때의 전통은 어디로 갔습니까?

존경하는 임종석 의원께도 한 말씀 드립니다.

과거 전투병 파병에 반대하여 목숨을 걸고 단식을 하던 그 기개는 어디로 갔습니까? 그때 임 의원이 반대하던 때와 지금, 과연 어떤 중대한 상황 변화가 있습니까? 정신적 여당을 자처하는 열린우리당의 정동영 의장께서 환경미화원과 택시 기사들의 민생 문제를 진정 걱정하신다면 앞으로 수천억·수조 원의 국민 혈세가 들어가야 하고 우리의 아들딸들이 무고하게 피를 흘리게 될, 이 명분 없고 실익 없는 전쟁부터 먼저 반대하고 나서야 하는 것 아닙니까?

이 동의안이 국회에서 통과된다면 국민들은 이제 아무도 정치인의 말을 믿지 않을 것이며 정치판에서 벌어지는 모든 일들은 정말 "쇼쇼쇼!"가 될 것입니다.

한나라당의 선배·동료의원님들께도 마지막으로 한 말씀 드립니다.

여기 계신 우리 모두 진정한 국익과 한·미우호에 관해 고민하고 있습니다.

그러나 지금 여기 올라와 있는 식의 정부 동의안에 찬성하는 것이 과연 국익에 부합하는 것인지, 또 제가 앞서 지적한 것처럼 의원님들께서

이 동의안의 구체적 내용과 문제점들에 대해 충분히 검토하신 것인지 깊이 생각해 보서야 할 것입니다. 오로지 한·미동맹이라는 주술에 걸려 더 큰 한·미우호를 해치는 결정을 하는 것은 아닌지, 국민을 앞에 두고 진지하게 고민해 보실 것을 부탁드립니다.

의장님께서 이 사안을 반드시 전자투표로 처리해 주실 것을 믿으며, 제 발언을 마치겠습니다. 경청해 주셔서 감사합니다.

백범 김구와 정범구의 만남
― 통합의 리더십을 위하여

2004년 3월 국회보

평생을 조국 독립을 위해 투신해 왔고 광복 후 통일정부 수립을 위해 싸우다가 살해당한 우리 민족의 영원한 스승 백범 김구 선생을 현실 정치의 질곡 속에서 감히 만나 보았습니다. 아마 백범이라면 저의 질문에 이렇게 대답하셨을 것입니다.

정범구(이하 정) : 선생님, 요새는 심기가 어떠하십니까? 현 시국을 바라보시면서 생각이 많으실 것 같은데요…. 저는 현실정치에서 어려움을 겪을 때마다 선생님 생각을 많이 떠올렸습니다. 선생님이라면 이럴 때 어떻게 하셨을까 하고 말이지요.

백범 김구(이하 백범) : 정 의원, 그동안 잘 있었소? 지난 2000년 5월 30일이었나요? 제16대 국회의원 임기가 시작되던 날 이곳 효창원에 들러

인사하고 가던 때가 엊그제 같은데 4년 가까이 세월이 흘렀구려. 그때 내게 들렀다 언덕길을 내려가는 정 의원의 뒷모습이 꽤 비장해 보였던 기억이 납니다.

정 : 저는 지난 4년 동안 선생님께서 가르쳐 주신 대로 "어떤 일을 함에 있어서 그것이 가능한가, 가능하지 않은가" 보다는 "옳은 일인가, 옳지 않은 일인가" 를 기준으로 판단하고 행동하려 했습니다. 더구나 국가의 이익과 국민의 생명이 달린 문제에 있어서는 개인이나 당파의 이해관계보다는 국리민복을 우선으로 판단하고자 했습니다만 제가 후일 어떤 평가를 받게 될지 두렵습니다.

백범 : 역사의 평가를 두려워 한다는 게로군. 현실 정치에서 성공하는가 하는 것보다 더 중요한 것은 역사에서 승리하는 것이요. 제 발밑을 먼저 보는 정치인이 진정한 정치인이외다. 나는 일편단심 조국과 광복과 통일을 위해 내 모든 것을 바쳤소이다. 허허, 그런데 노무현 대통령이 일본에 가서 나를 "실패한 정치인"이라고 하였다 하니, 그때는 하도 어이가 없고 기가 막혀서 며칠 밤낮을 어찌 지냈는지 모를 정도였소. (이 대목에서 백범은 말을 잇지 못하고 잠시 허공을 쳐다보았다.) 이곳에 함께 있는 윤봉길 · 이봉창 · 백정기 동지들이 더 흥분하고 그랬었지, 허허. 내가 이승만 대통령의 분단 노선에 반대해서 안두희의 총알을 받았지만 오늘날 역사가 이 사람과 우남(이승만)을 과연 어떻게 평가하고 있소? 한나라의 지도자가 그런 역사관을 갖고 있다는 것은 심히 우려스러운 일입니다.

(이 대목에서 백범은 다소 격앙되었다. 대담이 이제 시작이라는 점에서 화제를 다른 곳으로 돌렸다.)

분열과 갈등에서 통합으로-민족의 분열 VS 개혁 세력의 분열

정 : 지금의 정치 상황에 대해서 선생님께서는 어떻게 생각하십니까? 모든 것이 분열입니다. 어느 것 하나 통합되지 못하고 쪼개어지고 나누어지고 있습니다. 크게는 남과 북으로, 정치권 내에서는 민주 세력의 분열, 노와 사, 정부와 주민(부안사태 등)으로 반목과 불신이 더욱 심해지고 있는 것이 우리의 현실인 것 같습니다.

백범 : 산에 한 가지 나무만 나지 아니하고, 들에 한 가지 꽃만 피지 아니합니다. 여러 가지 나무가 어울려서 위대한 삼림의 아름다움을 이루고 백 가지 꽃이 섞여 피어서 봄 들의 풍성한 경치를 이루는 것입니다. 하나만을 주장하지 마십시오. 서로가 서로를 바라보고 이해해야죠. 속담에 "발을 백 개 가진 벌레는 죽기에 이르러서도 쓰러지지 않는다"는 말이 있습니다. 이 얼마나 좋은 말인가요. 민주주의적이고 또한 조직의 원리를 말한 것이오. 민중의 토대가 없이 영수가 있을 수 없고 하층 기본 조직이 없이 중앙의 영도권이 있을 수 없습니다.

민족 내부의 갈등은 이를 토대로 치유해 나가야 한다고 봅니다. 나는 일부 당파나 어떤 한 계급의 철학으로 다른 다수를 강제함이 없고, 천지와 같이 넓고 자유로운 나라, 그러면서도 사랑의 덕과 법의 질서가 우주자연의 법칙과 같이 준수되는 나라가 되기를 바랐습니다. 그렇게 모든 문제를 해결해 나가기를 바랍니다.

정 : 당내 개혁을 함께 논의했던 동료들이 탈당하여 열린우리당을 만들었습니다. 열린우리당으로 간 사람들의 주장에 일면 공감하는 바 없지

않지만 그것보다 더 큰 것은 어떤 명분으로도 취약한 민주 세력의 분열은 용납될 수 없다는 생각 때문에 민주당에 남아서 재건을 위해 힘썼습니다. 근본적으로 다르지 않은 양당의 통합을 이루기 위해 차이를 최소화하고 연대를 최대화하자고 주장했죠. 그래서 민주당을 탈당하여 열린우리당과의 통합을 위해 불출마라는 배수진까지 치며 열심히 노력했지만 결과는 실망이었습니다. 이들이 결국은 분열된 채로 제17대 총선을 치르게 되었습니다.

백범 : 나는 1945년 당시 남한에는 미국이, 북한에는 소련이 들어와 신탁통치를 한다고 할 때 범국민적으로 신탁통치 반대 운동을 펼치며 남북한의 정치 지도자들을 부지런히 만나러 오갔습니다. 공산주의 나라를 세우자는 사람과 민주주의 나라를 세우자는 사람들이 의견을 합치는 문제를 의논했지만, 그들 중 누구에게도 통일정부를 세우겠다는 열의가 없다는 것을 알게 되었소. 그러나 항상 첫 숟가락에 배부를 수는 없는 일이라 믿었고 1948년 남북지도자연석회의를 소집하는 등 통일을 위해, 전쟁을 막기 위해 애썼다오.

정 : 저도 통합 운동을 한다고 바쁘게 오갈 때 청와대 인사를 포함한 여권의 다양한 사람들을 만났는데요, 대통령과 열린우리당 핵심 세력이 민주당을 통합의 대상이 아닌 소멸의 대상으로 바라보고 있다는 인상을 강하게 받았습니다. 저는 통합이 안 되면 민주개혁 세력의 미래는 없다고 생각했습니다. 하나였던 세력이 나뉘어 서로를 향한 '죽기 살기식 올인 정치'를 펼친다면, 과연 어떤 정책과 미래에 대한 약속을 가지고 국민들에게 지지를 호소할 수 있겠습니까? 저는 이런 점에서 민주 세력의 분열

은 국민에 대한 배신이라 생각했고 결국 불출마 선언까지 이어지게 됐습니다. 선생님, 제 생각이 잘못된 것일까요?

백범 : 우리나라가 옛적부터 오늘까지 쟁두爭頭로써 항상 말썽이 많았다는 걸 잘 알고 있으리라고 보오. 쟁두라는 뜻은 곧 대가리 싸움인데 대가리 싸움은 또 무엇이냐 하면, 영수 싸움 곧 헤게모니 싸움을 의미한 것입니다. 나는 해외에서 독립운동 할 때나 국내에 들어와서 보아도 어떤 사회에서든지 서로 일을 같이하기로 철석같이 약속해 놓고도 인사 문제에 가서 의견이 맞지 않아 분열되는 일이 많은 것을 보아왔소. 영수욕에 날뛰는 그들은 영수 지위가 자기에게 돌아가지 않으면, 어제 같이 맹세했던 것도 언제 그런 일이 있었던가 하고 분열되어 가는 겁니다. 집안이 불화하면 망하고 나라 안이 갈려서 싸우면 망하니, 동포 간의 증오와 투쟁은 망조亡兆입니다. 우리 국토 안에는 언제나 춘풍이 태탕하여야 하고, 크게는 남북 관계, 작게는 우리 가족 안에서도 화의하여야 합니다. 이것은 우리 국민 각자가 한 번 마음을 고쳐먹음으로써 되고 그러한 정신의 교육으로 영속될 것이라오. 낮고 힘든 일은 저마다 먼저 하려고 대어 들고, 높고 쉬운 일은 서로 사양한다면 서로 다툼이 없어질 것이요, 모든 일은 잘되어 나갈 것일 텐데….

정 : 요즘 저는 최인훈의 소설 〈광장〉에 등장하는 주인공 이명준을 많이 생각합니다. 남과 북, 어디도 선택하지 못하고 제3국으로 향하는 배에서 뛰어내리던 그 심정을 어렴풋이 알 것도 같습니다.

인류의 보편적 가치관, 평화—이념 대립 VS 이라크 전쟁

백범 : 나는 통일된 조국을 건설하려다가 삼팔선을 베고 쓰러질지언정 일신의 구차한 안일을 취하여 단독정부를 세우는 데는 협력하지 아니하겠다고 말한 적이 있소. 그 심정이겠지…. 그러나 정 의원! 가는바 앞길이 멀수록 의지가 강하여야 하는 것이고 책임이 무거울수록 강인한 의지가 필요합니다. 한 국가의 지도자로서 구비해야 할 것은 도덕과 지식이 필요한가 하면 과단성 있고, 모험성 있고, 혁명적 성격이 수반되어야 합니다. 앞길에는 산도 있고, 바다도 있고, 가시밭도 있고, 물로 말하면 깊은 물, 얕은 물, 완류, 급류도 있을 것이요, 순류도, 역류도 있을 것입니다. 죽은 물고기는 물이 흐르는 대로 둥둥 떠내려 갑니다. 그러나 산 물고기는 아무리 급류일지라도 자기 목적지에 도달하기 위하여서는 물을 거슬러 올라갑니다. 죽은 고기는 목적이 없습니다. 산 고기는 가는 목적이 있습니다. 정 의원은 목적이 없는 죽은 고기가 되렵니까? 목적 있는 산 고기가 되렵니까? 바라건대 정 의원은 물 흐르는 대로 순류하는 죽은 고기가 되지 말고, 물을 거슬러 올라가는 목적 있는 산 고기가 되기를 바랍니다.

정 : 평화개혁 세력 분열은 국민 앞에 그 폐해를 드러내기 시작했습니다. 지난 2월 13일, 이라크 추가 파병 동의안이 국회 본회의에서 압도적 다수로 통과되었는데, 2003년 4월 파견한 공병·의료 부대와는 다른 차원인 전투 부대의 추가 파병이었음에도 불구하고 1차 파병 동의안 때보다 더 많은 국회의원들이 파병을 찬성하였습니다. 각종 여론 조사에 나타나는 다수 민의는 이라크 추가 파병 반대였지만 국민을 대표한다는 국회에서 그런 민의는 반영되지 않았습니다. 더구나 그런 반평화적·반역

사적 결정을 내리는 현장에는 누구보다 앞서 개혁을 주창해 왔던 열린우리당의 어처구니없는 변신이 있었습니다. 과연 우리가 대변하고자 했던 개혁의 내용이 무엇이고 민의가 무엇이었던가 하는 심각한 회의에 빠지지 않을 수 없었습니다. 명분 없는 전쟁에의 파병을 막아내지 못한 데 대해 국회의원의 한 사람으로서 깊은 자괴감을 느낍니다.

백범 : 나는 우리나라가 세계에서 가장 아름다운 나라가 되기를 원했습니다. 가장 부강한 나라가 되기를 원하는 것은 아니외다. 우리의 부력富力은 우리의 생활을 풍족히 할 만하고 우리의 강력은 남의 침략을 막을 만하면 족하다고 믿었습니다. 내가 남의 침략에 가슴이 아팠으니 내 나라가 남을 침략하는 것을 원치 아니합니다. 나를 테러리스트로 알고 있는 사람도 많으나 기본적으로 평화로운 세계건설을 위해 우리나라의 독립을 찾는 것이 최우선이었기 때문이었소. 1948년 민족이 분열하여 두 개의 정부가 세워졌을 때 어느 쪽에도 참여할 수 없었던 이유는 전쟁을 막기 위함이었다오. 남한 단독 정부는 유엔을 등에 업고 무력으로써 북한까지 통일되기를 희망하는 까닭에 전쟁이 폭발하기만 고대하고 있었지만, 제1선에서 북으로 향해 진군할 자는 우리 청년일 것이오, 우리의 사살 대상은 우리의 부형·친척·친구일 것이 자명한 사실이었고, 내 사후 발한 전쟁의 결과가 그리하였소. 우리는 무엇을 위해 전쟁을 하는가, 이를 항상 염두에 두어야 할 것입니다.

통일 시대를 준비해야

정 : 국민의 정부 시절, 남북 통일이 코앞에 있는 듯 느껴졌습니다. 분

단 이후 처음으로 남북의 최고 지도자들이 만나 통일을 이야기했습니다. 이제는 이산가족 상봉 및 금강산 관광, 개성 관광 등이 일정 절차를 거치면 자유롭게 가능하게 되었습니다. 안타까운 점은 참여 정부의 출범 이후, 남북 관계 개선의 진전이 거의 없다는 점이지요. 햇볕 정책의 계승을 기치로 내세운 노무현 정권 창출을 호소한 사람 중의 하나로서 국민들에게 면목이 없습니다.

백범 : 통일은 반드시 이루어져야 합니다. 우리는 뿌리가 같은 민족, 하나의 민족입니다. 갈라져 있을 필요가 없어요. 철학도 변하고 정치·경제 학설도 일시적이거니와, 민족의 혈통은 영구적인 것입니다. 일찍 어느 민족 내에서나 혹은 종교로, 혹인 학설로, 혹은 경제적·정치적 이해의 충돌로 하여 두 파, 세 파로 갈려서 피로써 싸운 일이 없는 민족이 없거니와 지내 놓고 보면 그것은 바람과 같이 지나가는 일시적인 것이요, 민족은 필경 바람 잔 뒤의 초목 모양으로 뿌리와 가지를 서로 걸고 한 수풀을 이루어 살고 있습니다. 오늘날 소위 좌·우익이란 것도 결국 영원한 혈통의 바다에 일어나는 일시적인 풍파에 불과하다는 것을 잊어서는 아니 됩니다. 그 어떠한 이념도 민족의 하나됨보다 우선할 수 없소이다. 민족의 분열을 막는 것이야말로 이 시대의 독립운동입니다. 정 의원이 앞으로 해야 할 일도 통합 운동이자, 통일 운동인 것입니다!

정 : 21세기가 되어서까지 통일을 이루어 내지 못해 선배 정치인에게 부끄럽습니다. 향후 통일 조국의 모습을 어떻게 그려나가야 하는 것입니까? 이를 위해 이제는 한 걸음 물러서려 하는 정치인의 한 사람으로서 어떠한 준비를 해야 하는 걸까요?

백범 : 민족 통일의 대원칙을 놓고서는 이를 권력투쟁의 대상으로 삼아서는 절대 안 됩니다. 통일은 네가 이기고 내가 지는 문제가 아니니 모든 양심 세력은 다투어 나서서 어떤 방법을 써서라도 두 개의 한국은 하나가 되어야 하는 것입니다. 통일만이 민족사의 전진이라는 대원칙을 제시하고 싶소이다. 나는 자유의 나라를 세우는 것을 원했고, 그렇게 말해 왔소. 자유란 국가 생활을 하는 인류에게는 무조건의 자유는 있을 수 없고 국법에 속박되는 자유를 누려야 할 필요는 있소이다. 우리 동포 각 개인이 언론의 자유를 누려서 국민 전체의 의견대로 되는 정치를 하는 나라를 건설하기를 바랐습니다. 일부 당파나 어떤 한 계급의 철학으로 다른 다수를 강제함이 없고, 또 현재의 우리들의 이론으로 우리 자손의 사상과 신앙의 자유를 속박함이 없는 나라, 천지와 같이 넓고 자유로운 나라, 그러면서도 사랑의 덕과 법의 질서가 우주 자연의 법칙과 같이 준수되는 나라가 되도록 우리나라를 건설하자고 말입니다. 우리나라는 그냥 우리나라에서 그칠 민족이 아니란 점을 각인하십시오.

정치적 삶, 그 향후 미래를 위한 고언

정 : 국회의원 선거에 불출마할 계획입니다. 화합과 통합보다는 분열을 강요하는 현 정치 구조에서 설 땅이 없는 것 같습니다. 다시 시민사회로 돌아가 시민들이 올바로 정치를 바라보고 시민이 정치 개혁의 주체가 될 수 있도록 하기 위한 시민 교육을 하고 싶습니다.

백범 : 무릇 한 나라가 서서 한 민족이 국민 생활을 하려면 반드시 기초가 되는 철학이 있어야 하는 것이라고 생각합니다. 이것이 없으면 국민

의 사상이 통일되지 못하여 더러는 이 나라의 철학에 쏠리고 더러는 저 민족의 철학에 끌리어 사상의 독립, 정신의 독립을 유지하지 못하고 남을 의지하고 저희끼리는 추태를 나타내는 것이겠지요. 우리 민족이 주연배우로 세계의 무대에 등장하기 위해서는 첫째, 사상의 자유를 확보하는 정치 양식의 건립과 둘째, 국민 교육의 완비일 것이오. 이 점에는 나와 정 의원의 생각이 동일한 것 같소이다. 백성, 작금의 국민들의 작은 의견은 이해관계로 결정되거니와, 큰 의견은 그 국민성과 신앙과 철학으로 결정된다오. 여기서 문화와 교육의 중요성이 생기는데 국민성을 보존ㆍ수정하고 향상하는 것이 문화와 교육의 힘이요, 산업의 방향도 문화와 교육으로 결정된다고 믿습니다. 교육의 기초가 되는 것은 우주와 인생과 정치에 대한 철학이고, 어떠한 철학의 기초 위에, 어떠한 생활의 기술을 가르치는 것이 곧 국민 교육이라는 점입니다. 그러므로 좋은 민주주의의 정치는 좋은 교육에서 시작된다고 생각한다오. 나는 우리의 힘으로, 특히 교육의 힘으로 반드시 세계 속에서 우리 민족을 주연배우로 만들 수 있다고 믿고 있습니다. 마지막으로 내가 정 의원에게 당부하고 싶은 말은 항상 모든 일을 할 때 '내가 걸어간 발자국은 뒷사람의 이정표가 되리니 눈 덮인 들판을 걸어갈 때 함부로 걷지 말아야 한다' 는 점을 잊지 말기를 바랍니다.

정 : 감사합니다! 선생님의 가르침, 늘 잊지 않겠습니다.

분열과 반목으로 얼룩진 제16대 국회가 막바지까지 국민들에게 불신만 안겨 주고 마감하지 않을까 매우 염려스럽습니다. 각 정파 간 이해 다툼에 하루해가 저물어가고, 지역 간ㆍ정파 간ㆍ이해 세력 간의 대립과 갈등은 해소되기보다 더욱 악화되고 있어 우리나라의 앞날이 캄캄하기만 합니다.

지금 이 시대가 한국 정치에 요구하고 있는 것이 무엇입니까? 내부적으로 갈가리 찢겨 있는 이 사회를 화합시키고 조정하여 대한민국이라는 공동체가 순항할 수 있도록 해 달라는 것 아니겠습니까? 갈등이 있는 곳에는 조정을, 분열이 있는 곳에는 화합을 이끌어 내는 것이 진정 이 시대 한국 정치인들의 과제가 아니겠습니까?

우리 민족과 나라의 미래를 열어 가기 위해서는 분열과 갈등을 조장하는 리더십이 아니라 감싸고 어루만지는 통합과 통일의 리더십이 절실히 요구된다 하겠습니다. 바로 국회가 이 통합과 통일의 리더십을 만들어 내야 합니다.

저는 이 가상 대담을 통해 백범이 만약 살아 있다면 지금의 우리 현실을 어떻게 바라보고 어떤 해법을 제시할 것인가 그려 보고자 했습니다. 그가 온 생애를 걸고 실현하려 했던 리더십은 결국 약한 것을 강하게 하고 갈라진 것을 하나로 만드는 그런 지도자상이 아니었나 합니다. 어려운 여건하에서도 굽힘 없이 추진되었던 그의 통일 운동과 통합의 리더십이 방향 없이 표류하고 있는 오늘날 우리 정치에 새로운 방향키가 되기를 기대해 봅니다.

PART 7

언론에서 바라본 정범구

정범구 박사 부부,
삶의 흔적은 장기 기증으로

2000년 한겨레

"삶의 자취 자체를 흔적으로 남겨야 의미가 있다는 생각입니다."

시사평론가이자 방송 토론 사회자인 정범구 박사와 부인 변세경 씨의 화장 서약 이유는 명쾌하다.

정 박사는 "우리나라 묘지가 이른바 명당에 자리 잡아 주요 농경지를 잠식하고 있다"라는 고교 때 지리 선생님의 가르침이 아직 뇌리에 남아 있다며 "묘지 관련 방송 토론회 사회를 맡으면서 이 생각이 떠올라 화장의 필요성을 절감하게 됐다"라고 털어놓는다. 그는 "중국에서는 산 사람에게 신경을 쓰는 반면, 한국은 죽은 이에게 더 많은 배려를 하는 것 같다"라는 먼 친척 중국 동포의 말에 화장에 대한 확신을 가졌다.

정 박사는 지난 95년 어머니가 세상을 떠났을 때 집안의 반대가 있었지만 토론회 등 공식 석상에서 약속한 대로 주검을 화장한 뒤 납골당에 모시는 '쉽지 않은' 실천을 했다. 지난 7월에는 부인 변 씨도 친정아버지가 숨지자 평소 유언대로 화장해 역시 납골당에 모셨다.

정씨 부부는 "아직 부모님 가운데 한 분씩이 살아계시지만 돌아가시면 가족 납골당을 만들어 그곳에 안치할 것"이라고 말했다. 이들은 "죽음을 받아들이는 태도가 문제"라며 "장기 기증과 함께 화장 서약이 동시에 이뤄졌으면 더욱 바람직할 것"이라는 훈수도 잊지 않는다.

정 박사는 "고故 최종현 선경그룹 회장에 이어 구본무 엘지그룹 회장의 화장 선언처럼 지도층 인사들의 잇단 참여가 큰 영향을 끼칠 것"이라며 "아직도 국립묘지의 묘역 크기가 옛날 왕조 시대처럼 대통령이나 장군 등 신분에 따라 달라지는 현실은 국가 철학의 변화를 요구하고 있다"라고 지적한다.

이들 부부는 "납골당이 좀더 친숙하게 느껴질 수 있도록 유럽의 가족 납골묘처럼 평장 등 다양한 형태로 디자인을 할 필요"가 있다며 "화장 서약서를 미리 받아 두면 가족 사이에 갈등의 소지를 없애는 역할까지 한다"라고 귀띔한다.

우리 시대 '입담가' 8인의 자화자찬

2001년 3월 신동아

"눈으로 말해요."

몇 년 전 미국의 한 대학에서 있었던 일이다. 닉슨 대통령을 하야케 한 워터게이트 사건 폭로로 유명한 〈워싱턴포스트〉의 언론인 밥 우드워드가 강연을 했다. 다음은 강연 내용 중 생각나는 한 토막.

"클린턴 대통령은 대화 상대를 휘어잡는 데 천부적인 재능을 가진 인물이다. 이런저런 스캔들로 그에 대해 부정적인 선입견을 갖고 있던 사람이라도 일단 클린턴을 만나기만 하면 대부분 그의 팬이 돼 버린다. 특히 여성들은 백발백중이다. 클린턴은 대화할 때 상대방의 눈을 직시한다. 자기가 말할 때건 상대방 말을 들을 때건 시선은 항상 상대방 눈동자에 고정돼 있다. 심지어 콜라를 마실 때조차도 얼음이 든 유리잔 밑바닥을 통해서 상대의 눈을 직시한다(클린턴은 열렬한 콜라 애호가라고 한다)."

원래부터 말 잘하기로 소문났던 클린턴은 거기에다 자신의 눈까지 보조 무기로 활용했다. 강렬한 시선을 통해 대통령이 자기 말에 완전히 몰두하고 있다는 믿음을 줘서 상대방을 자기편으로 만드는 '특별한' 재주를 갖고 있다는 것이다.

방송에서 시사토론 프로그램 진행자로 이름을 날리다가 16대 국회에 진출한 정범구 의원도 눈빛이 강하다. 그리고 그도 대화할 때 상대방의 눈을 직시한다. 의도적으로 그러는 게 아니라, 대화에 몰두하다 보면 자연스레 그렇게 된다고 한다. "상대의 눈을 직시하는 것은 상대방에게 신뢰감을 심어 주는 것"이라는 설명도 클린턴과 같다.

때로는 너무 강한 눈빛 때문에 신경 쓰일 때도 있었다. 자신의 눈빛과 스타일이 토론자로 나온 인사를 주눅 들게 하는 경우가 간혹 있어 고민스러웠다는 것. 가뜩이나 신경 쓰이는 게 방송인데, 사회자까지 자기를 째려보고 있으면 마음이 편할 리가 없다. 그래서 마련했다는 나름의 대비책.

"토론자로 나오는 분들에 대해서 가급적 철저하게 사전 조사를 했습니다. 토론 도중에 그분이 잘 쓰는 어휘나 문장을 제시하기 위해서지요. 그러면 대체로 토론자들이 가졌던 긴장감이 상당히 누그러집니다."

다른 장점도 많겠지만, 정 의원은 말로 성공한 사람이다. 독일 마르부르크 대학에서 정치학 박사 학위를 받은 후, 1994년부터 방송 활동을 계속했다. CBS '시사자키, 오늘과 내일', KBS '정범구의 세상 읽기' 등 고정 프로로 '떴고', 1997년 대통령 후보 합동 TV 토론회 사회자로 나서 '확실하게' 떴다. 그래서 결국 국회의원 배지까지 가슴에 달았으니 최소한 말이 그의 성공 여정에 핵심 무기였음을 부인하기는 어려울 것이다.

　'말 잘하는 비결'을 묻자 정 의원은 "상대 입장에서 사안을 생각해 보는 것"이라고 대답했다. 1 대 1 대화에서는 물론이고 의정 활동에서도 "국민들은 이 사안을 어떻게 생각할까"를 항상 생각해 본다는 것이다.

　"내 얘기만 늘어놓는 것은 대화라고 할 수 없어요. 내 말을 효과적으로 전달하려면 상대방 얘기도 잘 들어줘야 하지 않겠습니까? 상대가 '아, 이 친구는 말이 통하는 사람이구나.'라고 느끼게 해야 한다는 겁니다."

　말하기 전에 최소한 키워드 정도는 메모해 놓는다. 회의 석상이라면 시간에 쫓기기 십상이므로 가급적 핵심만 얘기한다. 자기 의견을 개진할 때 간단한 비유를 드는 것도 효과적이다. 중요한 발언 기회가 있을 때에는 몸 상태가 최상이 되도록 신경 쓴다.

　그가 말하는 '말 잘하는 비법'이란 게 대체로 이렇게 상식적이다. 결국 그 '상식'을 얼마나 현실에 적용하느냐가 정범구 의원과, 다른 수많은 '말 못하는' 사람들을 구분 지었다.

미리 쓰는 유언장

2002년 3월 한겨레21

사랑하는 딸 한이에게

〈한겨레21〉의 부탁이긴 하였지만 막상 유언장을 쓴다고 하니 여러 가지 생각이 한꺼번에 밀려오는구나. 문득 뒤돌아보니 이제는 살아온 날보다 살아갈 날이 더 짧아졌다.

따져 보면 많은 이들이 자신의 죽음을 미처 준비하지 못한 채 세상을 떠나는 것 같다. 나는 가끔 그런 생각을 해 본다. 만약 지금 이 순간 갑자기 세상을 뜨게 된다면 주변 사람들이 얼마나 당황하게 될까? 내가 벌여 놓은 많은 일들, 나만이 알 수 있고 해결해야 하는 많은 일들은 어떻게 될까? 어떤 일들은 영원히 묻혀 버리기도 하고, 또 어떤 일들은 남겨진 사람들이 해결해야 할 텐데 그러자면 얼마나 골머리를 썩이게 될 것인가.

그런 생각을 하다 보면 새삼 하루하루를 늘 정리하면서 살아야겠구나 하는 생각을 하게 된다. 내 자리가 비게 되었을 때 머물렀던 자리가 지저분하지 않고 정갈하게 남아 있다면 떠나는 사람에게나 남아 있는 사람에게나 얼마나 아름다운 추억이 되겠니?

평소에 내가 너와 한길이에게 하는 이야기 중에 이것 기억하고 있니? 자신의 쓰레기는 자신이 치워야 한다는 것. 자신이 저질러 놓은 일들은 자신이 해결해야 한다는 것이다. 거창하게 국가와 사회에 대한 책임까지는 말하지 못하더라도 최소한 자신의 생각과 행동에 대한 책임은 져야 한다는 것이지.

빈한한 집에서 태어난 나와 상대적으로 가난이란 것을 모르고 커온 너희들과의 사이에 갈등도 많았다. 입만 열면 어렵게 살았던 자신의 과거를 강조하던 아빠 때문에 너희들도 스트레스 많이 받았을 것이다. 그러나 모든 것이 풍요롭기만 한 환경 속에서 커 왔던 너희들 세대에 대해서는 불만이라기보다는 불안감이 앞선다. 궁핍을 모르기 때문에 절제를 모르고 시련을 겪지 않았기에 고난에 대한 면역성이 약해 보이는 너희들 세대가 과연 이 험난한 시대를 어떻게 헤쳐 갈 것인지 걱정스러워진다. 또 입시기관으로 전락한 학교 교육을 통해 이웃과의 협동이나 연대보다는 경쟁을 주로 배운 너희들이 너희들보다 약한 이웃에 대해 어떤 태도를 가질 것인가도 대단히 염려가 된다.

나는 부모가 자식에게 물려줄 수 있는 것이 흔히 두 가지라고 생각한다. 하나는 평생을 모은 재산일 것이고, 다른 하나는 이 세상을 살아가는 지혜나 철학을 가르쳐 주는 것이라고 생각한다. 나는 원래부터 돈 버는 재주와는 담을 쌓은 사람이니 너희들도 나로부터 재산을 물려받을 생각은 안 하리라 생각한다. 너희가 성년이 되도록 교육시킨 것은 너희들 스스로 밥 벌어먹을 능력을 위해 투자한 것이니 이제 너희들 밥은 너희들 스스로 벌어먹도록 해야 한다. 그것이 세상이다. 스스로 두 발로 서기 위해 너희들은 지금보다 훨씬 강인하고 자기 자신에게 책임지는 자세를 보여야 할 것이다.

너희들에게 세상 사는 법을 보여 주겠다고 나도 나름대로 열심히 살아 보려고 했는데 나의 이런 노력이 얼마만큼이나 너희들에게 전달됐는지 모르겠다. 어쨌든 너희들이 세상 살면서 힘들다고 느낄 때마다 열심히 살려고 노력했던 아빠의 모습을 기억할 수 있다면 나의 삶은 크게 실패한 것은 아닐 것 같다.

한이야, 나의 유해는 이미 서약한 대로 화장해라. 그리고 내 몸에서 아직 쓸 만한 장기가 남아 있다면 그도 필요로 하는 이들에게 나누어 줘라.

왔다가 가는 자리에 어지러운 흔적이 없기를 바란다만 혹시 미처 다 치우지 못하고 가는 것이 있다 하더라도 용서해 주기 바란다. 너그럽게.

내가 대통령이 된다면

2003년 9월 스포츠투데이

"연출된 표정이나 행동 싫다" 원칙대로

정범구 의원은 연출을 싫어하고 또 잘하지도 못한다. 그래서 인터뷰를 하면서도 사진 찍는 데 고생했다. 사진기자의 거듭된 주문을 소화하지 못하고 어색한 표정만 짓고 미안하다는 말만 계속했다. 실제로 지난 국회의원 선거 당시 홍보용 사진을 두 시간이나 찍고서도 '어색한 표정' 때문에 한 장도 건지지 못한 경력도 있다. '관중(국민)' 앞에 서야 하는 일이 많은 국회의원을 4년 가까이 했지만 아직도 연출에 익숙하지 못하다.

연출을 어색해하는 그의 모습은 고집스럽게 원칙을 지켜가는 정치적 행보와 맥을 같이하는 면이 있다. 민주당 신당 논의 과정에서 그는 아직까지 '중도파'로 남아 있다. 역사 속에서 중도파가 성공한 적이 없다는 걸 알면서도 그는 중도파의 길을 걷고 있다. 정 의원은 "민주 세력을 분열시키는 신당 창당에는 찬성할 수 없다."라며 고집스레 민주당을 지키고 있는 것이다.

정 의원이 당선된 고양시 일산은 신도시다. 젊은 중산층이 넓게 분포돼 있으며 호남 출신 유권자가 적다. 따라서 신당행으로 열차를 갈아타더라도 큰 손해가 없는 지역구다. 그동안 민주당 개혁의 선봉 역할을 하던 이미지를 고려할 때 어쩌면 신당으로 갔을 경우 그는 더 많은 표를 얻을 수도 있다. 그러나 여당으로서 '관중'을 생각하는 정치를 하기보다는 자신들만의 권력투쟁을 하는 이들을 안타까운 눈으로 보면서 그동안 중도파로 남아 있었고 이제는 분열을 막기 위해 마지막 노력을 하고 있다.

공부를 오래 하고 또 정치평론을 해 온 입장이기 때문에 하루하루의 정치보다는 역사와의 대화가 가능하고 따라서 이 같은 선택을 하고 있는지도 모른다. 정 의원은 "나의 선택이 정치적으로는 실패일지라도 역사는 다르게 평가할 것"이라고 굳게 믿고 있다.

"중도파 고수, 역사가 알아줄 것"

Q. 중도파인 '통합 모임'의 대변인이 되셨는데.

A. 추미애·조순형 의원을 비롯한 통합 모임에 남아 있는 사람들이 가장 우둔한 사람일지 모른다. 현대 한국 정치에서 중도파가 성공한 적은 없다. 비약일지 모르지만 김구·김규식 선생 등 중도파는 이승만·박헌영 등 극단주의자의 벽을 넘지 못했다. 그러나 우리는 오늘을 살기도 하

지만 역사를 살아간다. 역사는 김구 선생을 기억하지, 이승만을 인정하고 기억하지 않는다.

Q. 가족 관계에 '1녀 1남'이라고 썼다. 보통 '1남 1녀'라고 말하지 않는가.

A. 별생각 없이 그렇게 썼다. 큰아이가 딸이다. 사실 눈에 보이지 않는 이런 위계들이 사회가 합리적으로 가는 걸 가로막는 장애다. 통합 모임도 남녀가 공동대표이기 때문에 한번은 추미애·조순형, 한번은 조순형·추미애라고 얘기한다. 당연한 것 아닌가. 라디오 방송도 '이종환·최유라의 지금은 라디오 시대'라고 했는데 '최유라·이종환의 라디오 시대'라고도 말해야 하는 것 아닌가.

Q. 정말 대통령이 될 수 있다고 보는가.

A. 그 대답은 지난번 '대통령이 된다면'에서 송영길 의원이 한 말이 나의 입장을 설명하고 있다. '대통령은 아무나 하나?'라는 생각이다. 내 자신이 준비가 됐다고 보지도 않고 그 정도의 능력이 되지도 않는다고 생각한다.

Q. 가끔 인터뷰에서 보면 성공한 정치인을 꿈꾸기보다는 자유로운 평론가가 되길 원하는 것처럼 보이던데.

A. 가끔 개인만의 자유로운 시간을 많이 갖고 싶다는 생각이 든다. 늘 길 위에서 많은 것을 생각하고 배우고 있다. 혼자 하는 여행을 참 좋아한다. 길에서 만나는 다양한 사람들의 삶, 그리고 그 자리에 있으되 끊임없이 변화하는 자연의 모습에서 많은 것을 배운다.

Q. 개성이 강한 연예인을 좋아하는 것 같다.

A. 맞다. 강수연·전지현 씨를 보면 길들여지지 않은, 순치되지 않은 자기만의 색깔을 갖고 있는 연예인이란 느낌이다. 그런 걸 좋아한다. 다른 사람이 전혀 흉내 낼 수 없는 자신만의 색깔을 낼 수 있는 사람.

홍세화와의 대담

2003년 12월 한겨레

민주당 · 우리당 통합 운동 기능할까

내년 4월 총선을 앞두고 정치권이 소용돌이치고 있다. 불법 대선 자금 수사와 대통령 측근 비리 특검법으로 정부 여당과 야당이 첨예하게 맞섰고, 민주당 분당과 열린우리당 창당으로 정치인들의 당적 옮기기도 활발하다. 진보 정당이 국회에 진출할 가능성도 높다. 홍세화의 '마주 보기'는 지난달 11일 민주당을 탈당하고, 열린우리당과 민주당이 분열된 채 총선을 치르면 출마하지 않겠다고 선언하며 두 당의 통합 운동을 벌이고 있는 무소속 정범구 의원을 초대했다.

홍세화 "바깥에서 보기엔 다른 정당 아니다"
정범구 "분열된 채 선거… 한나라당 상대 안 돼"

12월12일 오후, 정범구 의원은 선이 굵은 얼굴에서 호쾌한 웃음을 잃지 않았다. "우리나라의 모든 정파에서 저한테 오라고 해요. 허허허." 웃음이 멈춘 뒤의 딱딱한 표정에는 어느 곳에도 소속되지 않은 채 민주당과 열린우리당의 통합 노력을 기울이며 맞닥뜨리는 어려움이 담겨 있다.

홍세화(이하 홍) : 1년 전 대선에서 노무현 후보가 당선됐을 때를 돌아보며 오늘의 노무현 정부와 정치권을 바라보면 허탈감이 앞섭니다. 개혁은 주로 말로 이루어지고 있습니다. 요란한 말의 성찬 속에서 민주당이 최악의 과정을 거쳐 분당되었습니다. 정 의원께선 민주당에 남으셨다가 이번에 탈당하셨는데 그 배경에 대해서 말씀해 주시지요.

정범구(이하 정) : 저는 한나라당이 주도한 대통령 측근 비리 특검법에 민주당이 공조하는 데 반대했습니다. 그런데도 민주당이 당론으로까지 강행 처리하고, 그것이 직접적인 계기입니다. 열린우리당으로 간 많은 의원들이 분당되기 전에 함께 당내 개혁을 논의했던 의원들인데 그들이 민주당을 깨고 나갈 때 저는 남았죠. 왜냐하면 열린우리당으로 간 사람들의 주장에 일면 공감하는 바는 있었지만 그것보다 더 큰 것은 어떤 명분으로도 취약한 민주 세력의 분열은 용납될 수 없다는 생각 때문이었습니다. 그런데 막상 분당된 뒤 민주당에서의 과정을 보면 분당사태를 겪고서도 아직도 상황을 안이하게 봅니다. 오히려 당내 민주주의가 후퇴한다거나 당이 지나치게 보수 수구화 쪽으로 간다든가 하는 문제들이 있었습니다. 이후 당내에서 진행된 과정이 민주당 지지층을 실망시키는 방향으로 갔고, 그 정점에 특검법을 한나라당과의 원칙 없는 야합을 통해 통과시켰고, 그런 데서 폭발한 겁니다. 하나 중요한 점은 특검법을 통과시킬 때 이것을 처리하는 방식이었습니다. 박상천 당시 지도부는 당론으로 하자고 했는데 저는 민주당의 정체성이나 기본 노선과 관련된 문제가 아니고, 찬반으로 의견이 갈린 상황에서 무리하게 당론으로 가는 것은 당의 균열을 자초하는 것이며 당내 민주주의를 압살하겠다는 것이라고 비판했습니다. 결국 당론투표를 강행했죠. 60명의 민주당 의원이 당론에 따라 찬성 또는 일부가 기권했죠. 저 홀로 반대투표를 했습니다. 결정적으로 탈당해야겠다고 결심한 것은 투표 다음 날입니다. 민주당 당무회의가 있었는데, 제가 당론과 어긋나게 투표를 했기 때문에 정상적인 당이라면 당무회의에서 그 문제에 대한 무슨 논쟁이 있어야 하지 않습니까? 저를 비난하든 옹호를 하든. 그런데 일체의 논의도 없이 지나가 버린 거예요. 우선 저 자신에게 충실해야 했고, 탈당도 민주당을 지지하는 민주당 일부 유권자의 의사를 반영하는 것이라고 봤어요.

홍 : 정치적 지향이라거나 노선에서, 어쩌면 열린우리당으로 간 의원들과 좀더 가깝지 않았는가 생각됩니다.

정 : 그렇다고 할 수 있죠.

홍 : 그렇지만 바깥에서 보기엔 민주당과 열린우리당이 본질적으로 다른 정당이라고 볼 만한 부분이 없습니다. 정치적 지향이나 정책에서 차이가 나는 것도 아니고, 한국의 보수 정당들은 역시 맹주를 중심으로 뭉쳤다 흩어졌다 한다고 보여요. 이번 분당 사태도 결국 노무현 대통령을 정점에 두자는 파와 지역을 중심에 둔 파로 나뉜 것이라 할 수 있지 않은가 싶습니다. 열린우리당 쪽에서 개혁을 내걸긴 했습니다만.

정 : 이런 대목에서 우리가 갈라진 것 같아요. 탈당한 사람은 "민주당으론 안 된다. 더욱 선명한 개혁의 깃발이 필요하다."라는 입장이었고요. 남은 사람들은 "차이는 존재하지만 이것이 한나라당과 같은 보수 기득권 수구 세력·냉전 세력과 비교할 때 과연 그렇게 큰 차이인가."라는 입장이었습니다. 그래서 저는 개혁을 빙자한 분당은 안 된다고 생각했죠. 제가 말씀드리고 싶은 것은 현 단계에서 우리에게 필요한 것은 차이를 최소화하고 연대를 최대화하는 겁니다.

홍 : 어쨌든 돌아오기 어려운 다리를 건너갔고 정 의원께서 앞으로 어떻게 하실지 묻고 싶은데, 지금 민주당과 열린우리당의 통합 노력을 하고 계시지만 두 당에서 모두 통합에 반대하는 목소리가 높아 가능성이 커 보이지 않거든요.

정 : 수도권에서는 민주당과 열린우리당의 지지도를 합하면 한나라당보다 높지만 분열된 상태로 가면 상대가 안 되죠. 제가 민주 세력이라고 하면 비정치권에 계시는 분들은 거부감을 가지실 분들도 있을지 모르지만, 어쨌든 제도 정치권 안에 남북 간의 평화와 화해, 인권 신장, 특권을 인정하지 않는 사회 건설을 희망하는 그런 민주개혁 세력이 열린우리당과 민주당이 있고, 이들이 분열된 채로 선거에 나간다고 생각을 해 보세요. 싸워야 할 대상은 한나라당인데, 분명히 한나라당과 전선을 그어 개혁 세력의 지지를 끌어내야 하는데, 두 당이 나와서 선거를 치르게 되면 한나라당과 싸우는 게 아니라 자기 지지 기반을 놓고 서로 싸우게 될 거란 말이에요.

홍 : 그런데 어제 열린우리당의 유시민 의원은 이런 말을 했습니다. "민주당과의 통합은 안 된다." 총선에서 반反한나라당 연합을 펴자는 김근태 원내대표의 발언에 대해 부적절하다면서 유감을 표명했더군요. 열린우리당과 민주당이 왜 통합이 안 되느냐 하면 "종種이 다르기 때문"이랍니다. 즉 열린우리당은 당비를 납부하고 당 활동에 자발적으로 참여하는 기간당원 중심의 참여형 정당이라면서 민주당과 다르다고 합니다. 저로선 납득이 되지 않습니다. 가령 마구잡이 영입 경쟁을 벌이는 면에서도 열린우리당은 민주당과 똑같은 모습을 보여 주고 있습니다. 아무튼 유시민 의원의 발언이나 여러 정황을 보건대 통합은 이미 불가능한 것이 아닌가 하는 생각을 갖게 되거든요.

"저도 이 대목에서 담배 하나 피울게요." 민주당과 열린우리당의 통합의 가능성에 관한 얘기가 나오자 정범구 의원은 잠시 숨을 고를 시간을 달라고 했다. 명분은 쉽게 내세울 수 있지만 책임 있는 정치인에게 실현 가능성은 무엇보다 중요하다. 그래서인지 정 의원은 뜸을 들였다.

정 : 통합에 여러 장애 요인들이 있습니다. 묘한 게 민주당에서 통합에 반대하는 의원들은 주로 호남에 지역구를 가진 의원들입니다. 열린우리당에서는 독단적이고 극단주의적 경향을 보이는 사람들이 통합에 반대한다고 표현할 수 있습니다. 저는 이번에 흩어졌던 민주당과 열린우리당이 하나가 되는 것도 중요하지만 그 세력만으로 통합하는 것도 별 감동을 주지 못한다고 봅니다. 몇 가지 기본적인 쟁점들, 남북의 화해와 남북 문제를 평화적으로 풀겠다는 것, 한국 사회의 특권을 혁파하고 사회 각 부문의 인권과 민주주의를 확장하겠다는 점에 동의하는 세력들이라면

광범한 연대의 틀을 짤 수 있다고 봅니다. 다음에 유시민 의원이 민주당을 향해 "종이 다르다"라고 말하는데, 분열주의 극단주의자들의 발언이라는 생각이 들어요. 전북대 강준만 교수가 지적한 것을 인용하고 싶어요. "도대체 기준이 뭔가." 예전에 불투명한 정치 행보를 보였던 사람도 열린우리당 우리 안에 들어가면 개혁이 되고, 노무현 대통령을 지지했던 사람들이 민주당에 남으면 반개혁이 되는 이런 이분법, 또 아주 개혁적인 인사들도 민주당에 남으면 반개혁 수구가 되고, 아주 기회주의적이고 역대 정권에서 양지만 찾아다녔던 사람들이 열린우리당에 가면 개혁 세력이 되는, 이런 사고를 극명하게 보여 주는 것이라는 생각이 들어요.

홍 : 제가 보기엔 열린우리당이나 민주당이 종이 다르거나 정치적 견해가 다른 게 아니라 다만 입장이나 처지가 다를 뿐입니다. 말하자면 정치적 견해가 입장의 차이를 불러오는 게 아니라 입장의 차이, 특히 총선 국면에서의 입장 차이가 정치적 발언까지 다르게 만드는 것이라고나 할까요. 정 의원께선 열린우리당은 기간당원 중심의 참여형 정당인 데 반해 민주당은 3김 시대에서 내려온 동원형 정당이라는 구분에 동의하십니까?

정 : 동원형 정당이라는 말을 쓰기도 하죠. 일정 부분 사실을 반영하기도 합니다. 그런데 정당 구조를 바꾸자는 논의는 민주당 분당 전부터 했던 겁니다. 최초로 현실화했던 게 국민 참여 경선으로 대통령 후보를 뽑은 것 아닙니까? 국민 참여 경선도 말로 하는 것이 아니라 실제로 실험을 했고, 전자투표도 도입을 해 봤고, 민주당은 꾸준히 실험 중에 있었거든요. 16대 국회에 들어왔을 때는 민주당 내의 의사 결정 구조도 상당히 경직돼 있었고, 몇 명이 당을 끌어가는 데 익숙해 있었는데, 새로 들어온 젊

은 의원들이 당내에서 꾸준히 다른 목소리를 내면서 저항하기도 해 당내 민주주의를 확산시켰습니다. 이런 변화 과정에 대해 국외자로 있던 유시민 의원이 "종이 다르다", "동원형 정당이다" 하는 그런 말을 할 자격이 없다고 봅니다. 정치평론가로서 얘기할 수 있을지는 몰라도 열린우리당의 책임 있는 의원으로서 그런 얘기는 설득력이 없어요. 둘째는 열린우리당이 참여형 정당을 지향하고 있는 거지, 실제 되고 있는 것은 아니거든요. 이미 몇 곳의 지구당 창당대회에서 말썽이 나고 있지 않습니까? 폐쇄적이며 현역 의원 중심으로 위원장들이 자기파 사람들을 동원해 요식행위로 창당대회 치르고 있죠. 과거 민주당 창당대회와 무슨 차별성이 있습니까? 그리고 유시민 의원이 어떤 생각으로 반한나라당 연합 전선이 불필요하다고 보는지 그게 궁금합니다. 지금 우리 정치가 매도당하고 있는데, 한나라당의 불법 대선 자금, 차떼기, 물론 전체 정치에서 한나라당만 책임이 있고 다른 정당한테는 없는 것은 아니지만 그렇다고 질과 양을 완전히 무시하고 다 도둑놈들이라고 보는 것도 올바른 태도가 아니죠. 현실 정치인으로서뿐만 아니라 정치평론가로서도 이런 수준의 인식과 발언은 과학적인 태도가 아닙니다.

홍 : 요컨대 한나라당이나 민주당이나 똑같이 '낡은 정치'를 하고 있다는 것인데요.

정 : 낡은 정치 연합이라는 건데, 한 면만을 반영하고 있다는 거죠. 한나라당이 영남지역에 기반을 둔 정당이고 민주당도 호남지역에 기반을 두고 있지만, 그것만으로 과연 민주당과 한나라당의 같음과 차이를 설명할 수 있을까요? 한나라당한테 지역 연고성과 기득권에 대한 집착 이외

에 어떤 사회 진보를 위한 역할을 기대할 수 있습니까? 문제는 한나라당과 민주당을 똑같은 지역 정당이라고 하며 질량 평가를 똑같이 하는 유시민 의원에게서 다른 형식의 지역주의의 기미를 본다는 거죠. 또 인식 자체가 몰역사적이라고 느껴지기도 하고요. 민주당은 보수 온건 세력으로 출발했지만, 1948년 이후 한국에서 진보 정치 세력이 허용되지 않은 상황에서 민주당에 진보에서 보수까지 다양한 세력이 들어와 있었다는 거죠. 그러나 독재정권에 야합하지 않은 최소한의 도덕적 우위는 있었습니다. 그리고 호남을 오랫동안 차별해 호남 민중들이 정치사회적으로 소외되면서 호남 민중들의 정치 의식이 다른 지역보다 훨씬 진보적이 됐던 측면이 있습니다. 유시민 의원은 이것을 간과하고 있어요.

홍 : 정 의원께선 열린우리당 김근태 원내대표의 견해에 동의하면서 그런 세력과의 통합을 모색하는 것으로 볼 수 있는데, 앞서 말씀하신 대로 지금 민주당에서 헤게모니를 쥔 세력이 통합에 반대하며 호남에 기반을 둔 세력이라면 과연 통합의 가능성이 얼마나 있겠느냐는 거죠. 정 의원 스스로도 어렵다고 보는 것 같은데.

정 : 저도 손에 잡히는 가능성을 보고 하는 것은 아닙니다. 통합의 가능성 여부를 떠나서 여전히 이것이 필요한 가치라는 데 공감하는 사람이 있고요. 제가 중립지대에 있으니까, 의원들 사이의 각급 단위에서 노력을 할 겁니다. 몇 번 접촉을 해 봤는데 지금은 양쪽 모두 분위기가 안 좋아요. 열린우리당에서도 통합 얘기하면 배신자·변절자로 몰리는 분위기가 있고, 민주당도 그렇고. 그런데 모든 노력의 정점에서 마지막으로 풀어야 하는 것은 노무현 대통령의 상황 인식이 바뀌어야 한다는 겁니

다. 대통령한테 '이렇게 가서는 내년 총선에서 한나라당이 절대 과반수 이상을 확보하고, 그러면 정권은 식물 정권이 되고 현실적인 위기가 될 것이다' 는 인식이 있어야 한다는 거죠. 그래서 대통령한테서 통합의 메시지가 나와야 통합이 된다고 보거든요. 민주 세력이 분열된 상태로 총선에서 참패하면 정치 냉소와 허무주의, 나아가 개혁 허무주의와 냉소가 확산되지 않을까 하는 우려를 해요.

홍 : 그럴 위험이 물론 있습니다. 노무현 정부가 계속 개혁을 말하지만 개혁의 실체는 보이지 않고 있습니다. 그리고 지난해 대선 과정에서 네티즌들의 참여로 만들어진 개혁당은 열린우리당에 흡수되었습니다. 그런데 윤리적 책임감을 느끼는 사람이 없는 것 같습니다. 개혁 허무주의와 냉소의 위험이 분명히 있지요. 하지만 민주노동당처럼 자신의 정치적 지향에 따라 당비를 내는 당원들에게는 해당되지 않는 말입니다.

정 : 민주노동당은 계층성을 띤 정당이고 민주노총이라는 동맹조직이 있어 비교적 조직이 안정돼 있으며 진성당원도 많죠. 개혁당은 자유주의 정당입니다. 지금에 와서 보면 결과적으로 개혁당은 유시민 의원이 노무현 당선을 위해 동원한, 어떻게 보면 형태만 다르지 결과적으로 새로운 형태로 동원된 조직이죠. 열린우리당까지도 자유주의적 중도 정당으로 봅니다. 프로그램이 혁신적이고 진보적인 것은 아니잖아요. 유럽 쪽 시각으로 보면 중도 자유주의 정당이고, 민주당과 열린우리당도 스타일의 차이이지 프로그램에서 근본적인 차이가 어디 있습니까?

홍 : 우리 정치 운동의 역사가 아직 짧다는 점이 '가까울수록 싸운다'

는 데서 드러난다는 생각을 하게 됩니다. 한나라당을 극복 대상이라고 한다면 서로 경쟁하는 사람들 사이에는 연합하는 분위기가 강해야 하는데 가까우니까 오히려 차별성을 내세우고, 개혁당과 민노당 지지자들이 서로 다투고, 민주당과 열린우리당이 티격태격하고, 이런 것이 결국은 감정 차원으로 발전하면서 어부지리는 극복 대상이 얻게 되는 것이 아닌가 싶습니다.

민주당과 열린우리당의 통합에 관한 논의는 이라크 파병과 정치 개혁으로 건너왔다. 홍세화 기획위원은 파병에 대한 견해의 차이를 통합의 고리로 삼을 수 없는지에 대해 물었고, 정범구 의원은 분당으로 인해 파병 반대 분위기가 오히려 누그러지고 있다고 부정적인 견해를 밝혔다.

홍세화 "두 당 모두 반대 목소리 높아 통합 이미 불가능한 것 아닌가"
정범구 "가능성 여부를 떠나서 필요성 공감하는 사람들 있어"

홍 : 냉전 세력과 특권 경제를 지향하는 세력에 반대하는 집단의 통합을 얘기했는데 그런 고리로 이라크 파병 문제가 개입될 수는 없는가 하는 문제의식을 가져요. 현재 정치권을 보면 어려울 것이라는 생각이 앞서긴 합니다만, 파병에 반대하는 국민의 뜻을 진정으로 대변한다면, 파병 문제를 매개로 즉 파병 반대와 통합이라는 화두를 만나게 했을 때 정 의원이 바라는 폭넓은 통합의 이상적인 모습이 가능할 것 같다는 거죠.

정 : '반전평화의원모임' 이라는 게 당을 넘어서 구성돼 있죠. 열린우리당에도 반쯤 있고, 민주당에도 반쯤 남아 있습니다. 그런데 열린우리

당으로 간 의원들이 이른바 '여당 딜레마'를 느끼기 시작하는 거예요. 자꾸 여당이어야 한다는 압박감을 느껴 그쪽으로 간 의원들의 파병 반대 강도가 예전만큼 세지 않아요. 그렇다고 민주당에 남은 의원들이 원론적으로 래디컬하다고 보지 않지만 여당이라는 부담이 없어 더 강하게 하는 게 현실로 나타나고 있어요. 1차 파병 때보다 분위기는 더 안 좋아요. 1차 파병 때는 비전투병이었는데도 67명이 반대했거든요. 이런 추세라면 과연 얼마나 반대 의원이 나올까, 왜 이렇게 됐을까를 생각하게 되죠. 책임 회피가 아니라 국회는 어차피 행정부에서 결정한 것에 대한 추인 여부를 두고 논란할 뿐이지, 주도적으로 개입할 수는 없잖아요. 대통령이나 청와대, 정부는 미국과의 관계에서 이렇다 할 주체적으로 국익을 고려한 협상의 흔적도 한번 보여 주지 않고, 오히려 김대중 정부보다 더 대미 추수적으로 간 것에 대해, 미치는 거죠. 3천 명 혼성 부대 파병하기로 해 놓고, 제일 먼저 하는 짓이 대미 협상단을 파견하는 것 아니에요? 이걸 보면 미국 눈치 보고 파병하는 것이지, 정부가 말하는 뭐 이라크 재건 어쩌고 하는 것은 전부 허구잖아요. 미국과 협상하는 만큼 왜 국민 여론의 지지를 얻을 생각은 못하느냐는 거죠. 폭넓은 연대의 틀로 반전평화의원모임도 유용한 공간이었죠. 통합을 위해서도 유효한 틀이라고 생각해요. 그런데 열린우리당 송영길 의원이나 임종석 의원도 요즘은 입장이 애매하잖아요. 그걸 고리로 통합하는 것은 적절치 않다고 보여요.

홍 : 그게 현실 정치권의 한계라고 여겨져요. 이라크 파병이 정치 지향, 가치관, 남북 문제를 보는 시각까지 담겨 있는 복잡한 문제라고 보여요. 하지만 그런 한계를 벗어나지 못하는 것을 보면 '합리적 보수 정당'이라는 측면에서도 아직은 부족하다는 생각이 들고, 결국 진보 정당이 현실

정치판에 없어서 합리적 보수 정당을 견인해 내지 못한다는 생각을 하게 됩니다.

정 : 말씀하시는 뜻은 이해합니다. 저는 정치평론을 하다가 정치권에 들어왔는데 평론가들이 부러울 때가 있어요. 평론은 도덕적 우위를 점하고 있습니다. 그러나 실제 야전군의 전투에는 영향을 미치지 못한다는 게 한계죠. 현실 정치에 뛰어들었다는 것은 진흙탕으로 왔다는 겁니다. 문제는 진흙탕을 뒤집어쓰면서 의미 있는 전진과 진보를 이뤄 내야 하는 거죠. 현실 정치에서는 세력을 어떻게 확보할 것인가가 중요합니다. 많은 타협을 해야 하고 그러면 깃발에 썼던 글자가 흐려지고, 깃발이 선명하면 모이는 사람은 많지 않고. 제 능력이 큰 것 같지는 않아요. 하지만 16대 초선의원들이 모여 의미 있는 일을 많이 했다고 봅니다. 막판에서 느낀 것은 앙시앵레짐(구체제)은 깼는데 새로운 정치 질서는 만들지 못했다는 겁니다.

홍 : 새로운 정치 질서를 만들지 못한 가장 큰 이유도 바로 진보 정당이 아직 주변에 머물러 있기 때문이라고 봅니다. 이 점에 대해 제 생각을 말한다면, 사람들이 스스로 가지 않으면서 길이 없다거나 길이 아니라고 말한다는 것입니다. 그 길을 묵묵히 가는 사람이 있는데 말입니다. 주로 현실이라는 말로 자신의 선택을 포장하지요. 현실 정치권, 즉 보수 정치권에 진출하는 것 자체를 부정하지 않습니다. 다만 자신의 정치적 지향과 다른 정치 현실 속에 몸을 담았을 때 일상적 긴장을 유지해야 할 텐데 그렇지 않다는 점입니다. 새로운 일상과 자리가 사람을 바꾸기도 하지만 자신의 정치적 지향을 스스로 바꾸어 긴장으로부터 스스로 해방하는 것

이죠. 그동안 노동 운동·변혁 운동 출신이나 이른바 386세대가 보수 정치권에 들어갔는데 나름의 진보가 있다는 생각이 듭니다. 가령 앞으로는 새로운 이재오·김문수는 등장할 수 없을 테니까요.

정 : 제가 뼈아프게 들어야 할 지적인 것 같습니다. 그러나 제 경우만 두고 말씀드린다면, 긴장으로부터 해방되기 위해 정치적 지향을 바꾼 것은 아닙니다. 여전히 제가 관심을 갖는 부분은 '대중적 진보'라고 할까요. 많은 이들이 함께 만들어 가는 흐름에 있어요. 대중들이 단순히 조작의 대상이 아니라 나름의 기본적 인식을 함께 공유하는….

홍 : 최근 정치 개혁을 논의하면서 지구당 폐지가 핵심이 아닌데 자꾸 그런 쪽으로 몰고 갑니다. 개인적으로는 독일식 정당명부제까지는 아니더라도 비례대표제를 통해 사표도 막고 신생 정당의 진입을 가능하게 하며, 돈도 덜 드는 쪽으로 가야 한다고 보는데, 독일식 정당명부제가 어떤 것인지도 모르는 국회의원이 대부분이 아닐까 하는 생각도 들더라고요.

정 : 저는 범국민정치개혁협의회(정개협)에서 낸 개혁안에 약간 실망했는데, 비례대표 확대도 중요하지만 정치 개혁의 핵심이 소선거구제 폐지라고 보거든요. 지구당 위원장을 해 보면 금방 알아요. 민주당 일산갑 지구당 위원장을 했는데 지역구 인구가 약 24만 명, 유권자가 18만 명 정도 됩니다. 국회의원 되려는 사람은 4년 내내 이른바 '지역 관리'를 해야 합니다. 의정 활동에 전념할 수도 없지만 가장 큰 문제는 돈 들어가는 구조가 바로 여기서 나온다는 겁니다. 소선거구제 폐지하고 대선거구제하면 지구당은 자연히 폐지됩니다. 요약하면 지역 관리를 할 엄두를 낼 수 없

을 정도로 선거구를 확대하는 겁니다. 국민들도 그래요. 지역구 행사에 국회의원이 바빠서 못 왔다고 그러면 겉으로 인정해 주는 것 같지만 얼굴 안 비치면 아무리 중앙에서 열심히 활동해도 욕하는 겁니다. 소선거구제 폐지에 반대하는 의원들이 더러 있는데 재밌는 현상은 수도권 의원들은 중대선거구제 찬성해요. 그런데 영·호남에 지역구 가진 분들은 소선거구제를 완강하게 고집하죠.

홍 : 정개협이 내놓은 개혁안에 정치권이 반대하고 있습니다. 고양이에게 생선을 맡긴 꼴이라고 하고 싶네요. 지역구 의원 199 대 비례대표 100. 이렇게 비례대표를 늘리는 정개협의 안조차 받아들일 자세가 전혀 안 돼 있습니다.

정 : 그렇더라도 문제의 핵심은 이거라고 계속 말해야 할 필요가 있죠. 비례대표를 늘린다는 것은 정당정치를 활성화한다는 측면에서 바람직해요. 그런데 전제가 있습니다. 과연 정당의 내부 공천 구조가 얼마나 투명하고, 국민의 의사를 반영할 수 있는가. 정당의 소수가 비례대표 선정을 장악하면 안 되죠.

홍 : 한편으로는 노무현 정부가 계속 개혁을 내걸고 참여를 주장하고 있지만 특히 신자유주의를 수용하는 상황에선 노동자 농민과 서민들에겐 이미 실체가 불가능한 것이 아닌가 하는 생각을 하게 됩니다. 현실 정치권에 계시면서 이 점에 대해 어떻게 보시는지요.

정 : 답변을 조금 다르게 할게요. 노무현 정부의 커다란 디자인이 뭔지

모르겠어요. 지나치게 정치 과잉입니다. 김대중 정부가 아이엠에프 구제 금융사태에서 탄생했기 때문에 신자유주의 논쟁이 그때 제일 활발했죠. 그러나 신자유주의 논쟁 속에서도 김대중 정부 때는 4대 보험과, 운영에 서는 실패했지만 노사정 3자 협의체도 만들었습니다. 산업 정책도 정보 기술 중심으로 하는 국가의 산업발전 전략이 있었고요. 그런데 노무현 정부에서는 국가를 이끌어 가는 커다란 디자인이 모호해요. 노무현 정부 의 개혁은 주제 자체가 지극히 정치적인 주제인 지역주의 타파로 잡고 있어요. 오히려 돈 안 먹고 경제에 기생하지 않는 정치, 재벌들이 비자금 을 만들지 않는 정치, 차라리 이런 데 초점을 맞췄더라면 비록 정치 과잉 일지라도 이 부분의 개혁이 경제나 사회 부분의 개혁을 선도할 수 있었 겠지만 지금은 그것도 아니잖아요. 신자유주의고 뭐고 도대체 이 정부의 일관된 계획이 뭔지가 우리한테 다가오지 않는다는 겁니다. 이게 본질적 인 문제라고 봐요.

홍 : 정부를 비판하는데, 예를 들어 현재 노동계와 정부가 첨예한 대치 상태여서 어느 곳에서 나서서 풀어 줘야 하거든요. 정치권에서 나서서 중재를 해야 하는 것 아니냐는 거죠.

정 : 문제 제기는 맞는데요, 우리는 어느 쪽에도 영향력이 없습니다. 정 부는 최소한 중립이라도 지켜야 하는데 노사관계 로드맵이라는 게 완전 히 사 쪽의 편을 들고 있어요. 긴장을 완화시켜야 할 정부가 긴장을 고조 시키고 있단 말이에요. 민주당 같은 경우에는 노동계 출신의원이 몇 분 계시지만 문제는 야당이라는 점이고, 열린우리당 쪽에서 이 문제 해결에 나서야 하는데 열린우리당에는 노동계와 채널이 거의 없죠. 또 하나는

정부와 노동계, 양쪽의 신뢰를 받아야 중재를 할 수 있는데 지금은 그런 상황이 아니고. 청와대의 태도에도 문제가 있어요. 그쪽에서 노동계와 대화가 되는 사람이 없잖아요.

"서로 부딪혀야 하는데, 이거야 원."
홍세화 기획위원이 약간 당혹스러움을 내비쳤다. 두 사람의 대담이 큰 의견 충돌 없이 흘렀기 때문이다.
"아, 민주노동당의 입장에서 문제제기를 하세요."
정범구 의원이 말을 받았다.

홍 : 민주노동당이 내년 4월 총선에서 몇 석은 차지할 수 있을 것 같은데. 진보 정당의 오랜 숙원이 마침내 이루어지는 것이지요.

정 : 정당명부 비례대표제가 관건이겠죠.

홍 : 지금까지는 의원이 당을 옮겨도 보수 정당에서 보수 정당으로, 조금 개혁적이라고 하더라도 그런 것밖에 없었는데 앞으로 진보 정당 출신 의원이 나오면 그런 구도에 변화가 올 것이라고 생각합니다. 그러면 정 의원의 모색도 쉽지 않았을까 하는 생각도 드네요.

정 : 고민은 깃발을 선명하게 들 것인가, 아니면 좀더 대중적 기반이 넓은 것을 택할 것인가 하는 것이죠. 자꾸 예를 들지만 노무현 후보 국민 경선으로 뽑은 것, 아마 민노당이 그런 것을 채택하기 훨씬 쉬울 거예요. 하지만 대중에게 주는 파급력이나 정치 전반에 미치는 파장은 한계가 있었

을 겁니다. 이런 질문 많이 받아요. 당신은 사회민주주의자로 알고 있는데 왜 민주당에 있느냐고. 좀 복잡한 문제인데, 저는 한국 사회에서 사민주의, 굳이 그렇게 표현한다면, 아까 말씀드린 세 가지 기본 원칙, 즉 한반도에서의 전쟁 반대와 남북 화해·통일, 요즘 독일 사민당에서 비특권층이라는 말을 많이 쓰는데 그런 비특권층을 위한 사회경제 정책, 인권과 사회 각 부분의 민주주의 확산, 이 세 가지 정도가 한국에서 사민주의적인 지향이 아닐까 합니다.

홍 : 좀더 장기적인 전망에서 주사위를 던져볼 수 있지 않은가요?

정 : 저는 정치 초년병이지만 지역구 국회의원을 하면서 느낀 한국의 제도 정치가 얼마나 정치인에게서 꿈과 비전을 앗아가 버리는가를 증언하고 싶어요. 제 고백입니다만, 국회의원 되고 나서 무슨 논문 하나 제대로 읽은 게 없는 것 같아요. 북핵 문제나 이런 주요 사안에 대한 토론에 나가기 위해 집중해서 몇 개 읽어 본 것 이외에는. '참, 이렇게 국회의원 여러 번 하면 뭐가 남을까. 동물적인 본성과 후각만 남는 게 아닌가. 내가 미친 놈이지, 내가 지금 뭐하고 있나.' 하는 생각도 들어요. 다른 얘기지만 국가 운영에 정말 관심이 있다면 비례대표 의원을 하면 좀 잘할 수 있을 것 같다는 생각도 어떤 때는 듭니다.

홍 : 마지막 질문을 던지지요. 경험에 비춰 한국 정당 정치의 가장 큰 문제가 뭐라고 보세요?

정 : 저 개인적으로는 당리당략이라고 생각해요. 유럽의 정당은 프로그

램 정당이니까 프로그램을 놓고 당 안에서 토론도 하고 협상도 하는 것 아닙니까? 우리나라의 당은 정말 죽기 살기 게임이에요. 의원총회, 뭐 이런 데 가면 어떻게 하면 한나라당을 잡을까 또는 열린우리당 잡을까 뭐 이런 거죠. 다른 당도 마찬가집니다. 사안의 본질에 관계없이 상대 당에 유리하냐 불리하냐, 눈앞에 있는 상대 당만 보고 정치를 한다는 거죠. 국민의 처지에서 국가 경영의 큰 문제를 논의해야 할 때도 각 당의 이해타산이나 전술적인 고려가 그런 논의를 막아 버립니다.

홍 : 그것도 결국 현실 정치권에 진보 정당이 없는 데서 오는 폐해라고 봅니다.

불출마 선언한 정범구 의원

2004년 3월 뉴스위크

잘해야 욕먹지 않는 수준의 평가밖에 돌아오지 않아

"4년 전 저는 김대중 정부의 개혁과 남북한 화해·협력을 위해 작은 힘이나마 보태고자 현실 정치에 뛰어들었습니다. 그러나 4년이 지난 지금 저 자신과 우리 정치를 돌아보며 이제는 제가 물러날 때라고 생각하게 되었습니다."

지난 2월 15일 민주당 정범구 의원은 기자 회견을 열고 17대 총선 불출마를 선언했다. 이날은 민주당이 정 의원을 4·15 총선 단수후보로 확정한 날이었다.

16대 총선에서 "진흙탕 같은 한국 정치에 한 송이 연꽃을 피우겠다"면서 정치권에 입문한 그가 그로부터 4년 후 "망가지지 않은 상태에서 시민사회로 돌아가고 싶다"라는 말을 남기고 정계 은퇴를 선언한 것이다.

정치학 박사에다 잘나가던 정치평론가였던 정 의원의 이런 쓸쓸한 '퇴장' 은 한국 정치의 현실을 보여 준다는 점에서 눈길을 끌고 있다.

그는 독일 마르부르크필립 대학원에서 정치학 박사 학위를 받은 학자였다. 귀국한 뒤에는 '정범구의 세상 읽기' 등 꽤 팔린 저서들을 내면서 방송 활동을 했다. 1997년 15대 대통령 선거에서는 후보 합동 TV 토론의 사회를 맡으면서 저명한 정치평론가로서 이름을 날리며 국회의원 부럽지 않은 위상을 갖게 됐다.

그런 그에게 현실 정치에 직접 뛰어들 기회가 찾아 왔다.

2000년 총선을 앞두고 민주당에서 '젊은 피 수혈' 정책의 일환으로 반듯한 이미지의 정 의원에게 러브콜을 보낸 것이다. 누구보다도 정치판의 생리를 잘 아는 그는 '진흙탕' 에 불과한 정치판에 뛰어들 생각이 없었다고 한다. 그러나 그는 정치가 변하길 바란다면 진흙탕에 직접 뛰어들어야 한다는 결심에서 이 제안을 받아들였다. "성공할 예감으로 뛰어든 것은 아니다. '정치판에 들어가면 망가진다' 는 관념에 저항하고 싶고, 진흙탕이 조금이라도 정화된다면 다행이다"라면서 출마를 선언했다.

4년이 지난 지금, 그는 현실 정치에서 단단히 쓴맛을 본 것 같다. 그는 정치인으로서 자신의 역할에 대해 "앙시앵레짐(구체제)을 깨는 데는 일정 부분 역할을 했다고 본다. 그러나 새로운 질서를 만드는 데는 나 스스로 한계를 느꼈다"라고 털어놓았다. 인생은 그때그때 맡겨진 배역을 연기하는 배우이며 정치인은 자신에게 그 시기에 맡겨졌던 배역이고 이제 2막이 시작되면서 자신의 배역이 끝나 퇴장한다는 것이다.

그가 정치 포기 결심을 하게 된 직접적 계기는 민주당의 분당이었다. 같은 철학과 이념을 내세우며 활동했던 민주당과 열린우리당 당원들이 서로 편을 갈라 싸우게 됐기 때문이다. 그는 자신을 최인훈의 소설 〈광장〉의 주인공 이명준에 비유했다. 남과 북 어디로도 갈 수 없어 방황하다 제3국으로 가는 이명준의 심정과 비슷하다는 얘기였다. 민주당이 잘하는 것도 아니고 열린우리당을 선뜻 지지할 수도 없어 중간지대(무소속)에서 통합하려고 했는데 잘되지 않았다는 것이다. 그는 "정치가 해야 하는 가장 중요한 일은 사회통합을 이루는 것인데 한국 정치는 분열 구조로 가고 있다."라며 "민주 세력이 분열되고 있다는 것이 가장 안타깝다"라고 말했다.

초선의원인 정 의원에게 지난 1년은 감당하기 어려운 격랑의 시간들이었던 것 같다. 지난해 11월, 그가 몸담고 있는 민주당이 한나라당과 공조를 펼치며 대선 자금 특검법을 통과시키자 그는 당의 정체성을 의심했고, 결국 탈당을 선언했다. 당시 그는 "통합에 실패하면 출마하지 않겠다"라는 배수진까지 치면서 열성적으로 민주당과 열린우리당 양당을 오갔다. 그러나 그의 말을 귀담아 듣는 사람은 거의 없었다. 열린우리당의 상승세가 이어지면서 양당 통합은 점점 멀어져 갔다.

이런 와중에 한화갑 전 민주당 대표의 대선 후보 경선 자금 문제가 불거졌다. 그는 이를 여권의 '민주당 죽이기'라고 규정한 후 "집안 꼴이 한심해 가출했는데, 가세가 위중하게 기울어 할 수 없이 돌아왔다."라면서 복당을 했다. 이런 탈당과 복당 과정을 어느 누구도 따뜻하게 봐주지 않았다. 그는 서서히 지쳐 갔고, 정치권에 대해서도 쓰디쓴 좌절감과 무력감을 맛봤다.

4년간의 여의도 생활도 쉽지 않았다. "늘 돈 걱정 때문에 전전긍긍해야 했고, 바쁠 때는 새벽 5시에 일어나 다음 날 새벽 2시까지 강행군을 해야 할 때도 많았다."라고 정 의원은 말했다. 겉으로 드러나는 것처럼 국회의원이라는 것이 권력을 쥐고 폼 나게 큰소리치며 번드르르한 직업이 아니라는 것이다. 좋든 싫든 반드시 해야만 하는 일도 많고, 하루에도 수차례 냉·온탕을 오가야 할 때도 많은 3D 업종이라고 그는 생각한다. 일이 많고 힘든데도 아주 잘해야 욕먹지 않는 수준의 평가밖에는 돌아오지 않는다는 것이다.

지역구 국회의원으로서 그의 일상은 유권자들 주변을 티 안 나게 맴도는 데서 시작되고 마무리된다. 오전 6시에 일어나 조기축구회에 나가 동네 주민들과 땀 뻘뻘 흘리며 운동을 한다.

운동이 끝나면 지역구 내 목욕탕에 가서 사우나를 하는데 이때도 탕 속에서 악어처럼 스윽 다가가 주민들과 악수를 하면서 이야기를 한다. 그런 다음 동네 주민들이 잘 가는 식당에 가서 해장국을 먹는다. 여기까지 보면 완전히 '동네 아저씨' 다.

아침 일정이 끝나고 나면 드디어 폼을 잡는 국회의원의 모습이 된다. 근엄한 모습으로 국회에 도착해 각종 회의에 참석한다. 상임위가 열리면 장·차관과 공무원들을 상대로 호통 치면서 '권력의 맛' 을 느끼다가, 저녁이면 대사관 리셉션 같은 자리에 가서 우아하게 참석을 한다. 그러다가는 다시 지역구로 돌아가 초상집을 찾아다닌다. 상가에서 술 한잔하면서 다시 동네 아저씨로 돌아가는 것이다. 그는 "비가 주룩주룩 오는 날 문상 가서 동네 아주머니가 삶은 돼지고기를 손으로 입에 넣어 주면 먹기 싫어도 맛있게 받아먹어야 한다"라면서 "내 존재를 100% 내놓을 자신이 없다면 아예 정치에 입문할 생각도 말라"고 충고했다.

현실 정치인으로서 그의 또 다른 고민은 지역구 관리와 돈 문제였다. 연봉이 1억 원 가까이나 되지만 여기저기 쓰고 나면 생활비는 빠듯하다고 한다. 당원 단합대회나 의정 보고회 같은 행사를 해야 조직이 유지되고 당원들의 사기도 올라가는데 '돈 만드는 데' 별 재주가 없는 그는 경제적인 문제로 행사를 취소해야 할 때도 많았다. 그는 "한국 정치 현실에서는 돈을 끌어오는 것도 리더의 자질인데 내가 현실 정치인으로 문제가 있는 게 아닌가 하는 생각이 들더라"고 말했다.

그는 자신이 유학했던 독일의 실무 중심적 국회를 동경한다. 한국과는 달리 독일에서는 국회의원에게도 사적 공간이 허용되며 그런 만큼 공적 영역 또한 철저하다고 한다. 무엇보다 지역구 관리에 시간을 낭비하지 않아도 되기 때문에 정책 개발에 더 많은 시간을 투여할 수 있고 의원회관에서 자취하면서 의정 활동을 할 만큼 열심인 의원들도 많다.

정 의원은 "그렇게 바꿔 보고 싶었다"라고 하면서 "우리가 구체제의 틀을 깨는 역할을 했다면 17대 국회에서는 새로운 제도를 만드는 일을 할 것이라고 믿는다"라고 말했다.

꿈 많던 초선의원인 정 의원의 국회의원 재도전 포기 선언은 이상적 정치 행태와 한국의 정치 현실 사이의 괴리를 단적으로 보여 주는 예가 아닐까.

범죄 구조에 부역할 수 없어
출마하지 않겠다

2004년 3월 월간 말

민주당과 열린우리당의 통합 운동에 앞장서다 좌절을 경험한 민주당 정범구 의원은 자신의 심경을 이렇게 표현했다.

"요즘의 제 처지는 최인훈의 소설 〈광장〉에 등장하는 주인공 이명준과 다를 바 없지요. 남과 북, 어디도 선택하지 못하고 제3국으로 향하는 배에서 뛰어내리지 않았습니까."

배에서 뛰어내린 심정. 결국 정 의원은 "이번 총선에 출마하지 않겠다"라는 말로 이명준과 같은 그 심정을 표현했다.

초선인 민주당 정범구 의원은 최근 몇 개월 사이에 연거푸 중대한 결단을 내려야만 했다.

그 처음은 지난해 11월, 탈당을 결심한 일이었다. 그가 몸담고 있는 민주당이 한나라당과 공조를 펼치며 대선 자금 특검법을 통과시키자, 당의

"

정체성을 의심하지 않을 수 없었던 것이다.

"무소속으로 있으니까 소모적인 싸움에 말려들지 않아 편하더라고요. 물론 동전의 양면 같아서 정책 결정에 있어 힘을 발휘할 수 없다는 단점도 있지만요. 어쨌든 통합 운동을 한답시고 정말 바쁘게 지내기는 했습니다."

당시 정 의원은 "통합에 실패하면, 출마하지 않겠다"라는 배수진까지 치면서, 열성적으로 양당을 오갔다. 그러나 그에게 돌아오는 것은 차가운 조소뿐이었다.

"대통령에게 영향을 줄 수 있는 청와대 인사들까지 만났는데, 대통령과 열린우리당 핵심 세력이 민주당을 '통합의 대상'이 아닌 '소멸의 대상'으로 바라보고 있다는 확정적 인상을 받았습니다."

열린우리당의 아집과 민주당의 추악한 몸부림

열린우리당의 상승세가 이어지자 양당의 통합은 더욱 요원한 일이 돼버렸다. 이런 와중에 한화갑 전 대표의 경선 자금 문제가 불거졌다. 정 의원 역시 이런 흐름을 '민주당 죽이기'로 규정할 수밖에 없었다. 그래서 이번에는 복당을 결심했다. 두 번째 결단이었다. 당시 정 의원은 동료의원들에게 다음과 같은 말로 '복당의 변'을 대신했다. "집안 꼴이 한심해서 가출했는데, 가세가 위중하게 기울어서 할 수 없이 돌아왔습니다."

그러나 정 의원의 마지막 세 번째 결단은 가슴속에 똬리를 틀고 있을 뿐, 입 밖으로 내뱉어지지 않았다. 바로 출마하지 않겠다는 결단이었다.

탈당과 복당 등 거듭되는 정치적 부침을 겪으면서 정 의원은 상당히 지쳐 있는 듯 보였다. 특히 열린우리당과의 통합 운동 실패에 대한 좌절

감도 엿보였다. 때문에 열린우리당을 바라보는 시각도 예전처럼 그리 고운 것만은 아니었다.

Q. 통합의 대상으로 바라보던 열린우리당에 대한 시각이 짧은 시간 내에 상당히 크게 변한 것 아닌가.

A. 물론 변화가 있다. 그러나 이에 앞서 열린우리당 의원들의 태도 변화를 먼저 짚어 볼 필요가 있다. 열린우리당의 전당대회 시점인 지난 1월 11일부터가 기점이었다. 통합에 긍정적인 반응을 보이던 열린우리당 의원들이 당 자체가 상승세를 타자 '통합은 어려운 것 아니냐'는 태도로 돌변했다. 어느 시점에 가서는 나에게 입당을 권유하기 시작했다. 정동영 의장이 직접 만나자고 연락해 오기도 했다.

Q. 평소에 접촉하던 초·재선 의원들의 태도가 일순간에 변했다는 뜻인가.

A. 설명이 좀 필요한데, 노무현 대통령과 열린우리당 핵심 세력의 숨은 의중을 명확히 판단했다는 뜻이다. 아직도 열린우리당 내에서는 '이렇게 가다가는 총선에서 필패한다'는 인식을 가진 의원들이 꽤 있다고 알고 있다. 그러나 당을 끌고 가는 핵심 세력이 민주당을 소멸의 대상이라고 판단하고 있기 때문에, 그들도 통합이라는 이야기를 꺼내지 못하고 있는 것이다.

정 의원이 여러 가지 정황으로 보아 '통합이 힘들겠다'는 판단을 할 무렵, 한화갑 전 대표의 경선 자금 문제가 비화됐다. 이때부터 대통령과 열린우리당 핵심 세력의 '민주당 죽이기'를 의심이 아닌, 실체로 받아들이

기 시작했다는 것이다. 그렇다고 정 의원이 '민주당 맨' 이 되어 돌아온
것은 아니었다.

　Q. 탈당하면서 민주당의 의사소통 구조 등에 대해 비판하지 않았나.
돌아와 보니 뭔가 달라진 게 있었는가.

　A. 나갔다 와보니 구심점도 없이 표류하고 있다는 인상이 더 크다. 얼
마 전 서청원 의원 석방에 동의하는 민주당의 태도를 보니, 민주당의 정
체성이란 게 점점 퇴색하는 것 아닌가 하는 안타까운 심정이다. 호남당
이라고 폄훼되기도 하지만 제도 정치권에서는 유일하게 민주주의와 인
권 평화 통일을 주창해 왔던 세력 아닌가. 그런 전통은 사라지고 살아남
기 위한 추악한 몸부림만 남았다.

　Q. 그렇다면 굳이 민주당을 고집할 필요가 없지 않은가. 정치 지향으
로 봤을 때 열린우리당과 더 가깝지 않느냐는 얘기도 많이 듣지 않는가.

　A. 그런 이야기 많이 들었다. 그러나 내가 소중하게 생각하는 명분을
버리기가 쉽지 않다. 집을 버리고 저 혼자 살겠다고 나가 있는 형제들도
미덥지 않았고, 그렇다고 민주당을 고쳐 쓰자니 이 또한 솔직히 자신이
없다.

　설사 내가 열린우리당에 간다고 해도 나를 두고 "철새다. 소신 없는 기
회주의다" 라고 비난하는 목소리가 나올 것이다. 이것이 두려워서라기보
다 현실 정치를 민주당에서 시작했고, 민주당의 정강 정책과 김대중 정
부의 개혁 정책을 수행하기 위해 애썼던 한 사람으로 '침몰해 가는 민주
당에 대해 누군가 책임을 져야 한다' 라는 생각을 했기 때문이다.

이 대목에서 정 의원은 "중도주의자인 백범 김구가 실패한 이유를 이해할 수 있을 것 같다"라는 말을 덧붙였다. 그리고 '침몰해 가는 민주당에 대한 책임'을 언급하기 시작했다. 바로 이번 총선에 출마하지 않음으로써 자신이 짊어지고 가겠다는 뜻이었다.

망가지기 전에, 시민사회로 돌아가고 싶다

Q. 민주당의 침몰에 대해 책임을 진다는 말을 어떻게 해석해야 하나.

A. 불출마를 고민하고 있다. 어차피 16대로 정치적 생명을 마감하겠다면 민주당에서 명예롭게 마무리하고 싶다는 생각을 했다.

Q. 당연히 출마할 것이라 생각하고, "(열린우리당과 민주당이) 통합 안 되면 불출마하겠다" 하는 발언에 대한 해명을 들으려고 했다. 무의미한 질문이 돼 버린 것인가.

A. 여러 차례 이야기했지만, 나는 능력 있고 성공하는 정치인은 되지 못할지언정 망가지는 정치인은 되고 싶지 않다. 나도 공인으로서 많은 분들에게 약속한 것이 있고, 일정하게 자기 정치력에 대한 책임도 져야 한다. 정치판 전체도 물갈이를 넘어 판갈이로 가고 있는데, 16대에서 내가 해야 할 역할은 어느 정도 하지 않았나 생각한다. 내가 다 할 수 있는 일도 아니고, 이제는 퇴장해야 될 때라고 판단했다.

정 의원의 결심은 이미 굳어 있었다. "이라크 파병안이 국회 본회의에 상정되는 2월 13일까지 최선을 다해 반대하고, 이후에 공식적으로 밝힐 예정"이라는 계획까지 서 있었다. 물론 지구당 간부 등 의중을 전해들은 지인들의 반발이 크다고 한다.

그러나 "망가지지 않은 상태에서 시민사회로 돌아가고 싶다"라는 정 의원의 이야기는 꽤나 가슴을 울리는 이야기였다.

Q. 이후 거취 문제 생각해 보거나 결정한 것 있는가.

A. 그것도 모른다. 정치가 본래 블랙홀 같아서…. 다시 시민사회로 돌 아가야 하는데, 시민사회에서는 현실 정치에 뛰어들면 '몸 버렸다' 이야 기하지 않는가. 과거에 정치평론도 하고 그랬지만, 현실 정치에서 시민 사회로 돌아가면 사람들이 예전만큼 신뢰를 보여 줄지도 의문이고, 구체 적인 것은 아직 모르겠다. 일단 쉬고, 책도 보고, 세계가 어떻게 돌아가는 지 보고 그럴 예정이다. 국회의원 하면 현안에 빠져 전체적인 시각 가지 기가 쉽지 않은 것 같다.

Q. 그렇다 해도 정치와 담쌓겠다는 회의적인 의미는 아니지 않은가.

A. 쉽게 말할 수 없다. 저도 우리 사회의 책임 있는 시민이고 정치야 시 민들에게 의무도 되니까. 내가 다시 무슨 공직 활동이라도 하게 될지 그 거야 알 수 없다. 한다 안 한다 계획이 없는 상태에서 원론적으로 대답할 수밖에 없다. 정치란 게 소수의 특권 세력만 하는 것도 아니고, 역할이 필 요하다면 또 정치를 하게 될 수도 있는 것 아닌가.

그의 너털웃음이 씁쓸하게 느껴졌다. 그러나 어차피 그의 전직은 정치 평론가가 아니었던가. 현실 정치인이 아닌 평론가다운 '쓴 소리'를 기대 하며 화제를 다른 방향으로 옮겼다.

Q. 가정법으로 질문해 보겠다. 총선 후에 자연스레 통합 논의가 다시 흘러나올 수 있는 정치 구도라는 게 있지 않겠나. 한나라당이 근소한 원내 1당이 되면, 그런 말이 다시 나오지 않겠는가.

A. 가장 쉽게 예상할 수 있는 구도다. 그러나 열린우리당과 민주당의 반목이 이런 식으로 깊어지면 누가 적이고 아군일지 그것이 모호해지지 않을까 하는 생각도 든다. 개혁 진영이 열린우리당과 민주당으로 분열되면서 이제 서로 간에 총질을 하지 않는가. 한나라당은 뒤에서 조정하면서 즐기는 측면이 있고, 이런 과정에서 총선이 끝난 다음에 누구와 무엇을 가지고 연합할 것인가 하는 문제가 제기된다.

정 의원은 현재의 '한 · 민 공조' 처럼 열린우리당과 한나라당의 공조 역시 가능한 것 아니냐고 되물었다. '한 · 우 공조' 라고 해야 할까. 그는 이라크 파병 문제를 사례로 들며 목에 핏대를 세웠다.

A. 열린우리당은 이라크 파병 문제에 대해서 어떤 이유가 있어도 반대해야 되는 것 아닌가. 전투병 파병을 당론으로 반대해 왔던 당이라면 추가 파병을 당연히 반대해야 이치에 맞다. 3천 명이 특전사 해병대 육군 보병 병력인데, 열린우리당이 궤변을 들이대면서 찬성한다면 무엇을 위해서 동맹하고 연합할 것이냐는 문제에 부딪힌다. 파병안과 관련해서 한나라당과 공조하고 있는 것은 열린우리당이다.

정 의원은 통합 운동 실패와 심지어 민주당 내부의 보수 세력 득세의 책임도 1차적으로 열린우리당에게 있다는 시각을 보였다.

또한 "열린우리당이 민주당을 호남당으로 몰고 가는 것은 또 다른 지역주의일 뿐"이라는 우려를 표시했다.

영호남 반목보다 친노, 반노 대립이 크다

Q. 한화갑 전 대표의 수사를 이유로 민주당이 광주로 가서 정치집회를 가졌다. 지난 정권에서 한나라당이 영남지역에 내려가 대규모 정치집회를 열며 지역주의를 조장했던 것과 과연 무엇이 다른가.

A. 당내에서 그런 우려를 표명하는 목소리가 있다. 나도 그런 우려를 표명한 사람 중 한 명이다. 그러나 민주당이 워낙 절체절명의 위기감에 휩싸인 때라, 그런 우려에도 불구하고 강행한 것이다. 도덕적인 자로 판단할 문제는 아니다.

정 의원은 민주당 내부에 "우리가 지킬 게 뭐가 남았냐. 이젠 다 죽게 생겼는데…"라고 말하는 사람이 있는 등 위기감이 극에 달했다고 토로했다.

Q. '고난 받는 민주당'이라는 이미지를 포장하는 것은 호남 민심에 기대기 위한 전략 아닌가.

A. 어차피 민주당도 현실적인 정치 세력이고 지지 기반이 있으니 전략적으로 생각하지 않겠는가. 한편으로 지역구와 피드백을 하지 않을 수 없다. 나야 수도권이 지역구지만, 호남 출신 인사들과 대화해 보면 "한화갑 전 대표의 수사를 보며, 해도 너무하는 것 아니냐"라는 이야기를 많이 듣는다. 그들도 '한·민 공조'를 보며 민주당을 거세게 비난해 온 사람들인데, 정서가 그러니 민심을 반영하게 된 것이라고 본다.

Q. 지역 민심에 기대는 것 이외에 지지율을 올리기 위한 방안이 전혀 없어서 그런 것은 아닌가.

A. 호남 지역에서야 열린우리당을 배신자로 몰아가면서 민주당에 대한 탄압을 부각시키는 것이 선거 전략이 될 수도 있을 것이다. 그러나 수도권에서는 그럴 수가 없다. 호남 인구가 많은 서울의 강북지역에서도 열린우리당과 혼재 양상을 보이기 때문에 지역감정만 강조하는 것은 전략이 될 수 없다. 민주당의 정체성을 드러내는 정책을 내놓아야 한다. 네거티브 캠페인 이외에도 민생 정책을 마련해야 한다고 당내에서 주장하고 있지만, 공염불로 치부될 뿐이다.

Q. 그렇다면 총선 결과를 어떻게 예측하는가.

A. 내가 보기엔 민주당과 열린우리당은 수도권 전역에서 2등을 차지하기 위해 싸움을 하는 형국이 될 것이다. 결국 공멸만 남았다. 표를 갈라먹어봐야 한나라당만 어부지리로 이득을 보게 된다. 노무현 대통령은 자기 눈으로 처절한 패배를 확인한 후에야 마음을 바꿀 것이란 말인가. 올인을 해서라도 1당을 만들겠다는 대통령의 인식부터 바꾸어야 한다.

정 의원은 "대통령이 민주당을 호남당으로 밀어 넣고 한나라당과는 '차떼기 정당' 공략으로 승부해 1당을 차지하겠다는 의도를 가지고 있다"라고 해석했다.

Q. 지역주의가 '소멸 내지 소멸되는 과정'에 있다는 데 동의하는가. 표심에 있어 지역주의를 대체할 새로운 패러다임 제시가 필요한 상황인데, 어떤 대안이 있겠는가.

A. 정당에 지역성과 계급성이 혼재되어 반영되는 중이다. 예를 들어 내 지역구 인구가 23만 정도 되는데 투표 성향을 분석해 보면, 대략 아파트 평수로 기준이 잡힌다. 24~32평이 중립지대, 그 이상은 한나라당, 이하는 민주당 지지자들인 경우가 많다. 이것은 우리 정당이 지역당이면서 어느 정도 계급적 성격을 띠고 있다는 것을 의미한다. 정당에 대한 지지가 사회경제적인 자원 배분과 밀접한 관계를 가지고 있다는 뜻이다. 때문에 앞으로의 정당 구조는 진보 정당으로 대별되는 민주노동당, 자유주의를 추구하는 민주당과 열린우리당, 보수주의 정당인 한나라당으로 굳어질 것이다. 이런 정체성을 바탕으로 정책 대결을 벌이면 되는 것이다.

Q. 제도권 정당이야 그렇다 치더라도, 이번에 원내 진출이 확실시되는 민주노동당에 거는 기대는 없나.

A. 예전에 홍세화 선생하고 대담할 때, "민주노동당에서 일해야 되는 것 아니냐?"라는 이야기를 하더라. 정서적으로 동감한다. 민주노동당 같은 건강한 정당이 국회에 진출해야 한다. 이를 필두로 다양한 정치 세력이 등장하는 것도 의미 있는 일이다. 당장 원내 교섭단체를 구성하기는 힘들겠지만, 국민들 앞에 '선언만 하는 정당'이라도 제도권 진출의 의미는 충분히 있다고 생각한다.

마지막으로 정 의원은 지역주의를 뛰어넘을 만큼 골이 깊어진 '친노 대 반노' 세력의 대립을 크게 우려했다. 특히 언론의 보도 행태를 꼬집었다. "조중동이야 그렇다 치더라도 〈한겨레〉마저 그럴 수 있느냐?"라고 지적했다. 정 의원은 "〈한겨레〉가 의도적으로 파병 반대 목소리를 무시하고 있다."라고 해석하고 있었다. 그런 주장의 근거를 따져 되묻지 않았지만,

그는 분명 또 다른 분열을 바라보고 있는 것만큼은 확실했다. 그리고 그 분열의 굴레에서 무척이나 빠져나오고 싶어 했다. 그는 자신에게 다짐하듯 다시 한 번 이런 말을 남겼다.

"정치가 분열과 반목만을 재생산해 내는 구조 속에서 내가 여기에 끝까지 몸담고 싶은 마음이 사라졌다. 능력이 없음을 한탄할지언정 범죄 구조에 부역할 수는 없다. 출마하지 않겠다."

잘 보고 찍으세요

2004년 4월 동아일보

말 많은 평론가형 정치공방 일삼아

"국회에 들어와 보니 행동으로 보여 주기보다 '말'을 앞세우는 의원들이 너무 많더군요."

시사평론가 출신인 민주당 정범구 의원의 16대 국회의원에 대한 종합 평가다.

그는 경험담을 털어놓으며 목청을 높였다. "평소 시니컬한 정치평론으로 이름을 날리던 한 언론인이 국회에 들어오자 온갖 정치공방에 끼어들어 공격적이고 무리한 논평으로 정쟁에 앞장서는 것을 보고 혀를 찬 일이 있습니다. 화려한 말솜씨로 정치 황폐화를 주도하는 것을 보고 '저런 사람이 정치를 하면 안 되겠구나' 하는 생각이 들더군요."

그는 민주당의 분당 사태도 따지고 보면 말만 앞세우는 '평론가형 정치인’들이 만들어낸 비극이라고 주장했다.

그는 "반대편을 설득하고 껴안는 정치력을 보이기보다는 ‘누구누구는 같이 못 갈 사람’ 또는 ‘반개혁론자’라는 식으로 편 가르기와 뺄셈 정치에 익숙한 사람들이 분당을 초래한 셈입니다. 통합 조정 능력이 없는 사람들이 어떻게 개혁을 이루어 내겠다는 것인지 모르겠어요"라고 말했다. 또한 "나 자신도 과연 정치를 바꾸는 데 행동으로 얼마나 나섰는지 돌아보게 된다"라고 하면서도 오로지 남을 공격하고 비난하는 데만 열을 올리는 공격형 정치인은 정쟁만 유발할 뿐, 정치 발전에 도움이 안 된다고 주장했다.

그는 이런 ‘정쟁 지향의 평론가형’ 후보를 감별하는 요령으로 지역사회나 국가를 위해 구체적인 프로젝트를 추진해 본 적이 없거나, 자신이 걸어온 행적과 배치되는 말을 서슴없이 하면서 생각이 바뀐 이유에는 침묵하고, 자극적인 용어를 동원해 남을 공격하는 후보 등을 제시했다.

독일 마르부르크 대학에서 정치학 박사 학위를 받은 정 의원은 CBS의 ‘시사자키, 오늘과 내일’ 진행과 1997년 대통령 후보 합동 TV 토론 사회를 맡으며 정치평론가로 나섰다. 2000년 민주당 후보로 당선된 뒤 당 대변인을 지내기도 했으나 이번 총선에선 민주당 분당에 항의해 불출마를 선언했다.

'불출마 선언' 아름다운 퇴장 정범구 의원

2004년 4월 일간스포츠

백범 김구 선생처럼 현실에 실패해도 역사에 성공하길….

국민 뜻에 반하는 당론·말 앞서는 정치 실망

17대엔 소신 버리지 않는 분들 많이 나왔으면

타인을 이해하는 관용

국회의원. 대한민국에서 채 300명이 안 되는 직업인이지만 그들의 힘은 대단하고 중요하다. 국회의원이 뭐기에. 수십 년 동안 포기하지 않고 도전하는 사람도 있는가 하면, 단 한 번의 경험으로 실상을 깨닫고 미련 없이 떠나는 사람도 있다. 오늘, 17대 국회의원 선거일을 맞아 금배지를 초개와 같이 내던지고 아름답게 물러나는 국회의원을 만나 보자.

정치평론가에서 16대 국회의원에 당선된 정범구 의원(51.민주당). 정

의원은 수도권 격전지인 '경기 고양 일산 갑'에서 현직 의원이라는 프리미엄을 버리고 17대 국회의원 선거에 출마하지 않았다. 총선을 앞두고 누구보다 많은 생각에 잠겨 있을 정 의원을 벚꽃이 만개한 여의도 국회의원회관에서 만났다.

4년 간의 의정 활동을 뒤로 하고 아름다운 퇴장을 선언한 정 의원은 "나는 원래 선택한 일에 대해 후회는 안 한다"면서도 "다만 더 많이 노력했다면 더 많은 일을 하지 않았을까"라며 아쉬워했다. 창문 너머 활짝 핀 벚꽃을 보면서 "벚꽃은 왜 저렇게 아름답게 피었지. 이제 이 좋은 경치를 보지 못하는데…"라며 말꼬리를 흐렸다.

거짓말 안 하는 정치인

정 의원은 올해 만우절을 맞아 한 대학에서 16대 의원을 대상으로 분석한 '거짓말을 안 하는 정치인' 5명 중 한 명으로 선정돼 기념패를 받았다. 정 의원은 "거짓말을 한 번도 안했다면 거짓말이다. 그동안 말과 행동을 일치하고 올곧게 생활하려고 노력했다. 지금까지 받은 각종 시민단체의 상보다 대학생으로부터 좋은 평가를 받아 제일 기쁘다"고 말했다.

현직 의원이라는 기득권을 가진 입장에서 불출마 선언은 쉽지 않은 결정이었을 것이다. 정 의원은 불출마 선언 배경에 대해 크게 두 가지 이유를 들었다.

먼저 당내 분열이다. 진보와 남북 화해, 사회 개혁을 내세운 민주당의 정강정책을 지지해 민주당에 입문했는데 당이 갈라지고 예전의 동지들과 대립해 싸우는 것에 회의를 느꼈다고 한다. 민주당은 이제 변화의 동력을 상실했다는 설명이다.

다음은 국민의 뜻에 반하는 당론 결정이다. 정 의원은 "이라크 추가 파병안 통과 때 국민 대다수의 뜻에 따라 파병 반대를 주장하던 의견이 당론에 따라 찬성으로 바뀌는 것에 크게 실망했다. 결국 파병을 했고, 탄핵이 국민의 뜻과는 반대로 결정됐다. 국민들이 원하는 일을 할 수 없다면 앞으로 의원직을 계속하더라도 어떤 일을 하겠는가"라고 힘없이 말했다.

그래도 아쉬움은 남아

인터뷰 도중 전화벨이 연신 울리자 정 의원은 "오늘따라 끈 떨어진 사람을 찾는 전화가 많다"며 웃었다. 정 의원은 "지난 4년을 뒤돌아보면서 내 주장을 좀 더 밀어붙였다면 더 큰 성과를 얻었을 것이라는 생각이 든다"며 "지도부 눈치 보고 할 말을 못한다면 국회의원을 왜 해야 하는가"라고 반문했다. 국회에 들어와 보니 행동으로 보여 주기보다 '말'을 앞세우는 의원들이 너무 많다는 것이 국회의원에 대한 그의 평가다.

한 사람의 국민으로 되돌아가는 그에게 17대 국회의원에 바라는 것을 물었다. 정 의원은 "국회의원은 명예나 권세를 위한 자리가 아니다. 국민이 잘 살 수 있게 노력하고 국민의 목소리를 대변해야 한다. 또한 당리당략에 휩쓸리지 않고, 국익을 위해 소신을 버리지 않는 각오가 필요하다"고 말했다. "백범 김구처럼 현실에 실패하더라도 역사에 성공하는 사람이 많이 나왔으면 좋겠다"는 말이 귓속에 맴돌았다.

직업으로서 국회의원의 매력은? "노력하는 것에 비해 평가가 인색하다. 나름대로 고생하고 잘 해도 욕 안 먹으면 다행이다. 하지만 국민이 원하는 것을 문제로 제기해 언론 반응이 따라와 사회가 변할 때 보람을 느낀다."

경제적인 측면에서는? "운영비를 포함해 억대 연봉에 이르지만 글쎄, 국회의원 이전에 오히려 수억대 연봉을 받던 사람들도 있고 하니 의원마다 느끼는 것은 다를 것 같다."

시민 교육 정치 교육

정가에 진출하기 전 정치평론가로 명성을 얻어 대통령선거 TV토론 사회를 맡기도 한 정 의원은 임기가 끝나면 시민을 대상으로 정치적인 안목을 열어 주는 정치 교육을 하고 싶다고 피력했다. 그는 "우리의 법·제도·민주화는 OECD 평균수준이지만 국민들의 의식 구조는 여전히 권위주의에 익숙하다"고 말했다. 그래서 학연이나 지연 등 패거리에 끼지 못하는 사람은 배제되고 줄을 잘 서야 한다는 의식이 사라지지 않고 있다는 것이다.

민주주의는 다양한 사람으로 구성된 다원주의인데 우리는 자기와 다른 것을 받아들이고 이해하는 것에 인색하고 톨레랑스(tolerantia, 관용)가 부족하다는 것이 그의 설명이다. 소수자의 편견·압박·배제를 버리고 나와 다른 남을 받아들이는 문화를 형성해 성숙한 사회를 앞당기는 데 보탬이 되겠다는 것이다.

정 의원이 국회에서 소수자를 위해 한 일 중 하나로 여성의 생리대에 부가세를 면제하는 것을 발의해 통과시켰다. 이후 그는 "군대는 갔다 왔냐" "면도기도 면세해 달라" 등의 항의 메일을 수백 통 받았단다. 정 의원은 "국가보안법을 폐지하자는 것보다 더 항의가 많았다. 이것이 단적으로 우리 사회에 톨레랑스가 없다는 것을 보여 준 사례"라고 말했다.

청와대로부터 자유로운 국회가 돼야
상생정치 가능

2004년 6월 미디어다음

제17대 국회가 열린다. 여야 모두 '변화'와 '상생'을 외치고 있다는 점에서 17대 국회에 거는 국민들의 기대는 자못 크다. 최근 6·5지방 재·보궐선거에 임하는 여야 지도부를 보고 있으면 상생의 정치는커녕 상쟁相爭의 구태를 반복하는 것이 아닌가 하는 우려를 낳고 있다.

17대 국회는 과연 역대 국회와는 다른 새로운 정치를 보여줄 수 있을 것인가. '상생의 정치'는 구두선으로만 끝날 것인가.

〈미디어다음〉은 총선을 앞두고 현실 정치에 대한 한계를 토로하며 '불출마'를 선언했던 16대 국회의원들로부터 17대 국회가 어떤 모습으로 국민에게 다가서야 하는가를 들어 보는 릴레이 인터뷰를 마련했다. 첫 순서로 민주당 출신으로 일찌감치 '총선 불출마'를 선언하고 조용히 방송계 복귀를 준비하고 있는 정범구 전 의원을 만나 4년 동안의 의정활동을 통해 경험한 우리 국회의 자화상과 17대 국회가 유념해야 할 것들을 들어 봤다.

'인간이기 전에 정치인' 정범구 전 의원은 "열린우리당의 과반 의석 확보가 탄핵을 정면 돌파한 노무현 대통령 자신의 공이라 느끼게 되면, (대통령은) 여당이 자신의 뜻을 따라 주길 바라는 유혹을 느낄 수 있다"며 "청와대로부터 자유로운 국회가 된다면 여야 간의 성숙한 대화가 이뤄질 수 있을 것"이라고 밝혔다.

'상생의 정치'와 관련해서는 "야당은 여당의 국정운영 책임을 인정하고, 여당도 야당이 국민의 40% 지지를 받는 정당이라는 점을 인정하는 태도를 보여야 할 것"이라고 조언했다. 정치 입문 이후 4년 동안의 의정 활동 경험에 대해 정범구 전 의원은 "현실 정치에서 정치인은 '인간 이전에 정치인'이란 생각이 들었다"는 말로 요약했다. 정 전 의원은 "의원들 사이에 여러 연고와 친분이 있다 하더라도, 소신이나 권력관계 등 소위 이해관계가 맞설 때에는 인간관계로 해결이 안 되더라"며 "인간 사회에서 약속을 저버리거나 신의를 저버리면 인간관계가 유지가 안 될 텐데 정치권에서는 약속이나 신의를 저버리는 일들이 무수히 벌어졌다"고 말했다. 정 전 의원은 "정치권이 일반사회와 다른 점이 그런 점이 아닐까 싶다"고 촌평했다. 그는 또 "정치권이 내부자 논리에 빠지지 말아야 한다"며 "당이나 정치인의 특권에 빠지고, 정치권 자체가 이익 집단화하는 것, 이런 것을 깨는 것이 17대 국회의 소명이 아니겠느냐"고 강조했다. 정치 입문 이전 약 6년 동안 진행해왔던 CBS '시사자키 오늘과 내일' 진행자로 방송계에 복귀할 예정인 정 전 의원은 "따뜻한 시선, 깊이 있는 분석, 우리사회에 대한 성찰을 목표로 방송에 임하겠다"며 "우리 사회에 부족한 소통의 문제, 나와 다른 것에 대한 배려 부족 문제 등을 깨는데 역할을 하기를 기대한다"며 결의를 다졌다.

다음은 정 전의원과의 일문일답이다.

새벽 등산으로 찌꺼기 비워

Q. 16대 국회의원 임기 종료 시점에 팬클럽 회원들과 오프라인 모임을 가졌다고 들었습니다. 팬클럽 활동이 활발한 모양이죠.

A. 정범구 팬클럽이 노사모보다 더 빨리 만들어졌어요. 역사는 더 오래 됐죠. 확산이 안 돼서 그렇지. 정치인 팬클럽으로는 제일 먼저 만들어졌 을 겁니다. 국회의원 당선 직후 만들어졌으니까.

Q. 팬클럽이 만들어지게 된 계기가 있었습니까.

A. 정치에 입문하기 전에 진행했던 '시사자키 오늘과 내일' 왕 애청자 중 한분이, 부산에서 중학교 선생님하시는 분인데, 그 분 주도로 만들어 졌어요. 부산에서 먼저 시작됐죠.

Q. 이제 정치를 떠나 방송으로 복귀할 예정인데, 팬클럽 회원들의 반 응은 어떻던가요?

A. 팬클럽 멤버들은 국회의원 그만 두고 방송에 복귀하는 것을 다들 환 영하는 분위기였습니다. 정치인으로는 인기가 없었나 봐요. 정치인으로 는 실패한 건가. 하하.

Q. 총선 불출마 이후 아쉬움도 적지 않았을 것 같은데.

A. 이제 다 정리했죠. 그 시점으로 다시 돌아간다 하더라도 선택의 여지가 많지 않죠. 열린우리당으로 갈 수도 없고, 민주당에 남아 역할을 해보기도 쉽지 않고. 선택이 많지 않죠. 국회의원 임기 끝나고 5월31일 아침에 눈을 떠 보니 할 일이 없더군요. 그래서 매일 아침 새벽에 북한산 등반을 시작했습니다. 매일 등산을 다니며 제 안에 남아있는 찌꺼기를 비워내고 있습니다. 입산했다 환속하는 느낌?

Q. 새로이 17대 국회를 통해 정치에 입문한 분들에게 먼저 경험한 입장에서 어떤 조언을 하고 싶습니까.

A. 제 입장에서 말씀을 드리자면, 정치인은 자신의 컬러를 지켜내는 것이 참 중요하다고 생각합니다. 몇 선을 했느냐는 오히려 상대적으로 중요하지 않다고 생각합니다. 16대 국회 초기에 생각을 같이하는 의원들과 함께 개혁모임을 하면서, 당 지도부와 이런저런 갈등이 빚어질 때 이런 얘기를 한 적이 있어요. '우리 (국회의원) 한 번만 할 각오로 하자' '한번만 할 각오로 소신껏 밀어붙이자' 했지요. 이것은 뭘 의미하느냐 하면, 정치인이 기득권에 연연하기 시작하면 타협을 해야 되고, 자신의 소신을 포기하게 돼요. 그러면 남는 게 무엇일까. (국회의원) 본인들에게 3선, 4선보다는 자신이 서 있는 현장에서 얼마나 자신의 컬러를 분명히 지켜내고, 자신을 뽑아 준 유권자에게 부끄럽지 않도록 소신을 지켜내는가 하는 것이 중요하다는 생각이 들어요.

저의 경우에는 여러 사정으로 불출마했습니다만, 궁극적으로 국민들은 유권자 배신 안 하고, 국익 우선하는 정치인을 선택합니다. 저는 그런 믿음이 있습니다. 당론에 따르느라 눈치보고, 당내 정치에 매몰 될 때도 있지만, 그런 것들을 무시할 수는 없지만, 당론과 개인 소신 사이서 갈등할 때, 당의 이익과 국민 이익이 충돌할 때, 국민을 믿고 과감하게 자신의 소신대로 행동 하는 게 길게 가는 것이라고 생각합니다. 국민 속에 기억 되는 정치인이 어떤 정치인일까요. 다선이라고 기억될까요. 그렇지 않습 니다. 국민을 대신해 국민의 하고 싶은 말을 대신해 주고, 국민의 아프다 는 소리를 대신 내 주는 정치인을 기억합니다.

Q. 방송계 복귀는 총선 불출마 선언 이후 준비해 왔습니까.

A. 민주당 분당 사태가 없었다면 불출마하지 않았을 것입니다. 소신을 갖고 의정 활동을 열심히 했고, 지역구 관리도 나름대로 잘 해왔다고 생 각합니다. 민주당 분당 사태로 어디에도 갈 수 없어 포기를 한 거죠. 처음 에는 막막했죠. 일단 매듭을 잘 지어 놓는 것이 중요했고요. 원래 한 1년 동안 외국에 나가서 책도 보고, 멀리서 우리나라를 바라보고, 소위 말하 는 재충전의 시간을 갖고 싶다는 생각을 했습니다. 그것을 위해 이런 저 런 준비를 하고 있었는데 몇몇 방송사에서 제의가 왔습니다. 이왕 방송 에 복귀하려면 6년 동안 진행해왔던 프로그램으로 돌아가는 것이 좋겠 다 싶어 CBS를 택하게 된 거죠. 뜻한바 있어 입산했다 환속하는 느낌입 니다.

평론은 솔로, 정치는 그룹

Q. 새삼스런 얘기가 되겠습니다만 2000년 총선 때에는 어떤 생각과 어 떤 계기로 정치에 입문한 겁니까.

A. 2000년 총선 1년 전부터 간헐적으로 영입 제의가 있었는데 다 거부 를 했죠. 준비가 안 됐다고 판단했거든요. 평론 작업도 중요하다고 생각

했고요. 모든 제의를 다 거절했는데 막판에 김대중 대통령께서 식사하며 얘기하자는 제의가 왔어요. 식사 제의를 거절하면 정치 입문을 거절하는 것인데 대통령과 식사한 이후에 입문을 결심하게 됐죠. 중간 과정도 물론 있었고요. 과거 김대중 대통령과 민주화운동을 했던 재야인사들 사이에서도 얘기가 오갔고. 상당히 오랫동안 뿌리치고 거절했지만 개인의 의지를 뛰어넘는 운명이 아닌가 하는 생각이 들더군요. 그래서 받아 들였죠. 대통령과 1시간30분 동안 식사하면서 나름대로 조언도 드리고 비판도 드리고 이런저런 말씀을 많이 드렸어요. 주로 제가 얘기하고 대통령께서는 듣는 편이셨는데, 식사 말미에 이런 말씀을 하셨던 기억은 뚜렷합니다. '나이는 정 박사보다 내가 많이 먹었지만, 개혁에 대한 열정은 뒤지지 않는다. 좀 도와달라' 이런 말씀이셨던 것 같습니다. 불출마를 선언할 때, DJ 대통령이 한 시기를 마감했는데 나도 정치권에서 역할 한 것 아닌가 하는 생각이 들더군요.

Q. 평론을 할 때와 정치권에 있을 때 어떤 차이점이 있던가요.

A. 평론은 솔로로서 할 수 있는 작업입니다. 분석하고, 평가하고, 발언하면 되는 것이 평론이죠. 철저하게 혼자 하는 일입니다. 그렇지만, 현실 정치의 어려운 점은 늘 그룹 속에서 움직여야 한다는 것이지요. 다른 의견을 내 의견 쪽으로 규합해야 되고. 16대 국회에서 개혁적인 동료를 만나 많은 성과를 이뤘습니다. 당내 개혁, 국회 민주적 운영 등. 16대 국회 마지막에 탄핵 등 몇 건을 제외하고는 몸싸움이 거의 없었습니다. 여야를 떠나 개혁파 초선의원들의 노력이 모여 성과를 거둔 것 아닌가 생각합니다. 한나라 소장파와도 꾸준히 네트워킹을 해 왔습니다. 여야를 떠나 정개모(정치개혁 모임)를 만들었죠. 오세훈 · 김부겸 · 안영근 의원 등

과 제발 몸싸움하지 말자, 고함지르지 말자를 약속하고, 실천했죠. 당론이라고 강제하지 말고, 의견이 엇갈릴 때 크로스보팅을 하자. 제왕적 총재 문제 제기를 하고 우리가 여당일 때, 김대중 대통령 총재 내놓고 탈당까지 가지 않았습니까. 당내 개혁을 위해 일관된 목소리를 냈습니다.

정치인은 민심의 바다에 떠 있는 배

Q.민주당 분당사태가 총선 불출마의 직접적 계기가 됐다고 하셨는데, 민주당 분열의 책임은 어디에 있다고 생각하십니까.

A. 자칫하면 양비론으로 비칠 수 있는데, 분열의 책임은 정통 모임과 신당 추진 쪽 다 있죠. 제 경우에는 성향으로는 열린우리당인데 왜 안 갔나는 질문을 많이 받았습니다. 열린우리당 주장에 공감하는 점이 많습니다. 정당 개혁, 기회주의 세력 척결 등 공감하는 부분이 많죠. 차이라면 민주당 내에서 하자는 것이었죠. 민주당은 그런 유연성을 갖고 있는 정당이라고 봤던 거죠. 당 내에서도 정리할 수 있는 문제라고 생각했는데 특정 인사를 거명하며 배제해야 한다는 주장에는 공감하기도 하지만, 인위적 배제가 아닌 총선에서 유권자 심판으로 할 수 있는 문제였다고 봐요. 당을 깨서는 안 된다는 입장이었습니다. 당에 남았던 개혁파들은.

Q. 17대 총선 결과에 대해서는 어떤 생각이 드십니까.

A. 묻지마 투표라는 얘기도 있지만 민심은 참 무서운 것이라는 점을 새삼 느꼈습니다. 민주당에서 탄핵정국으로 수세에 몰리다보니 여론 조사가 조작됐다는 주장까지 나왔는데, 참으로 유감스러운 일이었습니다. 민심을 정확이 읽어내야 합니다. 민심을 자의적으로 해석하거나 민심과 맞

서려 해서는 안 된다는 것을 되새긴 총선이 아닌가 싶습니다. 민심은 물과 같은 것, 바다와 같은 것이라고 생각합니다. 정치인은 그 위에 떠있는 배와 같은 존재라고 할 수 있죠. 물은, 바다는 배를 잘 떠가도록 할 수도 있지만 뒤엎을 수도 있는 것이거든요. 정치인이 겸허해야 하는 이유가 거기에 있죠.

Q. 막상 정치권에 들어와 보니 이런 점이 다르구나 하는 점이 있다면 어떤 것이 있을까요.

A. 일반 사회에서는 '인간적으로 얘기하자' 는 논법이 가능하지요. 그런데 현실 정치에서는 '인간 이전에 정치인' 이란 생각이 듭디다. 의원들 사이에 여러 연고와 친분이 있다 하더라도, 소신이나 권력관계 등 소위 이해관계가 맞설 때에는 인간관계로는 해결이 안 되더군요. 나도 상처를 받고 상처를 주고 했을 텐데. 제가 끝까지 당론에 거슬렀던 것이 예를 들면 특검 공조 같은 것이죠. 한나라당과 민주당 특검 공조 때 갈등이 많았죠. 여러 경로로 동료 의원들이 저를 설득하려고 제안을 했지만 저는 국민을 보고 정치인으로 소신을 갖고 판단해야 하기 때문에 동료 의원들의 인간적 요청에는 거절할 수밖에 없었습니다. 수없이 많은 경우가 있습니다. 정치인은 각자 나름대로 도메인을 갖는 권력기관이기 때문에, 소위 말하는 정치적 판단을 할 수밖에 없는 거죠. 인간 이전에 정치인일 수밖에 없겠구나하는 생각이 듭니다.

Q. 좀 더 구체적인 사례로 어떤 게 있나요.
A. 새벽21, 창조적 개혁연대에서 활동할 땐데요, 소수개혁파로 전투적 소장파 얘기 들으면서까지 당내 개혁 문제로 싸웠어요. 내일 아침에 성

명서 발표하자 하고 약속하죠. 극도의 보안 속에 참가 의원을 개별적으로 접촉하고, 설득하고 승낙을 받아요. 나오겠다고, 동참하겠다고 약속하고 안 오는 의원이 있어요. 자신의 이해관계, 판단 때문에 그렇게 되는 것 같아요. 약속을 저버리고, 신의를 저버려도 무수히 많은 일들이 벌어지죠. 인간 사회에서 약속을 저버리거나 신의를 저버리면 인간관계가 유지가 안 될 텐데, 정치권에서는 이런 일들이 무수히 많은 일들이 벌어지니까. (정치권이) 일반 사회와 다른 점이 그런 점이 아닐까 싶어요. 국회의원 임기 마지막 날 오프라인 모임에서 자정 12시가 되는 순간, 농담으로 그런 얘기를 했죠. '정부미'에서 '일반미'로 돌아왔다고. 회원들이 일반미가 더 비싸다며 잘됐다고 그러더군요.

내 아이덴티티는 지식인

Q. 정치인으로 더 큰 꿈을 꾸었을 법도 한데.

A. 없었습니다. 이 시대를 사는 제 아이덴티티는 지식인입니다. 책임 있는 지식인으로 내게 주어진 역할이 뭔가 고민하는 거죠. 강의 할 때는 좋은 선생으로, 방송에서 평론 할 때는 시민을 대상으로 시민 정치 교육을 담당하고. 우여곡절 끝에 정치 입문할 때도 첫 과제는 DJ 개혁 과제를 성공할 수 있도록, 정치 개혁에 밀알이 되고 싶었던 것이니까요. 그래서 정치에 입문할 때 마음속으로 '진흙탕 속에 한 송이 연꽃을 피워 올리겠다'며 정치개혁에 대한 각오를 다지기도 했죠. 내가 뭐가 되겠다는 목표는 없었어요. 지금은 그동안의 정치인으로서의 역할이 지나고 새로운 역할이 부여된 거라고 봐요.

Q. 그럼, 정치인으로서는 실패한 건가요?

A. 그렇게 보지는 않습니다. 연장선 상에 있는 것이죠. 단락을 지을 수는 없는 것이죠. 16대 국회에서 주장한 것이 '선수파괴' 였습니다. 과거에는 다선 중심의 국회였어요. 초선들에게는 발언권도 주지 않는 분위기였거든요. 당내 개혁을 주도하며 새로운 분위기를 만들었죠. 17대 국회는 한 단계 업그레이드 된 상황에서 정치 활동을 할 수 있게 된 거죠. 지금도 진행중이고요. 실패라고 할 수는 없습니다. 다음 단계로 가는 유의미한 역할을 했다고 생각합니다. 공천 과정에 보스의 입김이 작용 못하게 됐고, 경선으로 후보가 선출되고. 노무현 대통령이 국민경선으로 선출된 것도 성과 아니겠습니까. 그 바탕에서 역사가 발전하는 것이죠. 그런 면에서도 나름대로 정치입문 이후 성과를 거둔 것 아닌가 생각합니다.

Q. 그래도 아쉬운 점이 남는다면 어떤 것입니까.

A. 4년 동안 지역구 의원으로 나름대로 지역 관리도 잘 해왔고, 의정활동도 열심히 해왔는데, 이 모든 과정이 재선을 위한 기초 작업이었습니다. 인간적 소회로 보면, 들판의 곡식이 익어서 낫만 대면 추수할 수 있었을 텐데 하는 아쉬움이 남죠. 다른 상황으로 추수 못하고 떠났다는 소회가 있죠. 국회의원으로서는 조금만 더 악착같이 했더라면 통과시킬 수 있는 법률이 있었는데 하는 아쉬움이 남아요. 제가 발의한 법안이 13개 정도 되는데, 통과된 것은 3, 4개 정도 밖에 안 되거든요. 좀 더 적극적으로 해서 법안 통과를 시켰더라면 하는 아쉬움이 남아요.

민노당 권위 파괴에 관심

Q. 17대 국회의 소명은 어디에 있다고 보십니까.

A. 정치권이 이제는 게토에서 나와야한다는 점이죠. 내부자 논리에 빠지지 말아야 한다는 것이죠. 정치인은 국민 대표기관입니다. 당이나 정치인의 특권에 빠지고 정치권 자체가 이익 집단화하는 것, 이런 것을 깨는 것이 소명이 아닐까요. 그런 점에서 최근 민노당의 권위 파괴에 관심이 가요. 17대 국회는 권위주의적 정치 문화를 생산적 정치 문화로 바꾸는 과정이 돼야겠죠. 17대 국회에 기대하는 것은 정파는 다르지만 국정운영에 대해 경쟁과 협조가 공존하는 모습이겠죠. 16대 국회는 말로는 상생이었지만 때마다 극한 대립의 장이 되고 말았잖아요. 국회가 합리적 토론장이 되고, 야당은 여당의 국정운영 책임을 인정하고, 여당도 야당이 국민의 40% 지지를 받는 정당이라는 점을 인정하는 태도를 보여야겠지요.

Q. '상생의 정치' 말은 쉬운데, 이를 실천할 수 있는 좀 더 구체적인 방법론은 없을까요.

A. 가장 큰 장애는 아직도 국회가 청와대로부터 자유롭지 못하다는 점입니다. 16대 때도 투쟁했지만 여전히 잘 안 되고 있는 것 같아요. 청와대로부터 자유로운 국회가 된다면 여야 간의 성숙한 대화가 이뤄지지 않을까 싶어요. 국회는 나름대로 국회 내부에서 여야간 인간관계도 있고, 노력하면 서로 선택할 수 있는 부분이 있거든요. 그렇지만 청와대에서 주문이 있으면 이런 노력이 어려워져요.

Q. DJ 정부 때 청와대 주문이 많았나요.

A. 처음에는 주문이 오기도 했지요. 그러다 당정분리가 되고, 제왕적 총재에 대한 문제 제기가 많아지면서 많이 약해졌죠. 나중에는 비선으로 협조 요청이 오는 정도였죠. 공식적으로는 어려워졌고. 대표적인 예가 장상 국무총리 서리 임명 때 아닙니까. 여당 내에서도 반대가 많아 부결 됐었죠.

Q. 노무현 정부는 어떻다고 보십니까.

A. 열린우리당이 이제 과반수 의석을 확보한 정당이 됐으니, 노무현 대통령이 유혹을 느낄 겁니다. 과반 의석 확보가 탄핵을 정면 돌파한 대통령 자신의 공이라 느끼게 되면, 여당이 자신의 뜻을 따라주길 바라는 유혹을 느낄 수 있는 거죠. 그래서 앞으로가 더욱 중요합니다.

따뜻한 시선, 깊이 있는 분석

Q. 앞으로 어떤 시사평론을 하실 계획입니까.

A. '따뜻한 시선, 깊이 있는 분석, 우리사회에 대한 성찰' 이것이 제가 방송에 복귀하면서 고민하고 있는 테마에요. 정치할 때 느낀 점이 우리 사회가 소통이 부재하다는 점이었어요. 사회전반에 걸쳐 커뮤니케이션이 원활치 않다는 점이지요. 노동자와 사용자, 도심인과 농민사이, 동성인과 이성 간에. 어떤 영화를 보니, '통하였느냐' 는 카피가 있던데 의미는 다르지만 '통한다' 는 것이 참으로 중요한 것 같아요. 사회적으로 커뮤니케이션이 잘 된다는 것은 몸에 피가 잘 흐르는 것과 같거든요. 매체는 다양해지고 토론은 활성화 됐지만, 소통이 잘 되느냐는 다른 문제인

것 같아요. 한마디로 '톨레랑스의 부재', '나와 다른 것에 대한 배려 부족' 다양성을 인정치 못하는 것은 여전하지 않나 싶어요. 상대를 극복의 대상으로 보지, 상생의 대상으로 안 본다는데 문제가 있어요. 테이블에 마주앉아 '다이알로그'가 아닌, 각자 자기 얘기를 하는 '듀얼로그'를 하고 있는 것이지요. 상대가 다르지만, 상대도 마찬가지 발언권 있다는 점을 인정하지 않기 때문에 이런 현상이 나타나지 않나 생각합니다. 우리 사회의 이런 문제를 깨는 데 역할을 하길 기대합니다.

사회 밑바닥에서부터 찢길 분열의 상처와 옛 동지들의 분열에 환멸이 왔다

2004년 5월 인물과사상

정치평론가로서 아직 현실 정치에 몸을 담지 않았던 시절, 정범구는 제도 정치권에 들어가지 않겠다는 생각이었다. 아무리 생각해도 공동체를 위해 자신을 온전히 내놓을 만큼 자신이 없었고, '패거리' 에 묶여 움직여야 하는 정치권 체질에도 순응할 자신이 없었기 때문이다. 그러나 2000년 4 · 13 총선을 앞두고 민주당의 구애공세를 받은 그는 '현실 정치' 라는 진흙탕 속에서 '한 송이 연꽃을 피워 올리겠다' 는 심정으로, '민주당 일산 갑' 지역구에 출마하여 16대 국회의원에 당선됐다.

그런 그가 약 4년이 지난 2004년 2월 15일엔 17대 국회의원 선거 불출마를 선언하기에 이르렀다. 물론 "국회의원을 4년 하던 사람이 총선거에 나가지 않겠다고 판단하는 데는 여러 단계의 고민이 있을 수밖에 없었다. 현실 정치의 세계는 어느 날 갑자기 그래 이거야" 라고 할 수 없게끔

되어 있었다.

'시민 혁명의 시대'라고도 하고, 소통 단절과 광기의 시대라고도 평가하는 이즈음에, 그는 왜 선거 불출마를 선언할 수밖에 없었을까? 그가 바라보는 이 시대의 풍경은 어떤 것일까?

이 인터뷰를 들을 때쯤이면 이미 총선 결과가 나왔을 것이기 때문에 자칫 흥미를 끌 수 없는 위험성도 있지만, 그러나 오히려 이 인터뷰는 총선을 전혀 의식할 필요가 없기 때문에 정범구 의원의 속마음을 끌어낼 수 있는 장점도 가질 수 있을 것이다. 지난 3월 29일, 의원실에서 만나 그에게 이 점을 상기시켰더니 매력적인 눈웃음에 사람 좋은 너털웃음을 터뜨리며 "이야기 한 번 해 보자"며 의자를 바싹 당겨 앉는다.

반 노무현 정서가 다른 합리적인 사고를 다 압도했기 때문

우리의 인터뷰는 절대 다수의 나라사람들이 충격으로 받아들인 노무현 대통령 탄핵안 가결 문제로부터 시작한다. 물론 정범구 의원은 탄핵안 발의 자체도 반대했고 투표에는 아예 참석을 하지 않았다. 그가 탄핵안 발의에 반대한 이유는 크게 세 가지였다.

"첫째는 노무현 대통령의 실수나 잘못이 있다 할지라도 실정과 탄핵은 별개이며, 더군다나 선거법 위반을 걸어서 탄핵으로까지 갈 사안은 아니라고 생각했습니다. 둘째는 무리한 탄핵안을 가결할 때 우리 정치가 급격하게 친노니 반노니 이런 구도로 끝없이 소모적으로 재편될 것으로 판단했습니다. 셋째는 탄핵안 가결에 대해 민주당이 아무리 입장을 갖고 있다 할지라도 선거를 앞두고 하는 거라 정략적인 것으로 오해를 받을 수밖에 없다고 보았습니다."

그는 탄핵안 가결에 대해 한마디로 "반노무현 정서가 다른 합리적인 사고를 다 압도했기 때문에 나온 것"으로 규정한다.

"민주당이 오늘날 어려움을 겪게 된 것은 민주당 분열에 책임이 있는 노무현 대통령의 책임이 크고, 따라서 민주당 내에 노 대통령에 대한 미움이 강하죠. 나도 그런 정서는 공유하는데. 그러나 그 미움 하나로 민주당이라는 오래된 정당이 국가를 이끌어갈 수는 없는 것 아닙니까? 민주당이 추구하고자 하는 가치와 지향을 분명하게 내놓고, 정책적 노선을 분명하게 내놓고 당을 이끌어가야 하는데, 당 지도부가 너무 감정적인 측면에만 매몰되어 민심을 읽지 못하고 무리수를 두게 된 것이라고 생각합니다."

탄핵안 가결 전, 민주당 내에는 설훈 의원을 비롯하여 그와 뜻을 같이하는 의원들이 많았다. 그러나 "이번엔 원체 당 지도부가 당론이라는 이름으로 압박의 정도가 심했습니다. 밤에도 전화하고 새벽에도 전화해서 나오라고 하고. 여러 경로로 탄핵안은 당론이니까 서명해 달라는 요구도 들어오고. 생각은 저와 비슷했는데 당에 소속돼 있다는 것 때문에 자기 뜻을 꺾었던 의원들도 여럿 계십니다."

그런 의원 중에 한 사람으로 그는 추미애 의원을 꼽는다. 추 의원은 "더군다나 당 상임중앙위원이기 때문에 압박을 버티기 힘들었을 거라고 생각"한다. 현재 민주당 지도부는 당의 공식적 최고의사결정기구인 중앙상임위원회와 원내대표(유용태 의원)의 집단 지도 체제로 구성되어 잇지만 대표가 있기 때문에 더군다나 "탄핵안을 처음부터 주도 하던 게 조순형 대표였"기 때문에, 당연히 최종책임은 조 대표가 져야 한다고 그는 생각한다. 그래서 그는 탄핵안 가결 직후인 지난 3월 14일, 박종완·설훈·조성준 의원과 함께 조순형 대표와 민주당 지도부의 사과와 총 사퇴를 요구하는 성명을 발표했다.

"조순형 대표가 사과하고 퇴진할 것을 요구한 이유는 딱 하나입니다. 조 대표도 나름대로 자기가 옳다고 생각해서 탄핵안을 관철시켰겠지만 그러나 그게 민심이 아니라는 게 확인되면 사과할 줄도 아는 그런 게 있어야 하는 것 아닙니까? 정치인이 어떻게, 더군다나 민주당이라고 하는 정당이 국민 위에 군림할 수 있습니까?"

조순형 리더십에 대한 절망감

정치인 조순형을 '합리적 보수주의자'로 평가하는 그는 조순형 리더십의 가장 큰 문제점을 무엇이라고 생각하고 있을까?

"저는 조순형 대표 체제가 등장할 때 이 점을 우려했습니다. 뭐냐 하면 과거 민주당 특히 김대중 대통령을 구심으로 한 민주당이 가진 강점은 김대중이라는 인물을 중심으로 좌파에서부터 우파까지 다양한 스펙트럼을 가진 정치 세력이 모였던 집단이라는 거거든요. 김대중 대통령 자체는 사실은 옛날 구식 정치에서부터 출발한 분입니다. 그러나 그 분이 한국 민주화 과정에서 끝없는 고난을 겪으면서 재야 양심 세력까지를 전부 제도권 정치로 흡수하지 않았습니까? 말하자면 DJ 리더십이 가진 가장 강점은 진보에서부터 보수까지를 다 포용할 수 있었던 데 있었습니다. 그게 과거 민주당이었다고 생각합니다. 그래서 저같은 사람도 민주당을 택했다고 생각하죠. 그러나 지금 조순형 대표의 리더십은 조 대표 자체가 아주 원칙적이고 깔끔한 분이지만 정치 성향으로는 보수입니다. 이라크 파병 문제라든가 송두율 교수 문제 등에서 단적으로 드러나죠. 문제는 조순형 대표가 당의 대표라는 겁니다. 당의 대표 입장에서는 다양한 당내 스펙트럼을 조화시켜 끌고 가야 하는데, 조 대표의 경우는 자신의 보수적인 칼라가 너무 강조되는 게 아닌가 싶습니다. 그러니까 당이 자꾸 활력을 잃고 민주당이 보수 또는 심한 경우엔 수구적인 모습만 강조되 보이는데, 이런 점이 저는 가장 큰 문제라고 생각합니다.”

그가 보기에 조순형 대표는 “상당히 원칙론자이기 때문에 자신의 소신을 쉽게 양보하지 않”는다. 그 대표적인 경우가 민주당이 이라크 추가 파병 동의안 반대를 ‘권고적 당론’으로 채택한 것이었다. “젊은 의원들이 동의안 반대를 당론으로 채택해야 한다고 주장해서 ‘권고적 당론’이라는 이름을 붙여 채택하긴 했지만, 대표를 맡고 있는 조순형 대표는 자신의 소신이 아니라고 해서 찬성 투표를 했”던 것이다. 조 대표의 보수적 성향과 당 지도부가 상승작용을 일으켜 만들어내고 있는 게 현 민주당의 정치색이라고 그는 생각한다.

그런데 혹시 과거 민주당의 정치색은 DJ라고 하는 정치인의 카리스마 때문에 가능했던 것은 아닐까?

“아니 그렇지 않다고 보죠. DJ가 갔으면 DJ의 전체적인 노선에 찬동했던 다른 정치 지도자들이 그걸 발전시켰어야 하는데, 그런 점에서는 DJ 이후에 노선을 정확하게 이어받는 노력이 부족했다고 볼 수 있죠. 나는 당내 노선 투쟁이 필요하다고 봅니다. 그런데 민주당 내에서는 이렇다 할 노선 투쟁이 별로 없었죠. 우리는 주로 당의 비민주적 운영이라든가, 김대중 대통령 시절에는 대통령의 판단을 흐리게 하는 주변 세력 척결 문제 등에 천착했는데, 사실 다음 단계로 진행됐어야 하는 것은 당의 노선 투쟁입니다. 옛날에는 DJ라는 구심점으로 당이나아 갔지만 이제 인물 구심점이 없으면 정책 구심점으로 가야죠.”

정범구 의원이 조순형 대표와 당 지도부의 리더십에 느끼는 절망감은 생각보다 깊다.

"우려할 만한 것은 과거의 민주당, 김대중 대통령이 총재로 있고 주요 당직을 소위 동교동계 인사들이 다 장악하고 있던 시절에도 지금처럼 당내 토론 구조가 왜곡되고 압살된 적은 없어요. 그때도 우리가 끊임없이 소수 의견을 주장했지만 우여곡절을 거쳐서라도 당에 반영되고 그랬는데, 지금은 오히려 의원 숫자도 축소된 상태에서 당이 더 경직된 의사결정 구조를 가지고 있습니다. 그런 데 절망을 많이 하죠."

물론 그는 현재의 민주당이 예전보다 왜 더 경직된 의사결정 구조를 가질 수밖에 없는지에 대해 충분히 이해하고 있다.

"소위 분당된 이후에 민주당에는 옛날에 정통모임이라고 했던 분들과, 분당 과정에서 많은 부분 열린우리당 사람들과 공감은 화지만 분열은 안 된다고 믿어서 민주당에 남았던 소위 중도쇄신파가 있죠. 그런데 정통파 분들이 늘 이야기하지만 시대 흐름에 좀 맞지 않는다는 비판을 많이 받아온 분들 아닙니까? 이 분들은 거의 생존의 절박한 위기를 느끼는 거죠. 그분들은 우리 중도쇄신파가 분당 국면에서 신당을 따라가지 않고 남아 있는 걸 오히려 부담스럽게 생각할 수도 있습니다. 결국 그들과의 마지막 갈등이 민주당을 여기까지 끌고 왔다고 생각하죠."

'노무현 당'의 필요성이 잉태한 갈등과 혼란의 씨앗

정범구 의원의 말에서 어느 정도 암시가 되었듯이 탄핵안 가결도 그렇고 신물이 나도록 지리멸렬한 민주당의 모습도 그렇고, 그 모든 갈등과 혼란의 씨앗은 민주당의 분당과 열리우리당의 창당으로부터 직접적으로 시작되었다고 보아야 할 것이다. 그가 열린우리당에 대해 내리는 결론은 명확하다. "새로운 권력자에 의한 새로운 정당의 필요성!"

 "열린우리당 분들이 머리채를 잡아당긴 사건 (피해자는 이미경 전 의원, 2003년 9월 4일)을 계기로 더 이상 안 되겠다고 해서 탈당하셨다고 하는데, 그 점이 좀 아쉽습니다. 민주당이라는 게 하늘에서 뚝 떨어진 당이 아니잖아요. 과거 50년 동안 지금보다 더 후진적인 시대에 옛날 야당이라는 것은 이것보다 더 형편없었습니다. 1960년대 신민당 전당대회는 각목을 든 전국 깡패들이 다 동원돼서 난투극을 벌이는 장면이 자주 연출됐고, 그런 과정을 거치면서 여기까지 민주정당으로 성장해 온 것이거든요. 결국 그들이 나가게 된 핵심 이유는 새로운 대통령이 생겼으니까 새로운 당을 하나 만들겠다는 거라고 생각해요. 말하자면 '노무현 당'의 필요성이 있었다는 거죠. 이게 한국 정치의 참 후진적이고 고질적인 건데요. 대통령이 바뀔 때마다 늘 새로운 정당이 생겼잖습니까? 그런데 묘한 게 이게 어떻게 보면 아프리카 정당의 특성입니다. 제가 명색이 정치학 박사(정당이론 전공)인데 군사 쿠데타가 빈발하는 아프리카 정치의 특징은 일당체제라는 겁니다. 권력자가 바뀌면 그 권력자가 새로운 당을 만들어내는 일당체제인 거죠."

 그렇다면 혹시 분당 전의 민주당이 노 대통령의 뜻을 잘 따라 주고 힘을 뒷받침해 주는 세력이었다면 분당이라는 사태는 발생하지 않지 않았을까? 그러니까 노 대통령의 입장에서는 우리 사회를 좋은 방향으로 이끌 수 있는 많은 일을 해 보고 싶은데, 민주당이 그런 힘을 받쳐 주지 못했을 때 자신의 정치적인 기반이 필요하다고 판단했고, 그래서 민주당 분당이라는 형태로 정치를 끌어오지 않았을까?

 "글쎄요. 판단은 각자의 몫인데요. 여러 가지 나타난 현상을 보면 제 생각은 그대로입니다. 이런 겁니다. 노무현 대통령에겐 어떤 순결주의

같은 것도 있어 보여요. 그런데 그 순결주의가 상당히 편의주의적 순결주의라는 거지요. 자기중심으로 적용되는 인간관계와 자기 그룹 외에 적용되는 프렌드십이 좀 달라 보이는 게 있어요. 그런 점은 예를 들어서 한 정당의 소수 계보 리더라면 얼마든지 있을 수 있지만 국가 공동체를 끌고 가는 지도자로서는 가져서는 안 될 편협한 리더십이라고 볼 수 있죠."

혹시 민주당과 열린우리당의 갈등의 모든 씨앗은 2002년 대선 국면에서 노무현 후보를 흔들었던 후단협 사람들, 그리고 대선 이후에 민주당이 그 사람들을 다시 껴안았던 데서 시작된 것은 아닐까?

"외부적으론 그렇게 보이죠. 그런데 정치하는 분들은 한 가지 생각만 가지고 결단하지는 않죠. 정서적으론 그런 게 바탕에 깔려 있을 거고요. 그러나 내용적으로는 노무현당을 창당할 필요성을 집권자들이 가졌을 거라고 생각합니다. 지금 정당 구조라는 게 우리가 제왕적 총재를 거부한다고 해서 과거 민주당에서 이미 당정을 분리했고, 그러니까 당과 청와대의 권한을 분리시켰고요. 그리고 민주당에는 아직 호남세가 강하게 남아 있고 이런저런 걸 감안할 때, 노무현 대통령으로서는 자신과 친밀하게 교류할 수 있는 어떤 친위세력이랄까 이런 것의 존재가 반드시 필요했을 거라고 난 생각합니다."

노무현의 분열 리더십과 민주당의 강한 배신감

리더십 이야기가 나왔으니 노 대통령의 리더십에 대한 평가를 들어 보는 것도 의미 잇을 것이다. 정범구는 노무현 대통령 리더십의 가장 큰 문제점을 무엇이라고 보고 있을까? 말을 꺼내기 전에 숨을 고르는 것인지 한숨을 내쉬는 것인지 모를 약한 탄성과 잠시의 정적이 흐른다.

"저는 이 시대가 요구하는 리더십은 통합의 리더십이라고 생각합니다. 제가 4년 간 국회의원을 해 보니까 실제로 우리 사회가 내부적으로 얼마나 갈기갈기 찢겨져 있고 분열돼 있는가 하는 걸 많이 느낍니다. 도시와 농촌, 사용자와 노동자, 대기업과 중소기업, 지역 등 여러 가지 이해관계 등으로 많이 갈라져 있죠. 이걸 통합하는 것이 정말 정치의 힘이고 그러기 위해서는 정치가 거기에 걸맞은 권위를 가져야 합니다. 그런데 나는 노무현 대통령의 리더십은 반대로 가고 있다고 봐요. 지나친 순결주의에 빠져 있어서 그런지는 모르지만 노 대통령의 리더십은 좀 심하게 말하면 바위를 깨서 조약돌을 만들고 조약돌을 부셔서 모래를 만드는 그런 리더십이 아닌가 해요. 아직 4년이라는 집권 기간이 남아 있어서 나중엔 어떻게 평가될지 모르지만 노 대통령의 지난 1년의 공과를 본다면, 글쎄 이걸 공적이라고 말해야 하는 건지는 모르겠지만, 우리 사회를 엄청난 카오스(혼돈) 상태로 몰아넣었다는 거예요. 일단 기존의 기득권 구질서를 완벽한 혼돈 체제에 빠뜨렸다는 것에 대해서는 공적으로 인정하면서도 동시에 불안한 리더십이기도 하다고 생각하지요."

정범구 의원은 2003년 11월 11일에 민주당을 탈당했다. 민주당이 한나라당과 공조하여 대통령 측근 비리 특검을 통과시켰기 때문이다. 그러니 그가 노 대통령을 악의적으로만 해석하는 건 아닌가 하는 의심은 거두어도 좋을 것이다.

노 대통령의 분열의 리더십을 최대한 선의로 해석한다면 이것 역시 정범구 의원은 여러 정황으로 보아 근거가 빈약한 것이라고 보지만, 분당 전의 민주당에 더 이상 기대할 게 없었고 또한 그만큼 민주당에 대한 분노가 깊었기 때문이었다고 볼 수도 있을 것이다. 어쨌든 노 대통령이 지난 1년 동안 분열의 리더십을 발휘해온 건 사실이니, 민주당인들 내부적으로 노 대통령에 대한 배신감이 깊지 않을 수 없을 것이다. 과연 얼마나 깊을까? 그의 입에서는 역시 한숨이 먼저 새나온다.

"강하죠. 좀 얘기를 다른 식으로 돌려 보면요. 설훈 의원이 민주당을 탈당하고 17대 총선 불출마를 선언했는데요, 참 좋은 의원입니다. 재선 의원인데 제가 봐도 자기 소신에 충실하고, 깨끗하고, 지역 활동도 열심히 했고요. 민주당이 분당되지 않고 노무현 대통령 체제에서 개혁정책들을 계속 밀고 갔다면 이런 좋은 의원들이 참 중요한 역할을 했을 것입니다. 그런데 그런 사람들이 다 그냥 죽어가고 있지 않습니까. 저 같은 경우는 이런 걸 바라볼 때 심정이 참 복잡하죠. 저 역시 총선 불출마를 결심한 가장 1차적인 동기가 민주 개혁 세력끼리 서로 갈라져서 자기들끼리 총질하고 싸우는 모습은 볼 수가 없다는 것이었습니다. 이건 말이죠 제가 지역구 의원으로 지구당위원장인데, 지구당위원장으로선 훨씬 현실적인 문제입니다."

이내 그의 목소리는 격앙되어 울려 퍼진다.

"국회의원들이나 국회의원 입후보들이야 자기가 국회의원 되겠다는 욕심에서 어제 한솥밥을 먹었던 사람들끼리도 서로 싸울 수 있을지 모르지만, 선거라는 건 후보 혼자 치르는 게 아닙니다. 그렇죠? 지역에서 자기를 죽 지지해왔던 당원도 있고 지지자도 있지 않습니까? 내가 만약 민주당 후보로 17대 총선에 나간다면 열린우리당도 후보를 낼 것 아닙니까? 그런데 밑에서 싸우는 선거운동원들이나 지지자들은 과거에 16대 국회의원 선거 때 저를 지지했거나 지난 대선 때 노무현 후보를 지지했던 그 사람들입니다. 그 지지자들끼리 동네에서 서로 갈라져서 싸우는 이런 상처에 대해서는 아무도 지적하지 않고 기억하지 않아요. 정치가 누구 말마따나 국민의 눈에 흐르는 눈물을 닦아 주는 것이라고 한다면 사회를 밑바닥부터 갈기갈기 찢어 놓는 이런 구도에는 난 부역할 수 없는 거죠. 노무현 대통령은 그런 점에서 자신은 여러 가지 입장에서 할 수 있는 얘기가 있겠지만, 민주당에 남아 있고 민주당의 추락을 직접 눈으로 봐야 하는 저 같은 사람의 심정은 참으로 복잡하죠."

민주당에 대한 노무현의 강한 불신과 '민주당 죽이기'

정범구는 이런 분열의 리더십이 얼마나 처참한 결과를 가져올 것인지 너무나 잘 알았기 때문에 작년 11월 민주당을 탈당한 후 민주당과 열린우리당의 통합 운동에 나섰다. 방향은 두 갈래였다. 하나는 "열린우리당의 의원들과 통합에 대한 세력을 형성"하는 것이었고, 다른 하나는 "노무현 대통령 자신이 통합에 대한 의지를 갖지 않으면 안 된다고 봤기 때문에 노 대통령에게 영향을 줄 수 있는 측근인사들을 접촉하는" 것이었다.

"주로 민주당에 있다가 열린우리당으로 간 의원들과 접촉했지요. 그러면 총론적으로는 다 찬성하는데, 제가 열린우리당 의원이 아니라서 모르겠지만 아마 열린우리당 내에서 민주당 의원 출신들이 통합에 대해서 이야기하면 눈치를 봐야 하는 그런 분위기가 있었나 봐요. 강경파들이 득세하고 있는 상황에서 통합 이야기를 꺼내면, 더군다나 그 의원이 민주당 출신이면 뭔가 색깔이 분명치 않은 듯이 의심을 받는…. 열린우리당 의원들이 통합 이야기를 자유롭게 하기가 좀 어렵다는 분위기를 느꼈지요. 그래도 올해 1월 11일에 있었던 열린우리당 전당대회 전까지는 괜찮았어요. 의원들을 만나면 일단 전당대회가 끝난 후에 분위기 봐서 얘기를 본격화 합시다 그랬는데, 막상 전당대회가 끝나고 정동영 의장 체제가 되면서는, 더군다나 열린우리당의 지지도가 상승하니까, 그때부터는 의원들의 태도가 바뀌고 오히려 저를 적극적으로 영입하거나 포섭하려는 움직임이 강화되는 거예요. 아 이제 물 건너갔구나 생각했지요.

또 청와대 쪽 인사하고도 접촉해 봤지만 원체 노무현 대통령이나 측근들 자체가 민주당에 대한 불신감이 강하다는 걸 느꼈어요. 그 불신이라는 건 지난 대선 때 자신을 지지하지 않았던 세력을 민주당이 용인했다는 건데, 그 원죄에 대한 불신을 돌파하기는 어려웠습니다. 통합 운동이 물 건너갔을 뿐만 아니라 열린우리당에서 적극적으로 나 같은 사람을 개별 영입을 하려하고 있던 그때에 한화갑 전 대표에게 대선후보 경선자금 문제로 구속영장이 들어왔어요. 박광태 광주시장도 불구속 상태에서 재판을 받다가 갑자기 법정 구속을 당하는 사태가 있었고, 그 이전부터 박태영 전남지사도 열린우리당으로부터 엄청난 입당 압박을 받고 있다는 걸 내가 듣고 있었거든요. 이런 것을 종합할 때 이 사람들이 통합에 뜻이 없을 뿐만 아니라 이제는 완전히 '민주당 죽이기'로 들어갔다고 판단했죠. 그래서 참 지긋지긋한 민주당이지만, 그러나 어려울 때 도망가는 것은 제 스타일에 맞지 않기 때문에 다시 민주당으로 들어왔습니다."

통합 운동을 벌였던 사람에게 이런 질문을 한다는 게 실레이기는 하지만 그도 사람이니 조금은 흔들릴 수 있지 않았겠는가? 열린우리당을 창당했던 의원들이 내세웠던 정치 지향들이 표면적으로는 다 동의할 수 있는 것들이고, 눈 딱 감고 정치개혁 차원에서 그쪽으로 옮겨갈 수도 있지 않았겠는가?

"제가 정치평론을 하다가 현실 정치에 들어온 사람 아닙니까? 정치평론가와 현역 정치인의 차이는 하납니다. 평론가는 말로 시작하고 말로 끝납니다. 현실 정치인은 말로 시작하면 거기서부터 자기 무한 책임이 시작되는 거거든요. 열린우리당이 자신들이 내세우는 지역구도 타파와 정치개혁을 정말 잘 해 주기를 바랍니다. 단지 제가 정치를 떠나는 입장에서 불안하게 보거나 주문하고 싶은 거라면, 열린우리당은 말은 충분히 많이 했으니까 이제 실천으로 보여 달라는 겁니다. 벌써 같은 말이 계속 반복되고 있지 않습니까? 행동으로 보여 주길 바라고요. 저는 그런 점에서 열린우리당 의원들이 잘해주기를 바랄 뿐입니다."

개혁세력의 분열과 옛 동지들의 분열에 환멸

민주당이 한나라당과 공조하여 대통령 측근비리 특검을 통과시킨 데 항의해 지난해 11월 민주당을 탈당했고, 총선 불출마까지 고려한 배수진을 치고 민주당과 열린우리당의 통합운동을 벌였지만 절망감만 느꼈다. 이후 '민주당 죽이기'가 광범위하게 벌어지고 있음을 확신하고 이에 분노하여 지난 1월 30일 민주당에 다시 들어왔지만, 그는 결국 지난 2월 15일 17대 총선 불출마를 선언할 수밖에 없었다.

그 1차적인 이유는 앞서 이야기한 대로 민주 개혁 세력끼리 서로 총질하여 잡아먹다가 한나라당에게 승리를 바칠 것이라는 판단과 함께, 그런 싸움에는 도저히 가담할 수 없다는 것이었다. 그러나 이것 못지않게 중요한 또 다른 이유는 총선 결과 이전에 그가 목도한 민주 개혁 세력의 분열의 폐해였다.

"그렇게 우려했던 분열의 결과가 나타난 게 바로 이라크 추가 파병 동의안 국회 통과 때입니다(2월 13일). 1차 이라크 파병 동의안 때는 그게 의료·공병부대인 평화 비전투 부대인데도 68명의 의원이 반대를 했거든요. 그런데 2차 파병안은 명백한 전투 부대 파병안이란 말이에요. 더군다나 소요 예산규모가 얼마인지, 부대 편성이 어떻게 되는지, 세부 사항은 하나도 없이 국방부가 국회에다가 백지 동의를 요구한 것입니다. 파병의 찬반여부를 떠나서 너무나 부실하기 짝이 없는 것이기 때문에 이 동의안은 어떤 이유를 들이대서라도 반드시 부결시켰어야 했는데, 반대표가 50표밖에 안 나왔어요. 그 이유가 뭡니까? 옛날에 민주당이 분당되기 전에는 반전평화의원모임이라는 걸 한나라당과 민주당 의원들이 만들어서 파병반대운동을 주도했거든요. 2차 사안이 훨씬 위중한데도 반대의견이 훨씬 줄어든 이유는 딱 하나입니다. 열린우리당이 분당 돼 나갔고, 과거에 파병에 반대했던 의원들이 그쪽으로 간 다음에는 노무현 대통령의 여당이 대통령의 정책을 밀어주어야 한다고 해서 당론으로 파병 동의안을 받아들인 겁니다. 민주 세력이 분열된 폐해가 바로 이런 데서 구체적으로 나타나는 거죠. 진짜 국익에 엄청난 재앙을 가져올 파병 동의안을 국회의원의 한 사람으로서 어떤 식으로든지 막아 보려고 했지만 끝내 막아내지 못했고, 막아내지 못한 데는 저렇게 정치개혁이니 뭐니 온갖 미명하에 분열되어 나간 열린우리당 옛 동지들의 변절이 바탕에 깔려 있는 겁니다.

이런 걸 다 지켜보면서 정치에 아주 환멸이 오는 거죠. 도대체 내가 무엇 때문에 배지를 달고 정치를 하는 건가? 과연 국회의원이라는 직업을 무엇 때문에 하는가? 자신의 소신도 관철시키지 못한다면 무엇을 위해서 이 국회의원직을 붙잡고 연연해야 하는가? 재선·3선에 도전하는 의원들은 더 경력을 쌓아야 자기가 큰일을 할 수 있기 때문에, 큰 정치인이 되기 위해 도전한다고 하죠. 그러나 자신이 생각하는 국익과 소신조차도 펼칠 수 없다면 5선이 무슨 의미가 있고 10선이 무슨 의미가 있습니까? 나한테는 아주 본질적인 문제였기 때문에, 그래 이 정도면 16대 국회에 와서 하려고 했던 일, 다는 못했지만 더 이상 나를 속이는 일은 하지 말자 그런 생각을 했죠."

민주당은 자체 변화 동력을 잃었고 때를 놓쳤다

그는 "이라크 추가 파병 동의안은 열린우리당과 한나라당이 공조해서 통과시킨 것"이라며 헛웃음을 삼킨다. 분노로 끓는 그의 목소리를 뒤로 하고 이야기를 4·15 총선으로 옮겨가 본다. 그는 이번 총선을 통해 "민주당은 존립 자체가 위험해질 정도로 위축되지 않겠는가 걱정하고 있다." "민주당이 이제는 자체의 변화 동력을 잃었고 때를 놓쳤다"고 보기 때문이다. "만신창이의 추미애 선대위원장 체제가 출범했지만 이미 회생의 계기를 놓쳤다고 판단한다." 그렇지만 그에게는 여전히 민주당에 표를 주어야 하고 민주당이 존재해야 할 핵심적인 이유가 분명하게 있다.

"우선 민주당이 그 동안에 여러 문제가 잇고 정체성에 혼한도 있지만, 공식적으로는 햇볕정책을 끊임없이 추구하고 있는 평화개혁 세력을 자임하고 있고요. 나는 이 불씨는 살려야 한다고 봅니다. 나중에 정당 구조가 또 어떤 식으로 개편될지는 모르지만 민주당의 상징이 되어 있는 평화개혁정책, 이것의 불씨를 살리기 위해서라도 민주당의 좋은 후보들에게는 표를 주서야 한다고 보죠."

혹시 총선 이후에 민주당과 열린우리당이 통합될 가능성은 없을까?

"선거가 어떤 식으로 결말이 지어질 건가에 달려 있겠죠. 만약 민주당이 아주 형편없는 규모로 위축된다면 통합 대상이라기보다는 흡수 대상이 될지도 모르겠고요. 민주당이 다행히 선전해서 어느 정도 의석을 확보한다면 진지하게 다시 통합 논의가 있을 수 있지 않을까 하는 생각을 해봅니다."

아뿔싸, 그런데 거기엔 이런 문제도 있지 않을까? 지금의 분위기로 봐서 가능성이 낮아 보이지만, 민주당이 선전해서 어느 정도 의석을 확보하게 된다면 오히려 그렇게 민주당을 지지한 사람들이 욕을 먹는 상황.

"지금 아마 민주당을 지지해왔던 분들이 참 고민이 많으실 거예요. 옛날에 애정을 가졌던 분들이 그 동안 민주당이 하는 짓을 보고 열린우리당으로 가신 분들도 많고, 그래도 마지막 애정을 버리지 못하고 좀 잘해주기를 바라는 분들이 지금 남아 있는데, 그 분들이 민주당이라는 불씨가 꺼져서는 안 되는데 하고 걱정은 하지만…. 정말 민주당의 앞날을 예측하기가 그렇게 낙관적이지는 않죠."

누구는 한국을 '바람의 나라'라는 멋있는(?) 말로 표현했지만 탄핵 역풍이라는 바람을 걷고 보면 우리는 지금 참으로 기묘한 풍경을 목격하고 있는 중이다. 이라크 파병과 재벌정책에서 한나라당과 호흡을 같이할 뿐만 아니라 여러 정책에서 민주당보다 더 우경화되었다는 지적을 받고 있고, 과거 정당들과 큰 차이가 없는 공천 형태를 보이고 있는 열린우리당에 대한 지지도가 하늘을 찌르고 있는 것이다. 이런 현상은 시민운동 사회에서도 마찬가지다.

어쨌든 열린우리당의 전반적인 우경화는 영남표를 얻기 위한 제스처일까? 아니면 지도부를 비롯한 당의 정체성이 원래 그런 것일까?

"결국 '노무현 당'이라는 데 핵심이 있을 거예요. 대통령의 지지 기반을 넓히기 위해서는 가능한 한 많이 끌어들여 체제를 안정적으로 유지해가야 하기 때문에, 소위 여당 기질이 발동된 거겠죠."

시민들의 정치 교육에 일조하고 싶다

총선 이후에 그에게는 무엇을 할 것인지 딱히 이렇다 할 계획이 없다. 불출마를 선언한 상태이지만 아직도 민주당 사태 때문에 자유롭지 못하기 때문이다. 그렇지만 큰 방향은 마음에 두고 있다.

"저는 현실 정치에 들어오기 전이나 정치를 할 때나 관심을 가졌던 화두가 하나 있습니다. 우리 사회가 정말 민주화가 완벽하게 되고 선진사회로 나아가기 위해서는 법이나 제도를 바꾸는 것 못지않게 시민들의 정치의식 수준이 같이 가야 된다고 보는데, 그렇기 때문에 시민들을 대상으로 한 교육이 대단히 중요하다는 걸 느껴왔습니다. 과거에 제가 방송을 통해서 정치 평론을 할 때도 시민들이 정치를 보는 다양한 시각을 가질 수 있도록 하는 차원에서 그런 활동을 한 거고요. 앞으로도 그럴 것입니다. 제가 현실 정치에 몸을 담았기 때문에 그런 쪽에서 어떻게 생각할지 모르겠습니다만, 어쨌든 저는 나와 다른 타자에 대한 사회적 관용과 그런 정치 문화의 확산에 관심이 많기 때문에, 또 그런 활동의 핵심은 커뮤니케이션(상호소통, 토론문화)이라고 생각하기 때문에 그에 일조할 수 있는 일이면 무슨 일이든지 해 볼 생각입니다."

마지막으로 그에게 물었다. 16대 국회를 마감하면서 어떤 사람들이 정치를 하는 게 바람직하다고 생각하느냐고.

"제가 경험한 게 있죠. 하나는 국회의원직을 대단한 권력과 영광을 누리는 자리라고 생각하면 안 됩니다. 이런 도덕론적인 얘기를 제가 왜 하냐면, 국회의원은 자기 소신을 지키기 위해서 많은 것을 버려야 하기 때문입니다. 소신이라는 게 독불장군이 되라는 게 아닙니다. 정치인이 갖는 소신은 뭡니까? 결국 국민과 끊임없이 피드백하면서 민심과 커뮤니케이션하면서 자기 소신을 만드는 거 아닙니까? 국회의원이 이라크 파병반대에 대해서 자기 소신으로 할 때는 도덕론적으로 침략전쟁이고 뭐고 해서 안 되는 것도 있지만, 국민 70%가 전투병 파병에 반대하고 있다는 여론의 결과라든가 또 전투병을 파병했을 때 실제로 우리가 얻을 수 있는 이익이 무엇인지, 이런 것을 종합적으로 판단해서 결정하는 겁니다. 그럼 철벽이 왁도 뚫고 나가야죠. 말은 쉽게 합니다만, 정말 당리당략보다 국리민복國利民福을 위해서 일하겠다는 강한 소신이 있는 분들이 많이 들어와 주길 바라고요. 둘째는 공동체에 봉사하겠다는 정신무장을 충분히 한 분들이 많이 들어오길 바랍니다. 정치는 공동체에 대한 대단한 봉사라는 걸 인식할 필요가 있습니다. 그렇지 않으면 현실에선 국회의원 몇 년 할지 모르지만 역사가 두고두고 각자에게 평가를 내릴 것입니다.”

17대 총선이 약 보름 정도 남은 지금의 시점에서 속단하기는 어렵지만, 해방 이후 한국 민주화운동과 야당의 정통성을 이어온 정당이 이렇게 초라하고 옹색한 모습으로 퇴장하리라고는 아무도 생각하지 못했을 것이다. 다음과 같은 말로 정치생활의 1막을 마감하는 그를 두고 역사는 어떻게 평가할까? 광기의 시대에 중간파 정치인의 어려움을 보여준 상징적인 사람이었다고 할까? 아니면 DJ 광신도였다고 기록할까?

“민주당의 정강정책과 DJ의 햇볕정책에 공감하고 DJ의 개혁정책에 일조하겠다고 민주당 후보로 16대 국회에 당선이 됐는데, 영광도 내 것이라면 오욕도 내 것이라고 생각해야죠. 민주당이 변화하고 개혁돼야 한다고 끝없이 주장해왔고 노력했던 사람으로서, 민주당의 결과가 결국 이렇게 추락하는 거리면 추락하는 데까지도 제가 같이 책임을 져야죠. 17대 총선에 불출마하고 민주당에 남아 그 마지막 모습을 지켜보는 걸로 제 정치 인생을 마무리할까 합니다.”

영원한 시사자키 정범구 박사

CBS 시사자키 오늘과 내일

진행 : 김근식 (경남대 극동문제연구소 교수)

전 민주당 의원인 정범구 박사가 '시사자키'로 복귀합니다. 정범구 박사는 국회의원 생활을 하기 이전 1994년부터 6년이라는 긴 시간동안 시사자키의 진행자로서 여러분의 사랑을 받아왔는데요. 오늘 정범구 박사를 모시고 지난 4년 간의 의정생활 이야기와 앞으로 시사자키 진행자로서의 각오를 들어봅니다.

Q. 요즘 어떻게 지내시는지 궁금합니다.

A. 이제 정부미에서 일반미로 바뀌었습니다. 모처럼 개인적인 자유 시간도 갖으면서 총성이 요란하던 전방에 있다가 후방으로 돌아온 느낌도 들고. 유유자적하게 지내고 있습니다.

Q. 1994년 5월에 시사자키 진행자로서 출발하셨는데, 6년이라는 기간

을 일관되게 진행하신 비결은 어디에 있었는지요.

A. 한 10년은 채워볼까 했는데 그것을 못해서 죄송했고요. 6년이라는 시간동안 저를 끌어갈 수 있는 동력은 비판과 격려를 아끼지 않으셨던 애청자들의 성원덕분이었습니다.

정확하게 1994년 5월 16일 시사자키를 시작했습니다. 제가 인생에서 기억하는 기념일이 몇 개 안 되는데 생일하고, 운전면허 딴 날하고, 시사자키를 시작한 날을 잊지 못하고 있습니다.

업종 바꾼 정범구, 동료의원 몰아치기 전의 가다듬어

Q. 시사자키에서 가장 중요하게 다루게 될 주제는 결국 정치 현안일 텐데, 국회의원 하시기 전에 시사평론가로 계실 때와 정치인으로서 4년 동안 의정활동을 하고 돌아온 진행자로서는 좀 다른 측면이 있을 것 같은데요.

A. 정치에 들어가기 전에 밖에서 볼 때는 '왜 의원들이 민심과 동떨어진 행동을 하는가', 또 '민심을 의식하기보다 왜 당의 보스를 더 많이 따라가는가' 하는 의구심을 많이 가졌습니다. 그런데 실제로 들어가 보니 당 내 구조에 그런 면이 있고, 당리당략 하에 당론이라는 이름으로 그것이 반드시 국가와 국민의 이익과 일치하지 않는데도 소속의원들을 몰아붙이는 경우가 있어요.

그러나 분명한 것은 정치가 없이 우리 사회가 굴러갈 수는 없지 않습니까. 우리 사회에 존재하는 모든 갈등과 대립을 최종적으로 풀어내주는 역할을 정치가 해야 하는데 시민들이 정치에 대해서 걱정하고 비판하는 것도 중요하지만, 우리 정치가 올곧은 길로 갈 수 있도록 격려와 관심, 참여를 해 주시는 것도 대단히 중요합니다. 이제 돌아와서 마이크 앞에 선 제가 시민들께 드리고 싶은 말씀입니다.

Q. 실제로 현장에서 정치를 하시다가 다시 돌아온 것이 부담일수도 있겠지만 큰 장점이 될 수 있다는 생각도 드는데요.

A. 그럴 수도 있고요. 지금은 제가 업종을 바꿨습니다만, 동료 의원들을 앞으로 이 시간에 불러내서 얼마나 안면 봐주지 않고 호되게 몰아칠 수 있을지, 다시금 전의를 가다듬고 있습니다.

Q. 직접 현장에서 본 정치는 어떻던가요?

A. 평론가는 어떤 문제를 분석하고 정리해서 발언하면 끝납니다. 그러나 현실 정치인의 임무는 자기 발언으로부터 시작되죠. 문제는 평론가는 혼자서 할 수 있는 일이지만, 현실 정치는 세력을 모으지 않으면 그것을 실현하기 어렵죠. 당 내에서 세력을 모으기 위해서 가까운 의원들 세력을 규합하고, 진지하게 토론하는 것들이 보람도 있지만 참 어려운 과정이었습니다.

'남으로도 갈 수 없고, 북으로도 갈 수 없는' 심정이었다.

Q. 왜 이번 17대 총선에 불출마를 하셨는지 안타깝게 보시는 분들도 적잖이 있으실 텐데요.

A. 가장 직접적인 동기는 민주당의 분당이었죠. 저는 열린우리당으로 간 의원들과 대부분의 정치 개혁을 바라보는 시각은 일치합니다. 단지 민주당이 그래도 몇 십 년의 전통을 가지고, 꾸준히 내부적으로 변화해

온 정당이고, 민주 세력이 아직 소수인데 민주당을 깨지 않고 민주당 내에서 개혁을 해낼 수는 없는가 했습니다. 그 점에서 갈라졌죠.

그래서 열린우리당으로 간 동료들은 헌 집을 고쳐 쓰기는 어렵다고 해서 갔고 저는 명분상 그럴 수 없다고 해서 남았는데, 뻔한 이야기지만 탄핵 정국이 오기 전까지는 민주 세력의 분열이라는 것은 적어도 지지자들에 대해서 죄이고 과오가 아닌가 싶었습니다.

그리고 '남으로도 갈 수 없고, 북으로도 갈 수 없는' 최인호씨의 소설 〈광장〉의 주인공 같은 기분을 많이 느꼈어요. 열린우리당으로 갈 수도 없고, 분당된 상태에서 민주당에 남아서 섹트화 돼서 정치를 하기도 어렵고. 뭔가 원칙이 심각하게 위협받고 충돌하는 지점에서 제 팔자인가 보다라는 생각이 들었고, 깨끗하게 현실 정치를 접자는 생각을 했습니다.

Q. 정치가 체질이 아니라는 생각이 드신 적은 없으십니까?

A. 분명히 제 체질은 아니었던 것 같아요. 다른 것보다 정치는 패거리 속에서 움직여야 되는 구조죠. 그런데 집단 속에서 움직일 때 때로 개인이 가지고 있는 정체성까지 심각하게 훼손될 위기가 올 때도 있거든요. 그럴 때 저는 타협하는 길을 택하기 보다는 제 목소리를 내는 경우가 많았고, 그래서 때로는 왕따가 되기도 했죠.

현실 정치에 들어가기를 오랫동안 꺼려 하다가 나중에 들어가게 됐는데 이 시대를 사는 시민이자 지식인으로서 내게 주어진 역할이라고 해서 들어갔던 거죠. 저도 지역구를 가진 의원으로서 지역구 활동도 충실히 했고, 시민 단체의 의정 활동 평가 결과도 그렇게 나쁘지 않았어요.

그러니까 기껏 거머리에 뜯겨 가면서 물 대고 여름에 피 뽑아 주고 곡식이 누렇게 익어 가서 낫만 대면 다 창고에 거둬들일 판인데 막판에 제가 낫을 던지고 돌아서는 심정도 있었습니다.

현실 정치로 돌아가고 싶은 맘 없어

Q. 정말 앞으로 다시 정치를 안 할 생각인지요.

A. 제 지금 의지로는 다시 현실 정치로 돌아가고 싶은 생각은 없습니다. 그렇지만 '죽어도 정치 안 할 겁니다' 라고 공개적으로 발언해 놨다가 세월이 한참 흐른 후에 상황이 변하게 된다면 그건 거짓말 하는 게 되겠죠.

현시점에서 정직하게 말씀드리는 것은 시민 사회로 돌아와서 일반 시민을 대상으로 한 정치 교육, 우리 사회의 정치 문화를 한 단계 향상시키는데 제 역할을 하고 싶습니다.

Q. 17대 국회 관련 뉴스를 보시면 어떤 느낌이 드시는지요.

A. 16대 국회 등원하면서 여야를 막론하고 젊은 초선 의원들이 이뤄낸 중요한 성과 중 하나는 6월 5일 법정 개원일에 평화적으로 개원을 시켰다는 겁니다. 국회가 개원을 하기 위해서는 국회의장과 부의장 등 국회직이 선출되어야 하고, 각 의원들이 상임위 배정이 돼 있어야 합니다.

그런데 과거에는 국회 의장을 대개 청와대에서 내리꽂거나 또는 여당과 야당 사이에 서로 국회의장을 가져오기 위해서 싸우는 경우가 많았습니다. 과거 14~15대 국회를 보면 국회가 6월 5일 정식 법정 개원일에 개원한 적이 없었습니다. 15대 때는 김종필 총리 서리에 대한 인준 동의안 처리 문제가 있었죠.

그런데 16대 들어가면서 당을 뛰어넘어 젊은 초선의원들이 들어가서

당 의장은 위에서 내리미는 식이 아니라 각 당 내 자유 투표를 통해서 선출하자고 해서 이만섭 의장을 16대 국회의장으로 선출하고, 6월 5일 평화적으로 개원이 된 겁니다. 저희는 이에 대해 아직도 상당히 자부심을 갖고 있습니다. 그런데 16대 보다 훨씬 좋은 환경에서 출발한 17대 국회가 법정 개원일을 만약 지키지 못하면 상당히 우려스럽죠. 아직 각 당들이 내부 체제 정비에 너무 시간을 많이 쏟고 있는 것 아닌가 그런 우려를 갖습니다.

Q. 몸 담으셨던 민주당이 4·15총선을 통해 초미니 정당으로 바뀌었고, 열린우리당이 과반 차지하게 됐는데, 총선 결과를 보면서 어떤 생각을 하셨습니까.

A. 우선 민심이라는 것은 참 무서운 것이구나 하는 것을 느꼈고, 민심이 냉혹하다는 것을 정치하는 사람들이 정말 직시해야 되겠다는 생각이 들었습니다. 현실 정치에 있다 보면 민심에 대한 감이 떨어지는 경우가 있어요. 내부자 논리에 빠지게 되는 경우가 많죠. 그게 좀 더 안 좋게 발전하다 보면 민심이나 민의를 자의적으로 해석하려는 경향이 있습니다. 그것은 정치인들로서는 정말 조심해야 될 태도라고 보고요. 민심이라고 하는 게 전체적인 흐름으로 나타날 때는 그것이 시대의 흐름이라는 것을 받아들여야 하는 구나 하는 생각을 하죠.

Q. 민주당이 그렇게 미니 정당이 된 것에 대한 안타까움이 있으실 텐데요.

A. 인간적으로야 당연히 안타까움이 있죠. 제가 몸을 담았고, 또 민주당의 개혁을 주장해 왔던 사람으로서는 만감이 교차하죠. 그런데 정치하

는 사람들이 시대의 흐름을 정확하게 읽어내지 못하면 도태될 수밖에 없
다는 것을 또다시 느끼는 거죠.

감히 초선 주제에….

Q. 정박사님께서 16대 국회 들어가서서 처음부터 사실 '사고'를 많이
치셨는데요. 왜 그러셨습니까?

A. 사고 쳤다고 하시니 이런 대목이 떠올라요. 국회의원에 당선되고 공
식적으로 임기가 시작되기 전에 민주당의 당선자 워크숍이 있었습니다.
당선자 대회에 가면 선거 과정을 통해서 겪었던 민심이라든가, 민주당의
발전 방향에 대해서 충분한 토론의 기회가 주어질 것이라 생각하고 많이
준비를 해 갔는데 그냥 일사천리로 당 지도부가 나와서 몇 마디 이야기
하고 끝내려고 하더라고요. 참을 수 없다 싶어서 문제를 제기했는데 그
게 아마 그 때까지의 정당 문화에서는 있을 수 없는 일이었나 봐요.

이때부터 기자들이 우리 당선자들에게 주목하기 시작했는데 그 후에
도 여러 논란이 많았죠. 우선 저희가 견딜 수 없었던 것은 초선 국회의원
들의 발언권을 인정하지 않으려고 했던 겁니다. 소위 다선 중심주의 문
화가 그때 있었죠. 그런 것을 우리가 깨기 시작했습니다.

그러다 7월에 '항명 출국'이란 걸 한 적이 있어요. 그 때는 민주당과
자민련이 공동 여당을 할 때입니다. 그런데 자민련이 20석이 안 됐기 때
문에 원내 교섭 단체를 10석으로 낮추자는 데 한나라당이 응해 주지 않
았어요. 그런데 참 묘한 것이 열린우리당 원내대표를 하는 천정배 의원
이 당시 수석 부총무였는데 공동여당으로서 민주당이 제 역할을 못한다
는 자민련의 압박이 강할 때라 천정배 수석 부총무가 강행 처리를 하려

고 했죠.

소위 '날치기 파동'인데 이것으로 국회가 완전히 경직돼서 한나라당
과 민주당이 완전히 대치 상태로 들어갔습니다. 모든 의원들에게 금족령
이 내려졌어요. 그런데 그때 우리는 미 국무성 초청을 받은 게 있었어요.
그래서 며칠은 고민했죠. 며칠 하다보니까 지루하더라고요. 의원들도 헌
법기관이고 국가 간의 약속도 있는데 말이죠. 그래서 그냥 말 안 듣고 나
가버렸어요. 그랬더니 '항명 출국'이라 해서. 그때 신문 스크랩 해놓은
것을 보니까 '감히 초선 주제에…' 라는 제목을 단 기사도 있더라고요.
불과 몇 년 전인데도 그 때는 정치 문화가 그랬습니다. 이런 것들 겪어 가
면서 완전히 왕따가 됐다는.

17대 의원들에 과감한 크로스보팅 요구

Q. 그만큼 기존의 권위주의의 정치 형태, 보스 중심의 하향적 정치 문
화에 대해서 반기를 드시고 개혁에 몸소 나서셨던 것인데, 실제로 지난 4
년을 돌이켜 보면 정치 개혁에 이바지 하고자 하는 노력들이 어떤 성과
를 거뒀다고 보십니까.

A. 16대 초선의원들의 역할을 평가한다면 비록 새로운 질서를 만드는
데 까지는 역량이 안됐지만 구질서를 깨는 데는 결정적인 역할을 했다고
봅니다. 우선 여당인 경우 늘 국회가 청와대의 지휘 하에 놓이게 되거든
요. 대통령이 당 총재를 겸하면서 당 지도부를 청와대의 하부기관으로
복속시켰단 말이죠. 국회의원들은 일차적으로 지역구 유권자들에게 책
임을 져야 하는데 당론이라는 말 한마디에 거수기가 되는 것에 우리가
동의할 수 없었어요.

또 하나는 대통령은 선출되고 나면 민심과 직접 접촉할 수 있는 기회가 많지 않죠. 그런데 국회의원들은 늘상 지역구에서 주민들과 교류하면서 민심의 향배, 살아 있는 생생한 민심이 뭔지 겪게 되는데 이런 생생한 목소리를 전달하려고 하면 청와대와 갈등을 빚을 때가 있었어요. 이럴 때 타협하지 않고 우리 목소리를 냈던 것이죠.

공천 제도도 획기적으로 바뀌지 않았습니까? 개혁의 결정판은 노무현 대통령이 첫 번째 수혜자가 됐습니다만, 국민 참여 경선이라는 것은 공천권을 국민에게 돌려준 거죠. 국회 표결도 그 전에는 아무 사안이나 당론을 강요했습니다. 그런데 우리가 그런 문제에 반기를 들기 시작했죠. 당의 정체성이나 강령과 관련된 것이 아니면 당론으로 강조하지 말라는 거였죠.

제 경우에는 민주당을 탈당한 계기가 됐습니다만 민주당이 한나라당과 공조를 해서 대통령 측근비리 특검법안을 도입했는데, 그 때 의원 총회에서 이렇게 반대했어요. '이런 문제가 민주당의 기본 정체성과 관련된 것도 아닌데 왜 굳이 당론으로 강요하려고 하느냐. 이건 의원 개인의 양심에 따라서 판단할 수 있도록 하라'고. 그런데 두 가지가 다 안 받아들여졌습니다.

Q. 17대 국회 초선의원들에게 16대 국회 선배 초선의원으로서 하고 싶은 말씀이 있다면.

A. 만약 당론이 당리당략 차원에서 나오고, 국가 이익과 충돌하거나 자신의 양심과 충돌한다면 과감하게 소신을 지켜주시기를 바랍니다. 그것이 의원들을 뽑아준 유권자, 국민에 대한 예의라고 생각합니다.

두 번째는 국회의원 생활이 정신없이 바쁘기 때문에 연구하고, 한 가지 중심 주제에 대해서 고민하기가 쉽지 않습니다. 이제는 돈을 후원하는 분들 못지않게 정책적으로 후원해 주는 네트워킹을 많이 확보하는 게 좋겠다는 생각이죠.

Q. 한편으로는 초선의원들이 당의 여러 가지 통로나 활발한 논의를 거치기도 전에 지나치게 튀는 행동을 한다는 우려도 있습니다만.

A. 당 지도부의 입장에선 불편하겠지만 그 소수 의원들의 의견도 수렴해 내지 못하면서 어떻게 국민들 의견을 수렴해 낼 수 있겠습니까. 여기서 지도력. 리더십. 정치역량의 문제가 나오는 것이라고 보고요. 적어도 국회에서는 모든 종류의 토론이 가능해야 한다고 봅니다.

국방부가 제출한 이라크 추가 파병 동의안은 백지?

Q. 한국 정치가 많이 나아지고 있습니다만 그래도 미진한 부분이 있는데요. 여전히 남아있는 문제는 어떤 것이 있다고 보십니까?

A. 법제도는 많이 선진화 됐습니다. 그러나 하드웨어가 민주화됐다고 해서 자동으로 민주주의가 되는 것은 아니죠.

정치가 상생의 정치를 말하지만 며칠 지나지 않아서 상쟁의 정치로 가는 것은 상대가 자신과 다르다는 것을 인정하지 않기 때문이죠. 다른 정당이 존재하는 것은 다른 지향을 가진 국민들이 있기 때문 아닙니까. 여기에서 하나의 타협을 이끌어 내는 것이 정치력이고, 성숙된 민주주의일 텐데요. 상대를 인정하는 톨레랑스의 정신이 우리 사회의 민주화를 한 단계 업그레이드 시키는데 상당히 필수적인 것이라고 생각합니다.

Q. 구체적인 정치 현안으로 들어가서 우선 김혁규 총리 기용 문제를

가지고 여야가 신경전을 벌이고 있는데요. 어떤 해법이 있겠습니까?

A. 김혁규 총리 지명자가 여러 가지 장점도 있을 거고 대통령이 굳이 이 분을 총리로 쓰고자 하는 계산도 있을 겁니다. 그러나 정치라는 게 'all or nothing' 게임이 아니라 'positive sum' 게임으로 가야 한다면 김혁규 총리 지명자에 대해서 이대로 강행할 때 예상할 수 있는 여러 가지 사태가 있는데 이렇게 까지 강행하는 것이 성숙한 정치일 것인가 회의적입니다.

Q. 대외적인 쟁점으로는 이라크 추가 파병 문제가 있는데요. 어떤 견해를 가지고 계십니까?

A. 추가 파병 동의안 때 제가 적극적으로 반대 토론을 했습니다만 명분은 고사하고 국방부가 당시 국회에 제출한 추가 파병 동의안을 보면 앞서 1차 파병 동의안, 또 1964년 월남 파병안과 비교해 보면 아주 부실하고 무책임하기 짝이 없어요. 특전사 2개 여단에다가 전투병력으로 구성돼 있는 3천 명 규모의 부대를 파병하고 일차적인 소요예산이 3천억을 넘는 파병 동의안을 내면서 국회에 보낸 동의안을 보면 아무 구체적인 내용이 없어요. 국회에 백지 위임을 요구했던 건데요.

이런 형편없는 동의안이 넘어왔는데도 1차 비전투 부대 파병 동의안 때보다 훨씬 반대 의원들이 적었습니다. 다양한 외교적 역량을 동원해서 전투 부대 파병은 최대한 막아야 한다고 생각합니다.

따뜻한 시선 · 시대의 성찰 · 깊이 있는 분석의 시사자키로

Q. 요즘 시사프로그램이 많습니다. 시사자키로 돌아오셔서 다른 프로와 어떤 차별성을 가지고 진행에 임할 계획인지요.

　A. 시사프로가 양적으로는 많이 증가했지만 질적인 차별성은 잘 보이지 않습니다. 저도 고민하는 대목입니다. 시사자키가 세 가지의 목표를 내놨습니다. '따뜻한 시선 · 시대의 성찰 · 깊이 있는 분석' 입니다. 꼭 유명한 사람이 아니더라도 이 시대의 현장을 살아가는 많은 분들을 이 자리에 모셔서 이들이 실제로 몸으로 부딪히는 우리 사회를 따뜻한 시선으로 바라보는 시간을 시사자키에서 많이 가져 보고 싶습니다.

김문 기자가 만난 사람

2005년 4월 서울신문

시대를 풍미한 3인의 용사가 있었다. 에라스무스는 《우신예찬》으로 중세교회의 부패를 지적했다. 토머스 모어는 《유토피아》로 영국사회를 비판하면서 이상적 평등사회를 주창했다. 세르반테스는 《돈키호테》로 중세의 기사도를 풍자했다. 이들은 사상가로서의 업적도 많이 남겼지만 '시사평론가' 라는 공통점에서도 눈길이 모아진다. 톨레랑스tolerance라고 했던가. '당신의 정치적·종교적 신념과 행동이 존중받기를 바란다면 우선 남의 신념과 행동을 존중하라' 는 뜻이다. 독선의 논리로부터 자기 스스로 벗어나길 요구한다. 이는 과거에도 그랬지만 이 시대의 고민이기도 하다.

한 무당이 있었다. 한때는 국회의원을 지냈다. 세상의 온갖 잡신을 접했다. '언제나 처음처럼'을 깨달았다. 다시 무당으로 돌아왔다. 수준이 한 차원 높아졌다. 톨레랑스를 생각한다. 흑백 논리에 빠지는 지식인 문화를 우려한다. 이 때문에 늘 합리적 토양 위에 서 있으려 한다.

정범구(52) 씨는. 개혁 성향의 진보 논객, 대표적 시사평론가, 방송인 등으로 불린다. 지난해 4월 변호사 출신 오세훈 씨와 함께 17대 국회의원 선거 불출마를 선언했다. 이때의 신선한 충격은 아직도 생생하다. 꼭 1년이 지났다. 그에게는 무슨 일이 있었을까. 우선 정치권과 거리를 완전히 두었다. 다소의 후유증과 유혹이 있으련만 말끔히 극복해냈다. 아울러 시사프로그램을 맡아 '시사평론가' 로서 왕년의 명성을 되찾고 있다. 대표적으로 CBS 라디오에서 '정범구의 뉴스매거진 오늘' 을 맡았다. 또 CBS-TV '정범구의 누군가' , EBS 'TV정치교실' 등을 진행하고 있다. 이 가운데 '뉴스매거진 오늘' 의 경우 '생활 밀착형 뉴스' 라는 독특한 방식으로 많은 인기를 끌고 있다. 교육제도와 청소년 문제, 웰빙 뉴스 등 주부들의 눈높이에 맞춰 청취율을 높였다는 평가다. 홈페이지 게시판에 '국민들의 궁금증과 해결책을 시원하게 긁어주는 코너라 참 좋은 것 같다'는 글이 자주 올라올 정도다.

서울 양천구 목동의 '현대41타워' 스카이라운지에서 정씨를 만났다. 그는 '시사평론가' 를 무당으로 비유했다. 떠돌아다니는 여러 잡신을 자신의 몸속에서 꽁꽁 엮어 매 국민 각자에게 올바른 결론을 내릴 수 있도록 전달자 역할을 해주는 것이란다. 아울러 타자他者와 공존할 수 있는, 즉 상호간의 의사소통을 위해 합리성과 사물을 입체적으로 볼 수 있게 해 주는 것이라고 부연했다.

'탈脫정치 1년'… 평론가 명성 되찾아

"지난 1년은 개인적으로 볼 때 정말 편한 시간이었습니다. 유시민 의원이 (정계)은퇴하는 저를 보고 공익근무를 마치고 복귀했다고 하더군요. 늘 긴장해 있다가 시민사회로 돌아온 자유인이라고나 할까요."정씨는 4년(16대 국회)을 회고하면서 "어항 속의 물고기로 일거수일투족이 주시될 수밖에 없는 삶이었다"고 말했다. 또한 정계 은퇴의 속사정을 묻는 질문에 '박수칠 때 떠나라' 는 말을 인용하면서 (새천년)민주당이 분당되는 것을 보고 스스로 비장함이 생겼다고 술회했다. 이울러 이라크파병 동의안이 국회를 통과하면서 많은 비애를 느꼈다고 했다. 그렇다면 왜 정계에 입문했을까. 지난 1997년 대선 때 민주당에서 몇 차례 러브콜이 있었지만 거부했단다. 얼마 후 김대중 전 대통령이 아침식사를 하자며 정씨를 불렀다. 이 자리에서 김 전 대통령은 "나이는 정 박사보다 많지만 개혁의 열정은 결코 뒤지지 않는다"는 말로 정씨를 설득했다. 결국 다가온 운명이려니 하면서 비바람이 몰아치는 '정치 운동장' 에서 뛰어 보자고 마음을 정했다고 했다. 덕분에 국가가 어떻게 운용되는지 등을 현장에서 경험할 수 있었다. 현재의 정치 구도에 대해 시사평론가로서 어떤 전망을 하는지 궁금했다. 그는 "우익 보수인 한나라당과 좌익 진보인 민노당, 그리고 중도 정당인 열린우리당 등이 있지만 양극화되다 보면 중도 정당은 자연히 세력을 잃고 말 것" 이라고 내다봤다. 또한 오는 30일 국회의원 보선이 끝나고 내년 지방선거를 치른 후에 열린우리당은 동요할 수밖에 없으며 좌파인 민노당과 우파인 한나라당이 대립하는 구도가 될 것이라고 전망했다.

어린시절부터 사회의식에 눈떠

"인생의 미래는 흥미로운 것이라고 생각합니다. 무대에서 어떤 배역이

주어질지 알 수 없을 뿐더러 세상일이 마음대로 되지 않거든요."과거의
정치는 모르는 것을 통괄했지만 지금은 확연히 다르다면서 "현재의 심정
에서 정치할 생각은 전혀 없다"고 다짐했다. 그러면서 논객으로, 시사평
론가로 할 일이 많지 않겠느냐고 반문했다. 정씨는 충북 음성에서 태어
났지만 선친이 미8군 군무원이었던 까닭에 어린 시절을 경기도 평택에
서 지냈다. 초등학교 졸업 무렵에는 동두천으로 이사했다. 이런 연유로
어린 시절에는 미군부대 주변의 유흥업소 종사자 같은 춥고 배고픈 사람
들과 자주 접했다. 인권의 사각지대를 몸소 체험한 것. 이런 주변 환경 때
문인지 '왕눈이'라는 별명답게 초등학생 때부터 일간 신문을 읽는 등 사
회의식에 눈길을 던졌다. 지난 1975년 경희대를 졸업한 직후 첫 직장으
로 서울기독교청년회(YMCA) 사회개발부 간사 공채 1기로 취직했다. 4
년 뒤에는 강원룡 목사 등의 권유로 독일 개신교에서 추진하는 '기독교
사회운동가'라는 장학프로그램에 참여하게 된다. 숨 막히던 유신 말기여
서 독일 유학은 탈출구나 다름없었다. 독일 유학 20일 만에 10 · 26사건
을 접했다. 이후 5 · 18 광주민주화 항쟁에 이르기까지 한국 소식이 독일
매스컴의 톱뉴스를 차지했다. 젊은 그에겐 엄청난 충격이 아닐 수 없었
다. '한국 사회의 모순이 과연 뭔가'라는 물음을 던지면서 심각하게 고
민했다. 마르크스의 서적에 빠지기도 했다. '너희가 나를 따르려거든 십
자가를 지고 따르라'는 예수의 삶을 체험한다는 각오로 자동차 공장 · 식
당 · 막노동 등 온갖 궂은일을 마다하지 않았다. 이때 그는 유럽 지역의
유학생 민주화운동에 가담했다. 손학규 경기도지사, 김세균 서울대 정외
과 교수, 박호성 서강대 정외과 교수, 김대환 노동부장관, 송두율 교수 등
여러 인사와 함께 한국 사회의 주요 현안에 대해 세미나를 열었다. 1980
년 5월에는 프랑크푸르트에서 열린 독일 전국청년조직 대회에 한국 유

학생 대표로 참석했으며, 이때 대회 의장을 맡은 슈뢰더 현 독일 총리와 자연스럽게 만났다. 11년 동안의 유학 생활은 인생에 있어서 가장 소중한 토양이 됐다. 1990년 귀국한 그는 경희대·충남대·한남대 등에서 강사를 하다가 1994년 기독교방송에서 시사프로그램 '시사자키 오늘과 내일'을 맡으면서 시사평론가로서의 명성을 쌓았다.

11년 유학생활이 인생의 가장 소중한 토양

특히 1997년 대선 당시 대통령 후보 합동 TV토론의 사회를 맡아 일약 유명인사가 됐다. 이후 1998년 KBS라디오 '안녕하십니까 정범구입니다'를 비롯해 KBS-TV '정범구의 세상읽기', '정범구의 시사비평' 등을 진행하던 중 2000년 16대 국회(경기 고양 일산갑)에 들어갔다. 최근에는 승마를 즐기고 있다. 정치권에서 묻은 먼지를 털어내듯 말을 타고 달리노라면 위풍당당해지고 스트레스가 확 풀린다고 했다. "요즘 정치를 보면 어떤 희생양을 만든 다음 그에 대한 역작용을 통해 개혁에너지로 끌고 가고 있다는 생각이 듭니다. 가족 구성원 사이에도 이해관계가 다르듯 4,800만 명을 끌고 가는 리더는 분열과 경쟁이 아니라 통합과 평등으로 이끌어야 합니다. 대열의 뒤를 돌아보고 낙오자가 있으면 손잡아 이끌어줘야 하지요."

인터뷰를 마치면서 인근 소주집으로 자리를 옮겼다. 술잔을 기울이면서 그는 "정치를 그만둔 뒤 아내와는 다시 연애하는 기분으로 돌아왔다"며 활짝 웃었다.

'불편한 사회'에 대한 합의가 필요하다

2006년 12월 프레시안

**이번에 유럽을 여행하면서 깜짝 놀란 게 사람들의 발걸음 속도다.
전과 같은 여유를 찾아볼 수가 없었다.**

'2006 피스 앤 그린보트'에서 만난 정범구 전 의원은 15일 〈프레시안〉
과의 인터뷰에서 "사람들의 발걸음 속도가 그 사회를 반영한다"고 주장
했다. 지난 1990년 독일 유학을 마치고 한국에 돌아왔을 때 그는 젊은 여
성들의 걸음걸이를 따라가지 못해 허덕이던 경험이 있다고 한다. 그런데
1990년대 초반 소련 해체 후 러시아를 방문했을 때 모스크바 사람들은
거의 뛰다시피 걸어 다녔다고 한다. 유럽인들의 걸음 속도를 보고 그는
새삼 전 세계를 지배하고 있는 신자유주의 자본주의 시스템의 위력을 느
꼈다는 것이다.

정치권이 기업과 똑같은 얘기를 해선 안 된다.

정범구 전 의원은 '여행' 중이다. 그는 지난 2003년과 2004년에 걸친 민주당과 열린우리당의 분당 과정에서 17대 총선 불출마 선언을 하고 정계를 떠났다. 그리고 최근까지 2년 반 동안 CBS 라디오에서 시사 프로그램을 진행해 왔다. 끊임없이 사회적 발언을 해야 하는 시사프로그램 진행자로서 그는 일종의 재충전의 시간을 갖고 있다고 말했다. 지난 10월 말부터 약 2달 간 유럽을 여행하고 돌아온 그는 유럽 국가들마저 신자유주의적 질서에 상당부분 편입된 모습을 보면서 "우리 사회는 과연 어떤 대안을 세우고 있는지 걱정이 됐다"고 한다.

현재 한국 사회에서 가장 중요한 문제는 '일자리'의 문제인데, 정작 정치권은 내년 대선을 앞두고 정치적 이합집산에만 정신이 팔려 있는 것 같아 안타깝다고 했다. "여권의 정계개편 논의를 보면 근본적인 고민이 무엇인지 모르겠다. 국민은 안중에 없이 무모한 짝짓기에 지나지 않은 것 아닌가. 그저 한나라당의 집권을 막기 위해서라는 건 명분이 부족하다. 열린우리당과 민주당 분당 과정도 마찬가지였다. 당시 나보고 열린우리당 창당에 빨리 합류하라고 여러 사람이 종용했었다. 현재 열린우리당의 주요 대권주자 중 한 사람에게 내가 '왜 열린우리당을 만들려고 하는지 나를 설득해 달라'고 했다. '열린우리당의 정책적 지향점이 보이지 않는다'고 했더니 '그런 거 얘기할 시간이 없다. 일단 들어와라. 들어와서 얘기하면 되지 않겠느냐'고 말했다. 바로 이런 인식 때문에 우리나라의 정당정치가 발전하지 못하는 것이다. 어떻게 권력을 잡을 것인가에만 집중하고 있는 것 아닌가."

그는 신자유주의의 물결에 대한 대안으로 '불편한 사회'에 대한 합의가 필요하다고 말했다. 또 그 과정에서 정치는 공동체 전체의 이익을 위해 끊임없는 설득과 조정의 역할을 담당해야 한다. "기업은 지속적인 구조조정만이 살 길이라고 얘기할 수 있지만 정치가 똑같은 얘기를 해서는 안 된다. 정치는 공동체 전체의 이익과 밸런스를 추구해야 한다. 불편한 사회에 대한 사회구성원의 합의가 필요하고 이를 이끌어내는 것은 정치의 몫이다. 지금처럼 기업은 기업의 얘기만, 노조는 노조의 얘기만 하는 상황이 계속돼서는 안 된다."

국가흥망 필부유책

그가 '피스 앤 그린보트'에 탄 이유는 최근 동북아 지역을 둘러싼 변화에 대한 관심 때문이었다. 그는 특히 일본 사회의 급격한 우경화에 대해 일본 시민사회가 어떻게 대응하고 있는지 알고 싶었다고 한다. "일본인 개개인은 자기가 맡은 일에 대해 굉장히 성실하고, 또 이런 성실성이 일본의 경쟁력이라고 새삼 느꼈다. 이런 부분은 우리가 배워야 한다. 그러나 개인이 정치와는 유리된 삶을 사는 것 같다. 일본 자민당의 장기집권 등의 정치적 문제에 대해 시민사회도 제대로 대응하지 못하고 있는 것 같다." 그는 일본 우경화의 책임을 보수적인 정치인들의 문제로 돌릴 수만은 없다고 지적했다. 그는 마찬가지로 현 한국 사회의 갈등의 책임을 정치권 탓으로만 돌릴 수 없다고 주장했다. "백범 김구 선생이 '국가 흥망에는 일개 필부도 책임이 있다國家興亡 匹夫有責'고 말했다. 우리 사회가 어디로 가는지에 대한 진지한 고민이 필요하지 않을까 생각한다."

내 방의 불을 꺼야 세상의 어둠이 보인다

초판1쇄 2008년 1월 8일 발행

지 은 이 정범구
펴 낸 곳 도서출판 두리미디어
펴 낸 이 최용철

주   간 백운광
기획이사 변이철
편집기획 편집장 이우희 · 김지예 · 홍다휘
디 자 인 변영은 · 강현미
마 케 팅 팀장 김선호 · 김경진
관   리 이선아

인 쇄 한국소문사 | 제 본 정성문화사

등록번호 제 10-1718
등 록 일 1989년 2월 10일
주   소 서울시 마포구 서교동 369-25
전   화 02)338-7733(대표) | 팩스 02)335-7849
홈페이지 www.durimedia.co.kr
전자우편 durimedia@durimedia.co.kr

ⓒ 2008 정범구 , Printed in Korea
ISBN 978-89-7715-180-2 (03340)